생명의 위험 속에서 나를 지키는

생존 매뉴얼 365

김학영·지영환 지음

모아북스
MOABOOKS

| 추천사 |

전 세계는 지금 안전 강화에 총력을 기울이고 있다.

대한민국 헌법 정신의 큰 축도 국민의 기본권과 안전권 보장이 아닌가 싶다.

달을 동반하고 태양의 둘레를 공전하는 지구, 그 궤도 안팎에서 위험이 발생하거나 사고가 날 염려가 없는 상태가 유지되어야 하겠지만 현실은 그렇지 못하다. 1960년 제2공화국 헌법에 헌법재판소의 설치가 규정되었으나 그 설립이 무산되어 1987년 개정된 현행 헌법에서 헌법위원회가 활동하다 1988년 헌법재판소를 탄생시킨 것처럼, 국민의 안녕을 위한 촘촘한 입법과 개혁 그리고 국민 안전 훈련이 절실한 시점이다.

이러한 시대적 사명으로 여러 권의 저서를 통하여 안전 문화를 확산시키고 정책을 제안하고 있는 〈생존 매뉴얼 365〉의 출간을 축하한다. 생명의 고귀한 의미를 일깨우고 안전을 실천하는 전 국민의 매뉴얼이 되기를 기대한다.

제16대 국회부의장, 6선 국회의원 **홍사덕**

| 추천사 |

　근래에 대한민국을 강타하고 있는 가장 큰 화두는 바로 '안전'이 아닐까 한다. 무고한 어린 학생들과 시민들의 소중한 생명을 앗아가면서 온 국민에게 크나큰 아픔을 준 세월호 참사 이후 우리는 언제 어디서나 안전에 대해 염려하지 않을 수 없게 되었다. '어떻게 하면 나와 내 가족이 불의의 사고를 당하지 않고 안전한 삶을 살 수 있을까'에 대하여 자나 깨나 걱정하고 노심초사하게 된 것이다.

　이러한 시점에 마치 가려운 곳을 긁어주듯 크고 작은 사고와 재난의 예방법부터 자신의 생명을 지킬 수 있는 응급상황 대처법을 총망라한 ≪생존 매뉴얼 365≫의 출간은 매우 반가운 일이다. 이 책을 통해 대한민국 모든 국민이 안전과 행복을 추구할 수 있기를 기대해 본다.

새누리당 최고위원, 6선 국회의원 **이인제**

| 이 책을 먼저 만나본 독자들의 찬사 |

한국재난정보학회장 **전창기**
(사)사회안전진흥원장 **박만동**
괴산행정사/괴산발전연구소장 **김춘묵**
농어촌정보화지원협의회중앙회장 **제갈 명**
(사)광주광역시지체장애인협회장 **이재홍**
서울묵현초등학교장 **김병수**
삼척남초등학교장 **이영선**
정라초등학교장 **김개동**
오저초등학교장 **이철희**
삼척중앙초등학교장 **최희규**
호산초등학교장 **우연화**
강릉남산초등학교사 **박비화**
도계한빛유치원장 **이경숙**
광주예송유치원장 **김은숙**
광주미송어린이집원장 **이순덕**
강릉경포유치원 원감 **장은숙**
누리유치원교사 **최은희**
광주교육연수원연구사 **김경하**
(사)한국생명존중법연구회장 **김일수**
(사)한국법무보호복지학회장 **정진연**
아이엔터테인먼트대표이사 **장정우**
경기대학교경영전문대학원장 **송하성**
제1가나안농군학교장 **김평일**

(사)전국아파트입주자대표회의연합회 부회장 **한재용**
제주오페라단예술총감독국립제주대학교수 **이춘기**
서울생태문화포럼운영위원장 **정연정**
(사)한국청소년동아리연맹경기도총재 **박미현**
(주)로젠엔터프라이즈 대표 **김대식**
스피릿 필하모닉오케스트라 예술감독/ 지휘자 **김형준**
숭실대학교 SS법률포럼연구회 이사/ 법학박사 **권영돈**
국제모델연합회장(사)한복단체연합회 모델가수 **김종훈**
법무법인 태한 부설 건설부동산법률연구 소장 **김동근**
코리아나마칭밴드단장/ 티케이뮤직 대표 **김광욱**
호텔맵여행공정주식회사 대표 **강석우**
다문화복지연합회장/ 다문화복지쉼터 대표 **유소연**
(사)해양환경국민운동연합거제시지회사무국장 **김청흠**
루안코리아 회장 **최병진**
모티브비즈 대표 **정팔문**
긍정의 힘 교육원장 **이철휘**
숲유치원 이사장,서정대유아교육학과교수 **김종석**
문화체육관광부 레저스포츠 안전관리 교육강사 **김용식**
남부대학교 교수 **김영식**
한국영상대학교 교수 **구재모**
보건복지부 응급구조사 **백성덕**
(사)한국수상레저안전협회 사업본부장 **황병일**
국민안전처 중앙 연안사고 예방협의회 **홍성훈**
(사)한국잠수협회 교육위원장/감독관 **오용택**
단국대학교(천) 일반대학원 운동의과학 조교수 **임봉우**
서울산업잠수학원장 **정준상**
한국해양소년단연맹 국장 **김언식**
한양대학교 스포츠정책연구실 연구원 **이우진**
을지대학교 응급구조학과 학과장 **정형근**
그린이벤트 대표 **김종필**
국민안전문화협회 회원/코미디언·영화배우 **고명환**

| 들어가는 말 |

헌법 제34조 6항 '국가는 재해를 예방하고 그 위험으로부터 국민을 보호해야 한다'

  2014년 봄, 부푼 꿈을 안고 수학여행을 떠났던 우리의 꽃다운 자녀들과 일반 시민들의 아까운 목숨을 앗아간 세월호 참사는 한국 안전시스템의 안타까운 현실을 보여주었습니다.
  선장의 말을 잘 들었다는 이유로 어린 아이들은 희생양이 되었고, 어른들은 우리의 자녀들에게 더 이상 무엇을 어떻게 가르쳐줘야 하며 어떠한 세상을 물려줘야 하는지 알 길이 없어 부끄러움에 고개를 숙였습니다. 미래의 희망이 될 우리 아이들과 전 국민 모두가 마음 놓고 살아가기 위해서는 어떻게 해야 할까요?
  이에 〈생존 매뉴얼 365〉는 다음과 같은 취지로 집필되었습니다.

우리의 자녀들이 안전하게 마음 놓고 생활하기 위하여

사회 곳곳의 안전 불감증으로 인해 크고 작은 안전사고의 위협이 끊이지 않고, 학교에서는 날로 심화되는 학교폭력에, 가정 안팎에서는 아동학대와 가정폭력, 성폭력 등 평생의 상처가 될 중대 범죄에 희생되고 있습니다.

그러나 주변의 작은 관심과 올바른 지식만으로도 우리 자녀들이 마음 놓고 안전한 생활을 하며 성장하게끔 도울 수 있음이 분명합니다. 이에 학교와 가정에서 어린이 및 청소년의 보호와 안전을 위해 꼭 알아두어야 할 핵심 사항들만을 추려 담았습니다.

생활 속에서 일어나는 사고에 대비하기 위하여

해경 해체안, 국가안전처 신설안, 세월호 특별법 제정안 등 국민의 안전을 위한 개혁과 개조를 정부가 내세웠음에도 실질적이고 속 시원한 개선책과 실천방안이 제시되기까지는 갈 길이 먼 듯합니다.

그런 가운데 크고 작은 열차 충돌 사고, 안타까운 화재 사고 등 아찔한 사고들에 대한 뉴스가 전에 없이 나날이 이어지면서 언제 어디서든 누구나 생활 속에서 안전사고를 당할 수 있다는 현실을 직시하지 않을 수 없게 되었습니다. 단지 개개인이 조심한다고 하여 피할 수 있는 상황이 아닌 경우가 더욱 많습니다. 따라서 일상 속에서 불시에 안전사고나 재난 상황을 접할 수 있음을 알아두고 그러한 사고에 미리미리 대비하기 위한 필수 지식과 대처요령을 수록하였습니다.

비상시 재난 현장에서 신속하게 활용하기 위하여

정부의 위기관리 매뉴얼은 무려 3,000개가 넘는 매뉴얼이 있다고 알려져 있습니다. 재난의 종류에 따른 표준 매뉴얼, 각종 산하기관에 전달되는 실무 매뉴얼, 현장에서의 행동 매뉴얼 등등…….

문제는 문서상의 매뉴얼이 복잡하고 장황하게 쌓여 있다 할지라도 그 매뉴얼이 실제 상황에서 원활하게 활용되지 못하고 있다면 무용지물이나 마찬가지라는 점입니다. 아무리 사소해 보이는 사고라 할지라도 얼마나 재빨리, 신속하게 대처하느냐에 따라 그 결과는 천양지차로 달라집니다. 아무리 크고 심각한 사고라 하더라도 최소한의 매뉴얼을 최대한 활용하기만 한다면 더 많은 생명을 구하고 나와 내 가족의 안전을 확보할 수 있을 것입니다.

그래서 이 책은 복잡하고 난해한 지식 자체보다 생활 속 사고 현장에서의 활용도 자체에 초점을 맞추었습니다.

나와 내 가족에게 가장 현실적인 정보를 전달하기 위하여

사고와 재난에 대한 지식을 아무리 많이 알고 있다 하더라도, 그보다 중요한 것은 막상 사고가 발생했을 때 얼마나 발 빠르게 대응하고 해결책을 실행하느냐에 달려 있을 것입니다. 수천 개의 막연한 매뉴얼과 지식보다 내 몸에 와 닿는 가장 현실적인 정보를 알아두고 익혀두어 곧바로 써먹을 수 있느냐가 관건입니다.

이 책에는 한국의 현실에 맞고 외국인들이 보더라도 평범한 일반인의 상식수준에 알맞은 실질적인 정보들만을 수록하였습니다. 또한 위기 앞에 막막하고 캄캄한 순간에 곧바로 책을 펼쳤을 때 즉시 활용할 수 있을 만큼의 현실적 정보 위주로 정리하였습니다.

재해 발생시 침착하게 대처하기 위하여

앞으로 우리 자녀들이 살아가게 될 가까운 미래의 세상에는 과거보다 훨씬 더 예측 불가능한 온갖 재해가 발생할 가능성이 높습니다. 태풍이나 호우 같은 고전적인 자연재해는 물론이고 일본의 원전사고로 인한 방사능 유출, 점점 더 예측하기 어려워지는 지구상 기후변화로 인한 새로운 형태의 재난들이 속출하고 있습니다. 심지어 국가 간 전쟁의 형태와 온라인 상 사이버 테러의 종류조차도 하루가 다르게 진화하는 실정입니다.

따라서 과거에는 존재하지 않았던 새로운 유형의 재해와 재난 앞에 언제든지 침착하게 대처하고 그 가운데 나와 내 가족을 의연하게 지켜낼 수 있어야 할 것입니다.

위와 같은 취지하에 정성 들여 만든 이 책에는 온 국민이 남녀노소를 막론하고 누구나 반드시 알아야 할 사고 및 재난 시의 실질적 행동지침이 한 권 안에 알차게 담겨 있습니다.

이 책 한 권만 손닿는 곳에 가까이 놓아두고 수시로 펼쳐보며 숙지해 둔다면 누구나 위기상황에서 당황하지 않고 어려움을 극복하여 자녀와 가족을 지켜낼 수 있을 것입니다.

우리의 소중한 자녀들과 사랑하는 가족, 국민이 보다 더 안전하고 행복한 삶을 영위할 수 있었으면 하는 마음 간절합니다.

김학영 • 지영환 지음

| 차례 |

추천사　7

들어가는 말　11

Part 1
위급상황 발생, 이것만 알면 생존 할 수 있다

- 036　**우리나라에서 일어나고 있는 사고는 얼마나 되는가?**
- 038　**우리나라의 재난안전관리시스템은?**
- 039　**위기상황 긴급연락망**
- 040　**[알려주세요!] 일상생활에서 재난을 대비하기 위한 8가지 수칙**
- 041　[Tip] 119 구급차 이용은 무료? 유료?
- 041　[Tip] 산행 및 도로에서 나의 현재 위치를 알려주는 방법
- 042　**스마트폰 애플리케이션으로 구조요청**
- 046　**긴급한 상황, 누구의 안내를 따라야 할까?**
- 050　[Tip] 생명을 살리는 골든타임
- 050　**긴급 대피 직전 무엇을 챙겨야 할까?**
- 052　**재난 발생 시 휴대폰 사용 방법은?**
- 054　**위급상황을 대비한 가정 상비약품 및 용품**
- 056　[Tip] 전해질용액 만드는 방법
- 056　**생존자의 외상 후 스트레스 장애 치료하기**
- 060　**[알려주세요!] 재난 체험 및 실전교육을 받을 수 있는 곳은 어디에?**

Part 2
학교 · 가정의 어린이 사고 및 각종 범죄 대처법

066	**어린이 교통 · 통학버스 안전사고**
068	[Tip] 어린이 교통안전사고, 이것만은 알아두자!
069	[알려주세요!] 안전한 어린이집 · 유치원 환경 체크리스트
071	**어린이 안전사고(학교에서)**
074	**어린이 안전사고(가정에서)**
074	**질식**
075	[주의!] 성인과 다른 영아 심폐소생술 방법
076	[알려주세요!] 어린이 안전사고 예방 체크리스트
080	**위험물질을 삼켰을 때**
082	[Tip] 아이 콧구멍에 이물질이 끼었다면?
082	**감전**
084	**눈에 이물질이 들어갔을 때**
085	**코피가 났을 때**
086	**날카로운 물체에 찔렸을 때**
087	[Tip] 출혈시 대처법
088	**뜨거운 것에 데었을 때**
089	**이빨이 부러졌을 때**
090	**높은 곳에서 떨어졌을 때**
091	**소아 경련**
094	**내 아이가 실종되었다면?**
097	[대처방법]
098	■ 실종아동을 검색하고 도움을 얻을 수 있는 곳
099	**학교폭력**
099	[예방하려면?]
102	[대처방법]
104	■ 학교폭력 신고 및 상담
106	**아동학대 · 아동성폭력**
106	[예방하려면?]
109	[대처방법]
110	■ 아동학대 신고, 상담 및 조치기관

111	**가정폭력**
114	[대처방법]
115	■ 어린이와 청소년이 피해자일 경우 취학지원, 주거지원 받기
116	■ 의료지원과 법률지원 받기
117	■ 가정폭력 신고 및 상담 전화
118	**성폭력범죄**
119	[예방하려면?]
119	■ 성폭력 예방을 위한 체크리스트
121	[대처방법]
121	■ 성폭력 피해를 당했다면?
122	■ 지하철 등 공중밀집장소에서의 성추행을 당했다면?
122	■ 피해자 진술 시 확인하는 사항을 알아두자
123	■ 성폭력 피해자의 권리는?
124	■ 성폭력범죄 긴급 연락처
127	[Tip] 우리 동네 성범죄자 확인하기
127	**성범죄자 알림 e 사이트**
127	**행사장 인명사고**
128	[예방하려면?]
129	[위급상황 행동요령]
130	[이것만은 꼭 알아두자]
130	Point Ⅰ 절대금물! 위험을 초래하는 행동
131	[알려주세요!] **어린이집 · 학교 급식소에서 집단식중독 예방하기**

Part 3
수학여행 및 야외에서 발생하는 안전사고 예방법

136	**수학여행·현장체험학습**
137	■ 체험학습 떠나기 전 교사 및 학부모 체크리스트
137	■ 1박 이상 숙박을 할 경우 체크리스트
138	■ 차량(버스)으로 이동한다면?
139	■ 항공 및 선박으로 이동한다면?
140	■ 집단식중독 예방을 위해서는?
141	■ 차량 이동 중 멀미 예방을 위해서는?
141	■ 체험활동 종류별 유의사항
144	[위급상황 행동요령]
144	■ 차량 이동 중 사고가 났다면?
145	■ 선박 이동 중 사고가 났다면?
145	■ 항공 사고가 났다면?
146	■ 학생들이 집단 식중독에 걸렸다면?
146	[Tip] 학생과 교사에게 유용한 스마트폰 애플리케이션 '안전디딤돌'
147	[Tip] 전세버스 이용 시 안전정보 조회서비스 받기
147	[Tip] 해외 여행지, 안전한 국가 조회서비스
148	[Tip] 사고를 대비한 비상 명찰 갖고 다니기
148	[Tip] 해외여행갈 때 긴급 경고! 치사율 높은 '에볼라 바이러스'란?
151	**캠핑**
152	■ 야외 비상상황에 대비하려면?
153	■ 야외에서 음식을 직접 조리할 때는?
153	■ 부탄가스를 사용할 때는?
154	■ 해충퇴치제를 사용할 때는?
154	[위급상황 행동요령]
155	**[알려주세요!]** 캠핑, 산행, 야영 시 알아둬야 할 금지사항은?
155	■ 국립공원에서 기본적으로 금지되는 행위는?
156	■ 그 밖의 금지사항은?
156	**[알려주세요!]** 휴가·연휴에 여행 떠나기 전 점검사항
156	■ 휴대폰 상식

157	■ 집 비우기 전 기본 체크리스트
157	■ 어린이를 동반한 자동차 탑승 상식
158	■ 상비약 및 의약 상식

159　물놀이

159	■ 어린이 물놀이 주의사항
160	■ 어린이 · 성인 공통 주의사항
161	[위급상황 행동요령]
161	■ 사람이 물에 빠져 허우적거릴 때는?
161	■ 최후의 수단으로 물에 뛰어들어 구조해야 할 때는?
162	■ 익수자를 구조한 직후에는?
162	■ 내가 물에 빠졌다면?
163	■ 튜브나 구명조끼 없이 물에 떠 있으려면?
163	■ 물속에서 갑자기 쥐(근육 경련)가 났다면?
164	**Point	절대금물! 위험을 초래하는 행동**
165	■ 물놀이 사고 시 신고는? → 강, 호수는 119, 바다는 122
165	[Tip] 귓속의 물 그냥 흘러나오게 하는 법
165	[Tip] 수상인명구조에 대한 정보를 얻을 수 있는 곳

166　수상스포츠

167	[위급상황 행동요령]
167	**Point	절대금물! 위험을 초래하는 행동**
168	[Tip] 올바른 구명조끼 착용 요령

169　산행

169	■ 기본적인 등산 상식
170	■ 산행 시 꼭 챙길 것들은?
170	[위급상황 행동요령]
170	■ 산중에서 길을 잃었다면?
171	■ 산에서 나침반 없이 방향을 찾으려면?
171	■ 산행 중 폭우를 만났다면?

172	■ 환자가 있다면?
173	**Point	절대금물! 위험을 초래하는 행동**
174	[Tip] 스마트폰의 등산 관련 애플리케이션
174	[Tip] 해수욕장과 등산로에서 시설물 때문에 다치면?

낙뢰
176 [예방하려면?]
176 ■ 낙뢰가 임박한 징후는?
177 [위급상황 행동요령]
177 ■ 야외에 있다면?
177 ■ 실내에 있다면?
177 ■ 감전 환자가 있다면?
178 **Point | 절대금물! 위험을 초래하는 행동**
178 ■ 낙뢰의 표적이 되는 장소와 경우

독성 생물 : 벌, 독사, 살인진드기, 옻, 해파리
179 ■ 벌
182 ■ 독사를 피하기 위해서는?
182 ■ 독사에 물렸다면?
183 ■ 주의할 점

살인진드기
184 ■ 살인진드기의 정체는?
185 ■ 살인진드기에 물리지 않으려면?

옻
185 ■ 옻 알레르기를 피하려면?
186 ■ 옻 알레르기 반응이 나타나면?

해파리
189 ■ 해수욕장에서 해파리를 피하려면?
189 ■ 해파리에 쏘였을 때는?

191	## 자전거 안전사고
193	[이것만은 꼭 알아두자]
193	**Point	절대금물! 위험을 초래하는 행동**
195	## 자동차의 수상 추락
195	[위급상황 행동요령]
196	**Point	절대금물! 위험을 초래하는 행동**
198	## 바다낚시
198	[예방하려면?]
198	■ 바다낚시 가기 전에는?
199	[위급상황 행동요령]
199	■ 해양 긴급신고는 122
199	**Point	절대금물! 위험을 초래하는 행동**
201	## 얼음낚시
201	[위급상황 행동요령]
201	■ 다른 사람이 얼음 구멍에 빠졌다면?
202	■ 내가 얼음 구멍에 빠졌다면?
202	**Point	절대금물! 위험을 초래하는 행동**
204	## 제초기
205	[위급상황 행동요령]
205	■ 출혈이 심하다면?
205	■ 신체 일부가 절단되었다면?
206	■ 절단된 마디를 찾았다면?
206	■ 기억해야 할 것
206	**Point	절대금물! 위험을 초래하는 행동**
206	■ 비위생적 민간요법은 절대 금한다
207	**[알려주세요!] 국내여행 차량운전 시 주의사항**
207	■ 출발 전에는?
207	■ 출발 후에는?

Part 4
우리 집에서 자주 발생하는 사고 해결법

210 **전가사고 : 누전, 감전, 정전**
210 누전
211 합선
211 과열
212 [Tip] 전기 난방기기로 인한 저온화상, 이렇게 예방하자
213 ■ 감전
214 감전 환자가 있을 때는?
214 ■ 정전
214 우리 집만 정전이 됐다면?
214 이웃집도 같이 정전이 됐다면?
214 엘리베이터 안에서 정전이 됐다면?
215 전기가 다시 공급된 후에는?
215 정전을 예방하려면?
215 ■ 전기 관련 신고
216 [Tip] 전기요금이 갑자기 많이 나왔다면?
→ 한국전력공사에 문의하여 부당청구 여부 확인
216 [알려주세요!] 장마철 감전사고 및 전기사고 예방 수칙
218 [알려주세요!] 전기를 아껴 현금을 받는 탄소포인트 제도가 있다

219 **가스사고**
220 [위급상황 행동요령]
220 ■ 가스 종류에 따른 대처법
221 ■ 가스가 샜다면?
221 ■ 가스 중독 환자가 발생했다면?
222 [이것만은 꼭 알아두자]
222 ■ 휴대용 버너(부탄가스)를 쓸 때는 이렇게

222	Point	절대금물! 위험을 초래하는 행동
223	■ 가스 관련 신고
223	[Tip] 가스중독 사고 후 동치미 국물이나 무즙을 마시는 이유는?
223	[알려주세요!] 천연가스버스가 폭발하는 이유는?

224 집에 불이 났을 때
| 225 | [위급상황 행동요령] |

228 엘리베이터
229	[위급상황 행동요령]
229	[이것만은 꼭 알아두자]
230	Point	절대금물! 위험을 초래하는 행동

231 에스컬레이터
232	[위급상황 행동요령]
233	[이것만은 꼭 알아두자]
233	Point	절대금물! 위험을 초래하는 행동

235 차량사고
236	[위급상황 행동요령]
236	■ 차량에 문제가 생겨 차를 세워야 한다면?
236	[이것만은 꼭 알아두자]
237	■ 이럴 때는 비상등을 반드시 켜자
238	■ 차량 주정차 시 차량털이 범죄를 예방하려면?
239	■ 차량 관련 신고 혹은 운전 정보를 얻을 수 있는 곳
239	[Tip] 정부보장을 받을 수 있는 교통사고는?
240	[알려주세요!] 교차로 운전 필수상식

241 차량화재
241	[위급상황 행동요령]
241	■ 차에 불이 났을 때 상황별 대처요령
242	[이것만은 꼭 알아두자]
242	■ 차량에는 반드시 차량용 소화기를 비치
243	Point	절대금물! 위험을 초래하는 행동

Part 5
대형사고에서 살아남는 행동요령과 예방법

246	**항공기**
247	[위급상황 행동요령]
247	■ 승무원의 안내와 지시를 숙지하는 것이 관건
248	[이것만은 꼭 알아두자]
249	[사고 후에는?]
249	■ 비행기가 바다나 강 위에 추락했다면?
249	**Point	절대금물! 위험을 초래하는 행동**
250	**선박**
251	[위급상황 행동요령]
251	■ 화재, 침몰 등 비상상황이라면?
251	■ 헬기 구조대가 왔다면?
251	■ 침몰 중인 선박에서 탈출해야 한다면?
252	■ 구명정을 타고 표류해야 한다면?
253	■ 구명정 없이 표류해야 한다면?
253	[이것만은 꼭 알아두자]
254	[사고 후에는?]
254	**Point	절대금물! 위험을 초래하는 행동**
256	**고속철도**
256	[위급상황 행동요령]
256	[이것만은 꼭 알아두자]
257	■ 승강문 수동으로 열기
257	[사고 후에는?]
257	**Point	절대금물! 위험을 초래하는 행동**
258	**지하철**
258	[위급상황 행동요령]
259	[이것만은 꼭 알아두자]
259	■ 출입문 수동으로 열기
259	**Point	절대금물! 위험을 초래하는 행동**

261	[알려주세요!] 지하철 선로로 추락했다면?
261	■ 내가 떨어졌다면?
261	■ 다른 사람이 떨어졌다면?

262 화재

264	[위급상황 행동요령]
264	■ 화재신고는 이렇게
264	■ 초기 소화는 이렇게
264	■ 대피 요령
265	■ 밖으로 대피하지 못했다면?
265	■ 옷에 불이 붙었다면?
266	■ 연기가 난다면?
266	■ 밀폐 공공장소(찜질방, 사우나 등)에서 불이 났다면?
266	[이것만은 꼭 알아두자]
266	■ 소화기 사용법
267	[사고 후에는?]
267	■ 건물 밖으로 빠져나왔다면?
267	■ 소방구조대 도착 전이라면?
267	■ 소방구조대가 도착했다면?
268	Point l 절대금물! 위험을 초래하는 행동
268	[Tip] 코에 그을음이 묻었다면? → 기도화상 위험!

268 화학물질 유출

269	[위급상황 행동요령]
270	[이것만은 꼭 알아두자]
270	[사고 후에는?]
270	■ 대피 후에는 이렇게
270	Point l 절대금물! 위험을 초래하는 행동

271		**방사성물질 유출**
271		[위급상황 행동요령]
272		[이것만은 꼭 알아두자]
273		■ 내가 사는 곳의 방사선 수치가 궁금하다면?
273		[사고 후에는?]
273		**Point I 절대금물! 위험을 초래하는 행동**
275		**건물 붕괴**
276		[위급상황 행동요령]
276		■ 대피할 때는?
276		■ 대피하다 잔해에 깔리거나 고립됐다면?
277		**Point I 절대금물! 위험을 초래하는 행동**
278		**초고층건물 안전사고**
279		[위급상황 행동요령]
279		[이것만은 꼭 알아두자]
280		**Point I 절대금물! 위험을 초래하는 행동**
282		**산불**
283		[위급상황 행동요령]
284		[이것만은 꼭 알아두자]
285		[사고 후에는?]
285		**Point I 절대금물! 위험을 초래하는 행동**
286		**댐 붕괴**
287		[위급상황 행동요령]
287		[사고 후에는?]
287		**Point I 절대금물! 위험을 초래하는 행동**
288		**[알려주세요!]** 신종 도시 재난 '싱크홀' 어떻게 대비할까?

Part 6
자연 재난에서 살아남는 유형별 행동요령

- 292 **태풍**
- 294 [위급상황 행동요령]
- 294 ■ 태풍주의보 및 태풍경보가 내려졌을 때 행동요령
- 294 [이것만은 꼭 알아두자]
- 295 [사고 후에는?]
- 296 Point | 절대금물! 위험을 초래하는 행동
- 296 [Tip] 16층 이상 아파트는 의무적으로 풍수해 특약 가입

- 298 **호우**
- 298 [위급상황 행동요령]
- 299 ■ 호우주의보 및 경보가 내려졌다면?
- 299 [이것만은 꼭 알아두자]
- 300 [사고 후에는?]
- 300 ■ 호우가 지나간 후에는 이렇게
- 303 Point | 절대금물! 위험을 초래하는 행동
- 301 [Tip] 과거에 침수된 적 있는 집인지 알 수 있는 '침수흔적확인서'
- 302 [알려주세요!] 장마·호우 시 빗길 안전운전수칙 best12

- 304 **대설**
- 305 [위급상황 행동요령]
- 305 ■ 대설주의보 및 경보가 내려졌다면?
- 305 [이것만은 꼭 알아두자]
- 305 ■ 운전 중 폭설을 만나거나 차량이 고립되었다면?
- 306 [사고 후에는?]
- 306 ■ 폭설이 그쳤다면?
- 307 Point | 절대금물! 위험을 초래하는 행동

- 307 **해일**
- 308 [위급상황 행동요령]
- 309 [이것만은 꼭 알아두자]
- 309 ■ 이안류(역파도) 대비하기
- 309 ■ 너울성 파도 대비하기
- 310 Point | 절대금물! 위험을 초래하는 행동

311	**지진해일(쓰나미)**
312	[위급상황 행동요령]
312	[이것만은 꼭 알아두자]
313	Point l 절대금물! 위험을 초래하는 행동
314	**지진**
314	[위급상황 행동요령]
314	■ 실내에 있다면?
315	■ 밖에 있다면?
315	■ 공공장소(백화점, 극장, 상가)에 있다면?
316	■ 엘리베이터 안에 있다면?
316	■ 전철 안에 있다면?
316	■ 차량 운전 중이라면?
317	■ 산, 해안에 있다면?
317	[이것만은 꼭 알아두자]
317	[사고 후에는?]
318	Point l 절대금물! 위험을 초래하는 행동
319	[Tip] 지진 규모 및 진도에 따른 현상
320	**산사태**
321	[위급상황 행동요령]
321	[이것만은 꼭 알아두자]
322	[사고 후에는?]
322	Point l 절대금물! 위험을 초래하는 행동
323	**황사**
324	[위급상황 행동요령]
324	[이것만은 꼭 알아두자]
324	[사고 후에는?]
324	Point l 절대금물! 위험을 초래하는 행동
325	[알려주세요!] 지구온난화·기상이변으로 인한 한파 및 폭염 대처하기
326	[알려주세요!] 자연재해로 집이 파괴됐다면? 재난지원금을 받을 수 있다

Part 7
전쟁과 테러 이것만 알면 안전

- 330 **테러**
- 330 [테러의 유형]
- 332 [이것만은 꼭 알아두자]
- 332 ■ 신고요령
- 332 **[알려주세요!]** 전 세계의 주요 테러 단체

- 336 **폭발물**
- 337 [위급사항 행동요령]
- 337 ■ 건물에서 폭발물을 발견했다면?
- 337 ■ 대피 도중 폭발음이 들린다면?
- 338 **[알려주세요!]**
  최근 국내외 폭발물 테러의 대표적인 사례
- 339 **[알려주세요!]**
  미사일 포격 시 행동요령
- 340 화생방무기
- 340 [이것만은 꼭 알아두자]
- 341 [Tip] 유독가스 종류에 따른 응급처치요령
- 343 [Tip] 대표적인 생물테러 병원체의 종류
- 344 [Tip] 방독면 착용 요령을 알아두자

- 345 **총격전 · 억류 · 납치**
- 346 [이것만은 꼭 알아두자]
- 346 ■ 실내에서 총격전이 벌어졌다면?
- 346 ■ 실외에서 총격전이 벌어졌다면?
- 347 ■ 인질극이 벌어졌다면?
- 347 ■ 납치, 억류, 감금되었다면?
- 348 ■ 해외여행 시 테러범에게 납치되었다면?
- 348 **[알려주세요!]** 꼭 알아둬야 할 전시 행동요령 5가지
- 350 [Tip] 민방공 경보의 종류는?

Part 8
사이버 범죄 및 야외 행사장 · 공연 · 전시회 · 박람회에서 안전한 대처법

354	**보이스피싱**
354	[예방하려면?]
354	■ 보이스피싱의 대표적 유형
355	■ 대처 및 예방 요령
357	**해킹 및 개인정보유출**
358	■ 개인정보 유출을 예방하려면?
359	■ 해킹이나 바이러스 감염을 예방하려면?
360	■ 온라인 금융거래(인터넷뱅킹)를 할 때는?
361	■ 온라인쇼핑을 할 때는?
361	■ PC 및 스마트폰으로 메신저를 사용할 때는?
362	■ 컴퓨터 수리를 맡기거나 폐기할 때는?
362	■ 사이버범죄 상담 및 신고
363	**야외 행사장 · 공연 · 전시회 · 박람회에서 안전한 대처법**
363	**1. 야유회 및 체육행사**
363	[예방하려면?]
363	■ 주최 측이 준비해야 할 사안들
365	■ 관람객이 지켜야 할 사안들
366	Point I 절대금물! 위험을 초래하는 행동
366	[Tip] 지하철도 위험할 수 있다
368	[알려주세요!] 압사로 인한 사고
367	폭력 사태로 인한 사고
367	**2. 공연 · 전시회 · 박람회**
368	[예방하려면?]
369	■ 주최 측이 지켜야 할 사안들
369	■ 관람객이 지켜야 할 사안들

370	**Point l 절대금물! 위험을 초래하는 행동**
371	**3. 심야 공연·행사**
371	[예방하려면?]
371	■ 주최 측이 지켜야 할 사안들
373	■ 관람객이 지켜야 할 사안들
374	**[알려주세요!]** 폭죽으로 인한 안전사고
374	**4. 유원지 시설 (놀이 시설)**
375	[예방하려면?]
375	■ 주최 측이 지켜야 할 사안들
376	[Tip] 비지정 좌석제일 때는 침착하게 입장한다
376	■ 관람객이 지켜야 할 사안들
377	**[알려주세요!]** 놀이공원 사고 절반은 이용객의 부주의

l 부록 l

반드시 알아둬야 할 응급상황 필수상식

380	**상황별 응급처치요령**
384	[Tip] 심폐소생술 정보를 얻을 수 있는 곳
384	**질식 → 하임리히 응급처치**
386	[Tip] 자신의 목에 이물질이 걸렸는데 주변에 아무도 없다면?
386	**화상**
387	[요령] 찬물에 씻기 → 멸균 거즈로 덮기
388	[Tip] 화상의 정도에 따른 손상
388	**일사병·열사병**
390	[Tip] 다리 올리기

390	**저체온증**
391	[요령] 체온이 서서히 올라가도록 한다.
392	**쇼크**
392	[요령] 맥박, 호흡, 질식 여부 체크 → 병원 후송
393	[Tip] 환자가 구토할 때는 이렇게!
394	**출혈**
394	[요령] 깨끗한 천으로 압박
397	**골절**
397	[요령] 부목으로 고정 → 병원 후송
399	**부위별 처치 요령**
402	**염좌 처치요령**
402	**동상**
403	[요령] 따뜻한 물에 서서히 녹이기
404	**감전**
405	[요령] 전원 차단 → 심폐소생술
405	**익수**
406	[요령] 심폐소생술 실시
407	**공공장소에서 자동제세동기 사용하기**
407	[요령] 유리박스를 열어 시작 버튼을 누르고 안내 멘트에 따른다.
410	**소화기 사용법**
410	일반 소화기 (분말 소화기)
410	옥내 소화전
411	투척용 소화기
411	화재의 종류에 따른 소화기 종류
412	소화기 보관, 이것만은 알아두자
414	참고자료 및 도서

국가의 재난안전관리시스템에 대한 대대적인 개선책이 요구되고 있는 현 시점에서 가장 중요한 것은 각종 재난 및 위기상황을 평소에 얼마나 철저히 대비하고 있느냐 하는 것이다. 나와 내 가족과 자녀에게도 언제 어디서든 위급한 사태가 벌어질 수 있음을 인정하고 만약의 경우를 위하여 미리 준비해두어야 할 것이다.

Part 1

위급상황 발생, 이것만 알면 생존 할 수 있다

우리나라에서 일어나고 있는 사고는 얼마나 되는가?

(2008~2013년 기준)

10만건
어린이 교통사고
(보험개발원)
- 2009년 104,345건
- 2010년 107,332건
- 2011년 101,811건
- 2012년 102,380건
- 2013년 102,496건

80만건
최근 5년간 여객선 사고
(해수부 해양안전심판원 - 2013년)

최근 5년간 여객선 사고는 내항 여객선 55건(59척), 외항 여객선 25건(25척)

23건
국내 항공기 사고
최근 5년간 23건
(국토교통부)

267명
2012년 화재사망
(소방방재청)

2012년 화재로 인한 재난은 43,249건이 발생해 사망 267명, 부상 1,956명의 인명피해와 2억 8천 9백 49만 3천원의 재산피해가 발생했다. 원인별로는 부주의로 인한 화재가 46.8%, 전기적 요인 24.3%, 기계적 요인 9.9% 순으로 화재가 발생했다.

1460명
서울자전거 교통사고
연간 1,460명 부상
(도로교통공단 서울지부)

2012년 1,388건 사고 발생 1,460명의 부상자가 발생했다.

50여 명
승강기 사고 5년간 사망
(안전행정부)

지난 5년간 승강기 사고는 562건이 발생했으며, 50여명이 사망했고 680여명의 부상자가 발생했다. 에스컬레이터에서의 사고가 76.9%로 가장 많았고, 승객용 엘리베이터 16.2%, 화물용 엘리베이터 6.2% 순이었다.

7배
농기계 교통사고 사망률, 자동차의 7배
(삼성교통안전문화연구소)

2008년부터 5년간 발생한 교통사고를 분석한 결과 농기계 운전자의 교통사고 사망률은 10.6%로 전체 교통사고 사망률(1.5%)보다 7배나 높았다.

67.4% 증가
학교 수학여행 사고 3년간 67.4% 증가 최근 3년간 총 576건

2011년 129건, 2012년 231건, 2013년 216건으로 최근 3년간 67.45%의 증가율을 보였다.

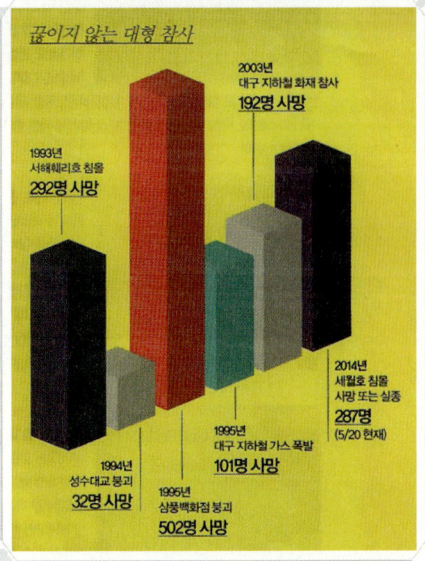

끊이지 않는 대형 참사
- 1993년 서해훼리호 침몰 292명 사망
- 1994년 성수대교 붕괴 32명 사망
- 1995년 삼풍백화점 붕괴 502명 사망
- 1995년 대구 지하철 가스 폭발 101명 사망
- 2003년 대구 지하철 화재 참사 192명 사망
- 2014년 세월호 침몰 사망 또는 실종 287명 (5/20 현재)

출처〈우먼센스 발췌〉

우리나라의 재난안전관리시스템은?

'재난'이란 국민의 생명, 신체, 재산과 국가에 피해를 주는 모든 상황(재난 및 안전관리 기본법에 의거)을 뜻하는 것으로서 현재 우리나라 법령에서는 다음과 같이 구분하고 있다.

▶ **자연재난** : 태풍, 홍수, 홍우, 강풍, 풍랑, 해일, 대설, 낙뢰, 풍랑, 황사 등 자연현상으로 인해 발생하는 모든 재해

▶ **사회재난** : 화재, 붕괴, 폭발, 교통사고, 화생방사고, 환경오염사고 등 대규모 피해를 일으키는 사태, 에너지와 통신 등 국가기반체계를 마비시키는 사태, 감염과 전염병 등 국민 건강에 피해를 입히는 사태

2014년 4월 16일 발생한 세월호 참사를 계기로 재난대응 시스템 및 위기관리 리더십에 관한 근본적인 점검과 개선이 요구되는 가운데 정부조직을 개정하였다. 그리하여 국가의 신속한 재난 대응 및 수습체계를 위한 국민안전처(Ministry of Public Safety and Security)가 2014년 11월 19일 설립되었다. 국민안전처는 기존의 안전행정부 업무 및 해양수산부의 해양교통관제센터를 이관 받아 소방방재청과 해양경찰청을 통합 출범하였다.

국민안전처 기구도

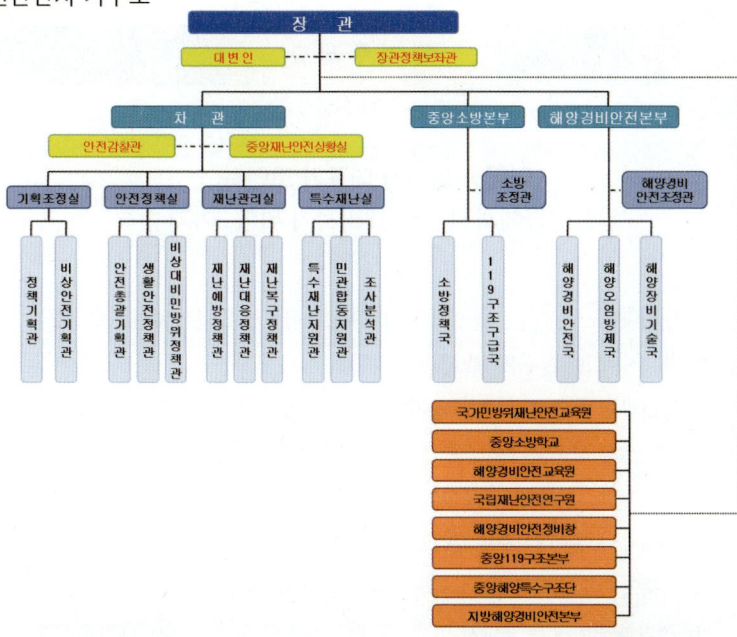

위기상황 긴급연락망

구조, 구급, 응급, 재난(소방서) : 119

범죄(경찰청) : 112

해양긴급 : 122

간첩(경찰청) : 113

간첩(국정원) : 111

미아, 실종, 가출 : 182

아동학대 : 1577-1391

여성긴급 : 1366

학교폭력?여성폭력(경찰청) : 117

사이버테러 : 118

국가교통정보센터 : 1333 (휴대폰 이용 시 : 지역번호+1333)

정부통합민원서비스 : 110

알려주세요

**미국 적십자사 대표가 조언하는
일상생활에서 재난을 대비하기 위한 8가지 수칙**

1. 당신이 사는 지역에 어떤 형태의 재난(자연재해 또는 인재)이 일어날 수 있는지 알아두라. (가장 흔한 재난은 가정화재!)
2. 재난의 형태와 대비책에 대해 가족과 의논하라.
3. 재난 발생 시 가족과 만날 수 있는 장소를 2곳 정하라.
(1.집 근처 2.집에서 먼 곳) 또한 비상시 가족을 연결시켜줄 사람을 미리 정하라.
4. 집에서 나가는 대피로를 적어도 2가지 이상 알아두어라.
5. 가족의 학교나 직장의 비상사태 계획을 알아두어라.
6. 전기와 물이 없는 곳에서 최소 3일 이상 생존할 수 있는 재난 대비용 물품을 준비하고, 침낭 등 운반할 수 있는 곳에 꾸려 두어라. (가열할 필요 없는 3일치 식량, 11리터의 물, 침낭, 갈아입을 옷, 기저귀, 비상약, 응급치료약품, 손전등, 건전지로 작동되는 라디오와 건전지, 병따개, 가정용품 등)
7. 가스, 전기, 물을 언제 어떻게 잠그는지 익혀두어라.
8. 응급처치법과 심폐소생술을 알아두고 재난대비훈련 프로그램에 참가하라.

- 마샤 에반스 (전 미국 적십자사 대표, 미 해군 소장 퇴역)

Tip 119 구급차 이용은 무료? 유료?

→ 119 구급대 이용은 어떤 경우에도 무료이다.

〈기본 소방상식〉

- 화재, 구조, 구급 상황으로 119에 신고하여 구급차나 헬기 이용 시 전국 어느 곳이나 어떠한 경우에도 요금을 징수하지 않는다. (이송 거리, 환자 수 상관 없음)
- 요금을 받는 경우 : 보건복지부의 인가를 받아 운영되는 시설업체, 병원에서 운영하는 구급차만 해당됨.

Tip 산행 및 도로에서 나의 현재 위치를 알려주는 방법

전봇대는 전국에 850만 개, 도심지 30m · 농촌지역 50m 이하 간격으로 설치되어 있다. 낯선 곳 외딴 곳 등에서 갑작스런 사고로 구조를 요청할 일이 생길 때는 당황하지 말고 주변에 가까운 전봇대를 찾는다. 그리고 112와 119에 전봇대에 있는 위치 번호를 "여기 전봇대 번호가 9497B821 입니다"라고 말하면 현재 나의 위치를 알릴 수 있다.

위치와 주소를 모를 때 당황하지 않고 전봇대 전주 보호찰을 기억한다면 많은 도움이 될 것이다.

스마트폰 애플리케이션으로 구조요청

재난 및 사고 관련

안전신문고

국민안전처에서 제공하는 재난안전 종합서비스. 재난 긴급신고, 문자신고 기능. 기상정보, 재난정보, 소방정보, 교통정보, 응급의료센터 및 병원정보 제공, 재난문자 서비스.

응급의료정보제공

보건복지부에서 제공하는 응급의료정보 서비스. 증상별 응급처치요령, 실시간 응급실 및 병원 정보, 소아야간진료, 119 연결, 자동제세동기 위치정보, 심폐소생술 정보, 명절 병의원 및 약국 찾기 등.

위기탈출 응급조치

안전보건공단에서 제공하는 응급조치 상식 서비스. 심폐소생술, 지혈법, 질병 종류별 대처, 화재현장 탈출법, 화학물질 대처법 등 상식 제공.

안전 관련

여성·아동용 긴급신고 앱

경찰청에서 제공하는 여성 및 아동용 112 긴급신고 서비스. 납치, 성범죄 등 위급 범죄 상황에서 전화 신고가 어려울 경우 신고할 수 있음. 위치서비스(GPS 등)를 미리 켜두면 경찰에서 신고자의 위치를 보다 정확하게 파악할 수 있음.

안전드림 - 아동·여성·장애인 경찰지원센터

경찰청 182센터에서 제공하는 실종신고 및 제보 서비스. 실종아동 신고 및 조회, 학교폭력, 가정폭력, 성폭력 발생 시 사진 전송으로 실시간 제보 및 신고. 아동실종(182) 및 학교·여성폭력 긴급지원센터(117)로 직접 연결 가능.

스마트 안전귀가

안전행정부에서 제공하는 안전귀가 서비스. 목적지 및 보호자 연락처를 등록하면 이동정보가 실시간으로 보호자에게 전달됨. 병원, 경찰서, 아동안전지킴이집, 비상대피시설 등 생활안전시설

정보 제공.

여성가족 안전 콜

여성, 아동, 노약자가 위급 시 호출을 누르거나 휴대폰을 흔들어 사전에 등록한 지인에게 문자와 자동전화발신으로 자신의 상황을 알리고 도움 요청.

긴급상황 S.O.S

긴급 상황 발생 시 현재위치 확인, 싸이렌, 긴급전화, 카카오톡과 문자 서비스를 이용하여 현재 위치 전송.

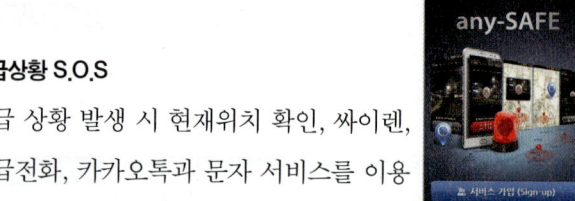

해외안전여행

외교부에서 제공하는 해외에서의 각종 사고 대응 서비스. 해외여행 시 도난, 강도, 질병, 사고, 테러, 재난 등 상황별 대응요령, 영사콜센터 등 비상연락처, 여행자 필수 정보 제공.

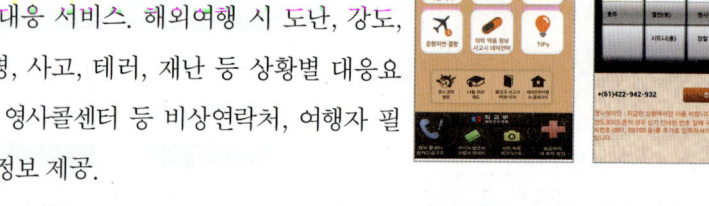

조난 관련

각종 '무전기' 앱

사고 발생 시 통화량이 많아 통화가 안 될

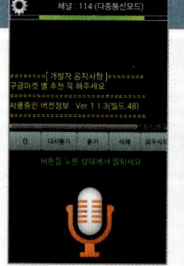 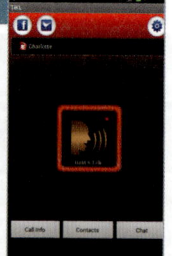

때 데이터 통신망을 이용해 무전기처럼 음성통화 가능.
(예 : 터치토크, 이니셜티, HD무전기, 티티톡 등)

각종 '나침반' 앱
산행, 야영 등 야외활동 시 길을 잃거나 조난당했을 때 동서남북 방향 확인.
(예 : 정확한 나침반, 나침반, 프로 무료 나침반, 나침반 수평계, GPS Status & Toolbox 등)

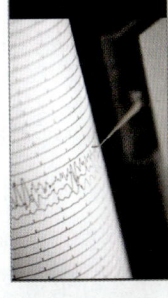 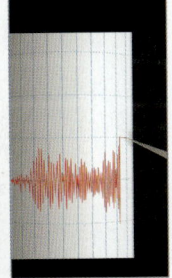

각종 '지진계' 앱
주변의 지진 여부 및 진동 측정 기능.
(예 : 지진계, 모바일 지진계 등)

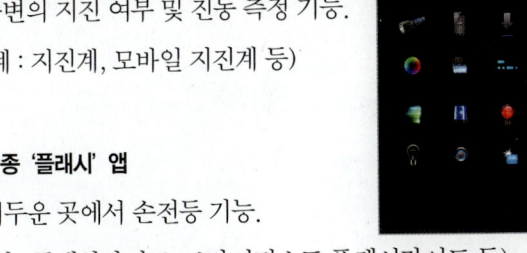

각종 '플래시' 앱
어두운 곳에서 손전등 기능.
(예 : 플래쉬라이트, 브라이티스트 플래시라이트 등)

※ 응급, 의료, 안전, 조난 등의 키워드로 검색하면 이 밖에도 수많은 무료 및 유료 애플리케이션을 선택할 수 있다. 단, 사용자의 필요와 환경에 맞는 앱인지, 다른 사용자들의 후기는 어떤지를 살펴 신중하게 선택하는 것이 좋다. 배터리와 데이터를 많이 소모시키거나, 개개인의 휴대폰 환경과 맞지 않아 오류가 잦거나, 긴급 상황에 무용지물이 되거나, 용량이 커 휴대폰 사용에 영향을 끼치거나, 개인정보를 지나치게 노출시키는 경우가 있으므로 다운받을 때 신중하게 선택한다.

긴급한 상황, 누구의 안내를 따라야 할까?

세월호 참사에서 선장의 지시에 따랐다가 골든타임을 놓치고 수많은 생명이 희생된 사건은 대한민국 국민으로 하여금 안전에 대한 극도의 불안감과 불신을 갖게 했다.

위기상황에서 안전을 담당해야 할 책임자와 리더에 대한 뿌리 깊은 불신은 자칫 잘못하면 더 큰 사회적 혼란을 야기할 수 있다. 이에 전문가들은 무조건적인 불신감으로 개별행동을 하기보다는 '안전의 원칙에 충실할수록 위험을 줄일 수 있다'고 조언한다.

위험구역 안내판을 결코 무시하지 말자

원칙과 기본에 충실해야 하는 대표적인 예는 각종 안내판이다. 강이나 하천의 물놀이 금지구역, 해안의 안전선과 부표, 산행 시 입산 금지구역, 캠핑 시 야영 금지구역, 군사구역과 철책선 등 곳곳의 출입금지 안내판과 위험구역 표시 안내판을 준수하기만 해도 안전사고의 상당수를 줄일 수 있다.

전문 구조요원이라면 믿고 따르자

자격을 확실히 갖춘 전문 구조요원이나 안전요원(해수욕장의 구조요원, 산악 구조대, 곳곳의 단속요원 등)의 안내 및 안내방송은 그대로 따르는 것이 안전을 확보하는 길이다. 이러한 전문요원들은 인명을 구조하고 위험을 최소화하는 전문지식을 갖추고 있는 인력이므로, 이들의 단속을 피하며 개별행동을 하기보다는 믿고 따르는 것이 더 안전하다.

화재 등 대형사고 시 젊고 건강한 남성이 앞장서자

화재나 건물 붕괴처럼 각종 대형 사고와 재난을 당했을 때는 건물 파편, 잔해, 불길 등 인체에 직접적인 위해를 가하는 물리적 요소들이 곳곳에서 엄습한다. 이런 경우에는 되도록 젊고 체력 좋은 남성이 앞장서서 탈출로를 열고 장애물을 치우며 어린이와 노약자와 여성을 보호하는 것이 더 많은 인명 구조에 유리하다. 폭설로 고립되어 근처 대피소를 찾거나 산에서 조난당한 경우에도 건장한 남성이 움직이는 것이 시간을 더 절약해준다.

학생의 단체활동 중에는 인솔교사의 역할이 중요

유치원, 학교 등 어린이와 청소년의 단체활동 중 사고가 났을 경우 인솔교사가 어떻게 대처하느냐에 따라 학생들의 안전이 좌우된다고 해도 과언이 아니다. 유치원 및 초중고 일선교사들은 안전과 인명구조에 대한 기본적인 지식을 갖춤은 물론이고 정기적인 안전교육을 받아두어 유사시 학생들의 안전을 지킬 수 있어야 한다.

지하철·열차 사고 시 선로로의 탈출은 위험할 수 있다

최근 기계결함과 안전불감증, 화재, 폭설 등의 원인으로 지하철과 열차의 충돌 및 추돌사고가 잦아지고 있는 가운데, 열차 측의 믿을 만한 안내와 정보를 얻지 못한 승객들이 자력으로 탈출하거나 대피하는 상황이 반복되었다. 그러나 많은 인파가 선로로 탈출해 우왕좌왕할 경우 반대쪽 선로에서 오는 열차에 치이는 등 2차사고 발생 위험이 매우 크다. 따라서 부득이하게 열차에서 탈출했을 경우에는 반대 선로로 가지 말고 열차 진행 방향의 터널 쪽으로 대피해야 하며, 이후에는 비상유도등을 따라 환기구 쪽으로 나와야 한다.

비행기에서는 승무원의 안내가 절대적이다

항공 승무원은 비상사태 때 승객 전원을 90초 안에 탈출시키는 훈련을 받은 인명구조 전문가이기도 하다. 승무원이 받는 탈출 훈련은 1차 합격자가 예비승무원의 20%에 불과할 정도로 까다롭고 엄격하다. 승무원들은 비상 시 충격방지자세를 안내하고, 비상구 개방, 탈출로 확보를 통해 가장 효율적인 탈출을 돕게 된다. 따라서 항공기에서는 개별행동을 자제하고 승무원의 안내를 믿고 따를수록 생존 확률을 높일 수 있다.

선박에서 사고가 났다면?

선박, 열차 등 대형 운송수단에서 사고가 났을 때 원칙적으로는 승무원이나 선장의 안내에 따르는 것이 맞다. 단, 신속한 대처가 이뤄지지 않고 있다고 판단될 경우에는 승객들 스스로 질서를 유지하고 구명조끼를 입는 등의 기본적인 조치를 취한 후 구조가 쉬운 장소로 이동하는 것도 하나의 방법이다. 비상시의 안전을 위해서는 승객 개개인도 자신이 탑승하게 될 운송수단에 대한 기본적인 안전지식과 비상시 탈출요령을 미리 숙지할 필요가 있다.

내가 직접 사람들을 이끌어야 한다면?

만약 믿을 만한 안내자나 없거나 구조전문가가 도착하지 않은 위기상황에서 다른 사람들과 함께 생존해야 한다면, 이성을 잃고 공포에 떨거나 혼자 살아남기 위해 개인행동을 하기보다는 자기 자신과 타인을 모두 구조하겠다는 의지를 가지고 침착하게 스스로 리더의 마음가짐을 갖는 것도 중요하다. 평소 알고 있던 생존 및 재난에 대한 기본 지식을 최대한 떠올려 활용하고, 약자를 배려하고, 다른 사람과 힘을 합쳐 의논해보고, 각자가 가지고 있는 지식과 장점을 총동원하여 어려운 상황을 극복하려는 긍정적인 태도를 갖는 것이 관건이다.

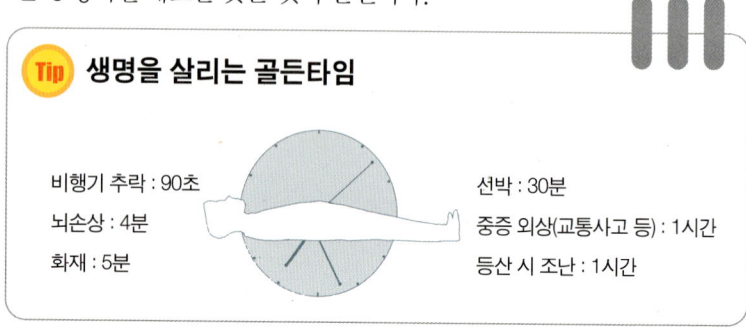

Tip 생명을 살리는 골든타임

비행기 추락 : 90초
뇌손상 : 4분
화재 : 5분

선박 : 30분
중증 외상(교통사고 등) : 1시간
등산 시 조난 : 1시간

긴급 대피 직전 무엇을 챙겨야 할까?

1. 어디로 어떻게 대피할 것인가?

- 유사시 인근 대피소가 어디에 있는지 미리 알아둔다.
- 대피 장소까지 가는 경로를 미리 알아둔다.
- 지역의 주민 대피소 위치와 각 기관 연락처 리스트를 잘 보이는 곳에

둔다.
- 탈출하거나 대피해야 할 경우 전기, 가스, 수도 공급을 차단해야 하므로 평소에 차단 방법을 숙지해 둔다.

2. 가족을 어떻게 챙길 것인가?

- 가족들이 연락 없이 헤어졌을 경우 다시 만날 장소를 2곳 정도 정해 둔다.
- 타 지역 친척이나 지인의 연락처와 주소를 교환해 두어, 자신이나 다른 가족이 행방불명되었을 경우 비상연락을 할 수 있도록 대비한다.
- 휴대폰 분실이나 파손을 대비해 가족 및 중요한 지인의 연락처는 평소 외워둔다.
- 어르신, 장애인, 어린이 등 몸이 불편하거나 약한 가족 구성원이 있을 경우 누가 어떻게 돌볼 것인지를 정해둔다.
- 비상상황 시 가축이나 애완동물 처리 방법을 미리 정해둔다.

3. 무엇을 챙길 것인가?

- 신분증, 여권, 각종 계약서와 문서, 보험증서, 가족사진, 증권, 채권, 유언장 등의 원본 및 복사본을 일목요연하게 보관해 두어 비상시 쉽게 찾을 수 있게 해둔다.
- 대피 직전 약간의 시간 여유가 있다면 비상물품을 챙긴다.
: 3일치 비상식량, 식수, 휴대용 조명기구, 양초와 성냥, 라이터, 휴대용

라디오, 건전지, 의약품, 침
낭, 양말, 위생용품(수건, 화
장지, 세면도구, 생리용품),
아기용품(기저귀, 젖병 등),
호루라기 등

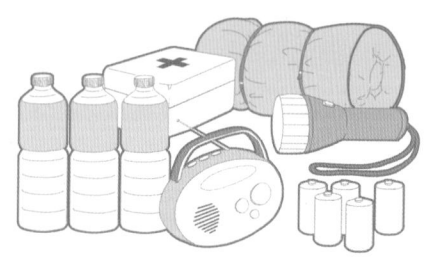

- 재난 발생 시 은행 전산망
고장 혹은 현금인출 불가능 상황에 대비하여 현금(1달 생활비 이상) 및
현금 대용의 귀금속(금반지, 금목걸이 등 소형), 외화(달러, 엔화, 유로
화)를 구비해 둔다.

재난 발생 시 휴대폰 사용 방법은?

휴대폰이 멀쩡하고 안테나가 떠 있다.
➡ 119와 지인에게 위치와 상황을 신고하고
문자메시지를 보낸다.

휴대폰은 멀쩡하지만 안테나가 뜨지 않는다.
➡ 구조대에서 위치 추적을 할 수 있도록 전원을 주기적으로 껐다 켠다.

대형 재난 시에는 통신사에서 인근에 기지국을 추가할 수 있으며 이 경우 안테나가 뜨지 않았다가도 뜰 수 있으므로 포기하지 않는다.

배터리가 매우 부족하다.
→ 일단 전원을 꺼두어 배터리를 아끼고, 만 하루 정도 지나도 구조되지 않았을 경우 다시 전원을 켜 연락을 시도한다.

통화를 시도했으나 잡음이 심하고 자주 끊긴다.
→ 통화가 어렵거나 끊길 경우 문자메시지를 보내 놓는다. 통화가 원활하지 않더라도 문자메시지는 시간차를 두고서라도 도착하게 된다.

통화량이 폭주하여 연결이 거의 어렵다.
→ 다양한 SNS(메신저, 카카오톡, 트위터 등)를 활용하여 자신의 상황과 현재 처한 상태를 외부에 전달한다.

재난이나 사고로 고립되어 현재 나의 위치를 모른다.
→ 스마트폰에 깔려 있는 위치확인 서비스(내비게이션, GPS 등)를 활용하면 현재 자신의 위치를 파악할 수 있다.

외출이나 여행 시 휴대폰 배터리 부족을 대비하려면?
→ 휴대용 충전기(이동 시 휴대폰, 태블릿PC 등을 충전할 수 있다), 자동차용 시거잭 충전기(자동차에 키를 꽂고 ACC ON으로 돌리면 전원을 공급받을 수 있다), 파워뱅크(캠핑 등 전기가 없는 야외에서 전기를 쓸 수

있는 전기공급장치) 등 다양한 충전 장치를 시중에서 판매하고 있으므로 평소 마련해 두었다가 만약의 사태에 활용할 수 있다.

위급상황을 대비한 가정 상비약품 및 용품

✚ 응급처치용품

붕대(압박붕대, 탄성붕대, 망사붕대, 삼각건)
거즈, 탈지면, 멸균 거즈, 화상 거즈, 반창고,
일회용 밴드, 습윤밴드
도구 : 가위, 핀셋, 족집게, 면봉, 체온계

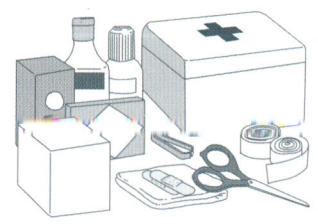

✚ 의약품

먹는 약

해열, 진통, 소염제(예: 타이레놀, 펜잘, 게보린, 아스피린 등), 종합감기

약, 증상별 감기약(열, 콧물, 기침), 소화제, 지사제, 제산제, 변비약, 항생제 (페니실린 계열, 세팔로스포린 계열), 항히스타민제(예: 지르텍, 베나드릴, 페니라민), 구충제, 어린이 전용 해열 시럽, 좌약, 우황청심환, 전해질용액

바르는 약

소독약 (소독용 알코올, 요오드팅크, 과산화수소수, 붕산 등), 암모니아수, 물파스, 찜질용 파스, 바르는 소염진통제, 항생제 연고 (예: 박트로반, 후시딘, 테라마이신안연고), 항히스타민, 스테로이드 연고 (예: 리도맥스, 트리코트), 화상연고, 지혈제, 안약, 입안 상처용 연고, 곤충 퇴치제, 모기약, 자외선 차단제, 생리식염수

※ 먹는 약과 바르는 약은 유효기간과 용도를 확인하고 약품 상자에 메모해 놓는다.

✚ 비상용품

호루라기, 마스크, 방진 마스크, 방독면, 방호 안경, 장갑, 일회용 우의, 판초 우의, 고무장화, 건전지를 사용하는 손전등, 랜턴, 양초, 성냥, 라이터, 라디오, 배터리, 일회용 손난로, 다용도 나이프, 야전삽, 다용도끈, 로프, 접착테이프, 단열 시트, 텐트, 나침반, 지도, 생수, 정수 알약, 죽염, 설탕, 식염 정제, 취사도구(버너, 부탄가스), 30일분 식량(쌀, 라면, 밀가루, 통조림), 3일분 비상식량(고열량 에너지바, 비타민제 등), 생활용품(담요, 내의, 면수건, 세면도구, 위생용품, 기저귀 등), 비누,

합성세제, 등

> **Tip 전해질용액 만드는 방법**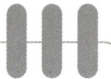
>
> 설사, 구토 등으로 탈수가 심한 비상상황일 경우 가정에서 전해질 용액을 만들어 복용할 수 있다.
>
> 〈만드는 방법〉
> 물 1L + 설탕 1숟가락 + 천일염이나 죽염 1/2 티스푼
> → 잘 저어 녹인 후 공복에 복용한다.

생존자의 외상 후 스트레스 장애 치료하기

> 「재난에 대한 스트레스 반응, 분노, 애도는 비정상적 상황에 대한 정상적인 인간의 반응이며, 당사자뿐만 아니라 다양한 간접 경험자에서도 나타날 수 있습니다.
> 수일, 수주의 급성기에는 쇼크, 분노, 좌절, 죄책감, 예민함과 같은 감정반응과 피로, 불면, 통증, 두통, 소화불량 등 신체증상 및 주의집중력 및 기억력저하, 혼란, 착각 등 지각의 왜곡, 자책, 자존감 저하, 동기 저하 등의 인지적 증상을 경험하게 됩니다.

재난을 경험하고 난 뒤 초기 급성스트레스기가 지난 뒤에도 2주 이상 경험했던 사건이 지속적으로 떠오르며, 예민성, 불면증, 분노, 주의집중력 저하, 좌절과 절망감이 지속되어 일상생활을 거의 수행할 수 없다면 정신건강전문가를 찾아 치료가 필요한 상태가 아닌지 반드시 확인하셔야 합니다.

PTSD는 일단 발생하면 만성화되는 경향이 있고, 주요 우울병, 자살, 알코올 중독과 같은 이차적인 문제가 동반되는 경우도 흔하기 때문에 조기에 인지하고 치료하는 것이 중요합니다.」

- 안산 정신건강트라우마센터 홈페이지에서 발췌

살아남은 자의 고통, '외상 후 스트레스 장애'란?

외상 후 스트레스 장애(PTSD : Post Traumatic Stress Disorder)란 재난, 사고, 전쟁, 고문 등을 경험한 사람이 사건이 종료된 후에도 계속적인 공포와 고통을 느끼는 정신질환을 뜻한다. 사건 발생 1달 후부터 1년 이상 경과된 후에 시작되는 경우도 있을 정도로 다양하게 나타나는데, 정상적인 일상생활과 사회생활을 저해할 정도로 증상이 심할 때는 반드시 전문적인 치료와 상담을 받아야 한다.

또한 2014년 세월호 참사로 인해 전 국민이 심리적 충격을 겪은 집단적 심리 트라우마의 경우처럼, 자신과 직접적인 연관이 없는 제3자의 사고라 할지라도 대형 재난 시에는 얼마든지 심신에 타격을 입을 수 있다.

주된 증상과 치료는 어떻게?

▶ **심리 및 인지적 증상** : 우울증, 불안감, 초조함, 분노, 공격적 성향, 충동조절 장애, 자살충동, 히스테리, 강박관념, 무기력, 특정 상황(어두운 곳, 혼자 있는 것, 물이 있는 곳 등)에 대한 공포, 죄책감, 자책감, 수치심, 자기비하, 집중력 저하, 기억력 저하 등

▶ **신체적 증상** : 복통, 소화불량, 설사, 두통, 악몽, 불면증, 환청, 공황발작 등

▶ **각종 중독 증상** : 알코올 의존증, 알코올 중독, 약물 남용, 약물 중독 등

위와 같은 증상 중 일부가 나타나면 지속적이고 꾸준한 전문 치료를 받아야 한다. 치료 방법으로는 다양한 정신치료 요법 및 약물치료를 병행할 수 있다. 행동치료, 인지치료, 미술치료, 최면요법 등 환자의 상태와 증상의 정도에 따라 다양한 요법이 활용될 수 있으므로 반드시 전문가의 상담과 주변의 적극적인 도움이 필요하다.

생존자에게 하지 말아야 할 말

큰 재난을 경험한 생존자는 주변과 가족의 절대적인 정서적 지지와 격려가 반드시 필요하다. 또한 고통을 준 사건에 대해 공감하고 대화할 수 있는 사람이 항상 곁에 있어야 하며, 생존자의 이야기를 경청해줄 수 있어야 한다.

단, "별 것 아닌 일이니 이제 그만 잊어라.", "네가 그러는 것은 정신력

이 약한 탓이다.", "너에게도 원인이 있다.", "시간이 약이니 나아질 것이다."와 같은 표현은 오히려 상처를 주고 환자의 마음의 문을 닫게 하여 회복을 저해할 수 있으므로 삼가야 한다.

누구나 이용할 수 있는 전국의 정신건강증진센터

세월호 참사 직후 안산에 정신건강트라우마센터가 세워져 유가족, 생존자 및 지역 주민에 대한 심리 상담을 지원하게 되면서 심리센터 및 상담에 대한 국민적인 관심이 높아지고 있다. 그러나 우리나라는 정신질환 상담에 대한 인식과 시스템 및 전문 인력이 선진국에 비해 매우 부족한 편이라 국가 차원의 지원과 대책이 요구되고 있다.

현재 전국 각지의 지자체를 중심으로 전 국민이 이용할 수 있는 심리센터로는 정신건강증진센터가 있다.

24시간 상담을 지원하며, 전화 혹은 방문 상담 후 성인 및 어린이, 청소년의 스트레스, 우울증, 자살위기, 알코올 중독, 노인 우울증 등 각종 정신건강에 대한 상담과 치료를 연계 받을 수 있다.

특히 지역의 중증 정신질환자 및 정신건강 위험요인 보유자를 대상으로 서비스를 지원하며, 사회적 취약계층(국민기초생활보장 수급권자 및 차상위계층, 이주여성 및 자녀, 새터민 등)에 대한 상담을 지원한다.

전국 각지에 광역센터와 기초센터가 있다.

광역센터는 서울(02-3444-9934), 강원(033-251-1970), 경기(031-212-0435), 부산(051-242-2575), 인천(032-468-9911), 대구(053-256-0199), 전북(063-251-0650), 광주(062-600-1946), 충남(042-710-5600)에 운영

중이고, 기초센터는 인구 20만 명 미만의 시, 군, 구에 1개, 인구 20만~40만 명일 경우 2개, 40만~60만 명일 경우 3개까지 설치 가능하게 되어 있으므로 자신이 사는 곳에서 가까운 센터를 검색해 이용하면 된다.

정신건강 상담 연락처

정신건강 상담전화 ☎1577-0199   보건복지콜센터 ☎129

알려주세요

재난 체험 및 실전교육을 받을 수 있는 곳은 어디에?

■ **서울시민 안전체험관**
- 서울시 소방재난본부에서 직접 운영
- 6세 이상이면 누구나 참여 가능
- 지진, 태풍, 화재 등 재난 체험, 심폐소생술 등 응급처치요령, 소화기 사용법 등 안전교육
  광진구 능동 광나루안전체험관 ☎02-2049-4061
  동작구 신대방동 보라매안전체험관 ☎02-2027-4000
  체험 신청은 인터넷으로 : safe119.seoul.go.kr

■ **부평 재난체험관**
- 인천 부평구 민방위교육장에서 운영
- 화재진압, 지하철 탈출 체험 등
  ☎ 032-509-3940

■ 대전광역시 소방본부 시민체험센터
- 대전광역시 소방본부에서 운영
- 소방안전, 응급처치요령, 완강기 탈출 체험. 화재 발생 시 탈출방법 등을 체험
  ☎ 042-609-6884 www.1365.go.kr

■ 어린이 직업 체험 테마파크 '키자니아'
- 서울시 송파구 소재
- 소방관, 간호사 등의 직업 체험을 통해 교통안전, 응급구조, 소방안전, 전기안전 등 안전에 관한 어린이 실전교육 실시
  ☎ 1544-5110

■ 365세이프타운
- 강원도 태백시 소재
- 안전을 주제로 한 국내 최초 최대 테마파크. 안전체험관, 챌린지월드, 강원소방학교 등으로 구성.
- 각종 자연재난, 화재 등 체험, 응급처치 교육
  ☎ 033-550-3101, www.365safetown.com

■ 대구시민안전테마파크
- 대구광역시 소재
- 지진체험관, 생활안전전시관, 미래안전체험관, 지하철안전체험관 등 운영
- 소화기, 완강기 사용법, 심폐소생술 등 응급처치 교육
  ☎ 053-980-7777, safe119.daegu.go.kr

■ 전북119안전체험관
- 전북 임실군 소재, 전북소방안전본부 운영
- 화재, 자연재해, 승강기사고, 방사능사고 등 각종 재난상황 체험, 선박사고 및 물놀이 안전체험장 운영
  ☎ 063-290-5676, safe119.sobang.kr

알려주세요

외상 후 스트레스 장애에 관한 궁금증 Q&A

Q. '외상 후 스트레스 장애'와 '급성 스트레스 장애'는 어떻게 다를까?

A. '급성 스트레스 장애(ASD:acute stress disorder)'와 '외상 후 스트레스 장애(PTSD)'는 증상이 비슷하지만 둘을 구분하는 기준은 지속 기간이다. 즉 각종 사건이나 사고 후 각종 비정상적 정서적 반응, 악몽, 환각, 불안, 기억상실 등의 증상이 4주 이내에 사라지면 급성 스트레스 장애, 4주 이상 지속되면 외상 후 스트레스 장애로 진단하는 것이 일반적이다.

Q. 외상 후 스트레스 장애에 대한 약물치료는 부작용은 없을까?

A. 외상 후 스트레스 장애도 뇌 생리기능 이상 현상의 하나라는 점에 주목하여 환자의 증상에 따라 적절한 약물치료를 하는 것도 권장하는 추세다. 증상을 치료할 수 있는 약물이 다양하게 개발되었으며 우리나라에서도 '외상 후 스트레스 장애 근거중심의학 지침서'가 개발되어 우리 실정에 맞는 치료 지침을 제시하고 있다. 현재 외상 후 스트레스 장애 치료에 주로 쓰이는 약물로는 선택적 세로토닌 재흡수 차단제 계통의 우울증 치료제이다. 이 치료제는 공황장애, 강박, 불안장애 등 다양한 정신 질환 치료에 효과가 입증된 것으로서 특히 불안, 공포 등의 각종 증상을 완화하는 데 효과가 있다. 또한 가벼운 메스꺼움 외에는 부작용이 비교적 적고 안전한 약물로 선호되고 있다.

Q. 외상 후 스트레스 장애가 발병할 확률은 얼마나 될까?

A. 살면서 누구나 충격적 사건 사고를 겪거나 목격할 수 있는데, 남성은 주로 폭력, 전투, 재해로 인한 사고를, 여성은 성장기나 성인이 된 후 성폭력 관련 사고를 경험할 확률이 높다. 사고를 겪은 남성의 8% 이상, 여성의 20% 이상이 발병하는 질환이며 개인의 성격이나 나약함 등과 무관하게 누구에게나 발병할 수 있다.

Q. 큰 사고를 겪은 가족이나 지인에게 어떻게 해줘야 할까?

A. 첫째, 생존자와 생존자 가족의 이야기에 귀 기울여준다. 섣불리 충고하거나 판단하려 들지 말고 그저 곁에서 들어주는 것만으로 큰 힘이 된다.

둘째, 생존자가 겪은 경험과 감정을 있는 그대로 인정해주고, 그 사고가 생존자 잘못이 아님을 깨우쳐 준다.

셋째, 이야기하고 싶지 않거나 떠올리고 싶지 않아 할 때는 억지로 강요하지 말고 때로 관심사를 다른 데로 돌리며 마음의 여유를 갖게 한다.

넷째, 사회적 지지층이 넓음을 알게 해준다. 친구, 가족, 종교단체, 사회단체, 모임, 상담소 등 다양한 사회적 계층의 정신적 지지를 받으며 개인, 집단, 가족 상담을 받을 수 있다.

다섯째, 생존자 자신도 치료 과정에 대해 교육받고 공부하게 한다. 외상으로 인한 증상과 치료 과정에 대해 객관적인 지식을 쌓으면 자신과 가족의 치료에도 큰 도움이 된다.

(참조 및 출처 : 국가건강정보포털 health.mw.go.kr)

각종 안전사고와 범죄, 재해, 재난 발생 시 가장 큰 희생을 당하는 것은 바로 어린이와 청소년들이다. 신체적 및 인지적으로 아직 취약한 어린이 및 청소년들은 학교생활 중에, 학교 주변에서, 가정의 안팎에서, 단체 활동이나 개인 활동 중 항상 위험에 노출되어 있다. 학교와 가정의 보호자들은 비상시 학생들과 자녀들을 가장 안전하게 보호할 수 있도록 평소 대비해두어야 한다.

Part 2

학교·가정의 어린이 사고 및 각종 범죄 대처법

어린이 교통 · 통학버스 안전사고

어린이는 언제 어디서나 교통안전사고의 위험에 노출되어 있지만, 특히 학교와 주택가의 어린이보호구역에서 발생하는 안전사고 건수가 해마다 증가 추세에 있다. 또한 유치원과 학원 차량 등 어린이 통학버스 이용 시 발생하는 통학버스 안전사고는 운전자와 인솔자의 부주의가 원인인 경우가 대부분이므로 각별한 주의를 요한다.

어린이보호구역에서 차량 운행할 때

- 어린이보호구역에서는 시속 30km의 속도제한 규정을 반드시 지킨다.
- 어린이보호구역에서는 주정차를 하지 않는다.
- 골목이나 교차로에서 갑자기 뛰어나오는 어린이를 주의한다.
- 유치원에서 초등학교 저학년의 연령대, 그리고 어린이의 활동량이 많은 5월, 7~8월, 10월에 사고율이 더 높으므로 주의한다.
- 어린이보호구역을 지날 때에는 어린이 행동의 특성을 알아두고 대비한다.
① 어린이는 자동차 및 움직이는 사물의 거리와 속도에 대한 인식 능력이 취약하다.
② 여아보다 남아의 교통안전 사고율이 높다.

③ 어린이는 시청각적 정보에 대한 순간 판단력과 활용능력이 성인보다 취약하다.
④ 어린이는 성인에 비해 모험심이 강하고 안전의식이 취약하다.

통학버스 승차할 때

- 통학버스를 타기 위해 어린이가 길을 건너올 때
➡ 어린이가 무단횡단을 하거나 반대편 차량으로 인해 사고가 나지 않도록 인솔자가 안전하게 유도한다.
- 통학버스에 승차할 때
➡ 한 줄로 천천히 타도록 지도하고, 승차 도중 갑자기 출발하지 않도록 주의한다.
- 통학버스에 승차하고 나서
➡ 모든 어린이가 제자리에 착석하여 안전벨트를 착용했는지 확인한 후 천천히 출발한다.
- 통학버스 운행 도중
➡ 어린이가 창문 밖으로 손이나 머리를 내밀지 않도록 하고, 운전 중 급제동하지 않는다.

통학버스 하차 및 하차 이후

- 하차 시 넘어지지 않도록 뛰지 말고 차례로 천천히 내리도록 지도한다.
- 통학버스에서 하차한 후

➡ 차 안을 뒷좌석과 아래쪽 구석구석까지 확인하여 혼자 남아있는 어린이가 없는지 확인한다.

- 차 문에 옷이나 가방이 낀 채 차가 출발하는 사고를 예방하기 위해서는?

➡ 반드시 인솔자의 감독 하에 모든 어린이가 안전하게 하차할 때까지 한 명씩 확인한다.

- 하차 후의 교통사고 예방을 위해서는?

➡ 차 문을 열기 전 오토바이나 자전거, 차량이 오지 않는지 주변을 먼저 확인한 후 문을 열고, 어린이들이 내린 후에도 다시 확인한다.

- 인솔자는 모든 어린이들이 안전한 목적지에 도착했는지 확인한 다음 운전자에게 출발 여부를 알린다.

- 운전자는 어린이들이 모두 하차한 것을 확인하고 출발하되, 운전석의 창문을 열어놓아 차량 밖의 소리에 계속 신경 쓸 수 있도록 한다.

- 차량을 출발시키거나 후진할 때 운전자의 시야에 들어오지 않는 사각지대에 어린이가 있을 수 있으므로 주위를 충분히 살핀다.

> **어린이 교통안전사고, 이것만은 알아두자!**
>
> **안전벨트는 어린이 신체 사이즈에 맞게**
> : 어린이의 신체와 맞지 않는 성인용 안전벨트의 경우, 벨트가 목 부근에 위치하면 사고 시 매우 위험하므로 어린이용 안전벨트를 따로 장착하거나 허리에만 매도록 한다.
>
> **운전자와 인솔자의 의무는?**
> : 어린이 통학버스에는 운전자 외의 성인 인솔자가 반드시 1인 이상 동승해야 한다.

인솔자가 없을 경우 운전자가 직접 내려 어린이들의 승하차를 돕고 주변의 안전을 확인한 후 차를 출발시켜야 한다.

운전자 시야의 사각지대는 어디?

: 운전석에서 밖을 내다볼 때 차량 바로 앞, 창문 바로 옆, 차량 뒤쪽은 어린이가 있어도 시야에 들어오지 않으므로 출발 전 반드시 확인해야 한다.

알려주세요

안전한 어린이집 · 유치원 환경 체크리스트

■ **유치원 실내 환경에서는?**

- 응급처치를 위한 약품 및 기구가 구비되어 있되, 어린이 손이 닿지 않는 곳에 있는가?
- 위험한 도구(칼, 포크, 가위, 세제 등)가 어린이 손이 닿지 않는 곳에 보관되어 있는가?
- 컵과 식기 등이 떨어뜨려도 파편이 튈 염려가 없는 플라스틱 제품인가?
- 가구 모서리가 둥글거나 모서리 보호 장치를 부착해 놓았는가?
- 나무로 된 비품 표면이 거칠거나 가시가 있지 않은가?
- 전기 콘센트, 전기기구, 온열기구에 안전장치가 설치되어 있는가?
- 출입문에 유아의 신체가 끼지 않도록 보호 장치가 설치되어 있는가?
- 출입문과 창문은 안에서 잠길 위험이 없도록 되어 있는가?
- 창문이 낮을 경우 보호대가 설치되어 있는가?
- 장난감과 비품의 소재는 무독성인가?
- 부속품이 빠지거나 느슨해져 있는 장난감은 없는가?
- 높은 곳에 비품을 쌓아 두지는 않았는가?

- 실내에 비치한 화분 및 식물 중 독성을 지닌 식물은 없는가?
- 건물 마감재, 카펫, 커튼 등은 방염성 혹은 불연성 재료인가?

■ 유치원 실외 놀이터에서는?

- 실외 놀이터 수업시간에 2명 이상의 교사가 감독, 관찰하고 있는가?
- 정기적인 안전점검을 시행하고 있는가?
- 지상의 경우 도로에서 충분히 떨어져 있고, 옥상의 경우 추락방지장치를 설치했는가?
- 놀이터 바닥재는 고무매트 혹은 모래로 되어 있는가?
- 놀이기구 중 낡거나 녹슬거나 조임이 느슨한 부분은 없는가?
- 유아의 몸이 빠지거나 낄만한 틈새가 없는가?

■ 원생에게 응급상황이 발생했을 때는?

- 응급상황에 처한 아이를 안심시키는 동시에 나머지 아이들은 상황 발생 현장에서 벗어나도록 한다.
- 필요할 경우 119에 신고하고, 인공호흡 등 응급조치를 취한다.
- 부모 혹은 부모가 알려준 비상연락처로 연락하여 상황을 알리고 응급절차에 대한 동의를 구한다.
- 부모가 도착하지 않은 상태에서 아이를 병원으로 후송할 때는 반드시 교사가 동행한다.
- 상황 발생 24시간 내에 사고보고서를 작성하여 부모에게 전달한다.

어린이 안전사고(학교에서)

학교 안전사고의 대부분은 쉬는 시간 및 체육시간, 장소는 주로 운동장과 교실 즉 주로 학생들의 활동량이 많은 시간과 장소에서 발생한다. 사고의 종류로는 골절, 열상, 염좌 등이 대다수를 차지하므로 집단생활에서의 질서와 안전 교육을 항상 강조해야 한다.

예방하려면?

운동장에서는?

- 체육활동이나 운동 시 충분한 공간을 두고 활동하여 부딪치는 사고를 예방한다.
- 학령과 난이도에 맞는 운동을 한다.
- 학교 담장을 넘어간 공을 찾기 위해 학교 밖 차도로 뛰어들지 않도록 주의한다.
- 질병이 있거나 허약한 학생은 미리 이야기하고 교사는 학생에게 맞는 조치를 취한다.
- 무거운 운동기구(축구 골대 등)를 학생들끼리 옮길 경우 안전사고가 발생할 수 있으므로 반드시 교사와 어른의 도움을 청한다.

- 운동장 바닥의 위험물질(유리조각, 금속조각 등)을 주의한다.
- 운동기구 사용 시 안전수칙과 사용방법을 지킨다.

계단과 복도에서는?

- 눈비 오는 날 미끄러지는 사고에 주의한다.
- 계단 이용 시 여러 계단씩 오르거나 난간을 타고 내려오는 장난을 치지 않는다.
- 계단 및 복도 이동 시 책을 보거나 한눈을 팔지 않는다.
- 지정된 한 방향으로 통행한다.
- 여러 인원이 동시에 이동 시 앞 사람과 간격을 두고 이동한다.

교실과 화장실에서는?

- 교실 창틀 위에 올라가거나 몸을 창밖으로 내미는 장난은 대단히 위험하므로 주의한다.
- 창밖으로 물건 던지는 장난으로 인해 다른 학생이 큰 부상을 입을 수 있으므로 주의한다.
- 장난을 치다 책걸상 모서리에 부딪쳐 부상을 입지 않도록 주의한다.
- 청소도구, 공, 칼, 가위, 필기도구, 교실 게시물의 압정, 세제 등으로 장난을 치지 않는다.
- 출입문을 여닫을 때 신체 일부가 끼지 않도록 주의한다.
- 출입문에 매달리는 장난을 치지 않는다.
- 급식시간에 식판의 음식을 바닥에 흘리거나 뜨거운 국물에 화상을 입지 않도록 주의한다.

- 화장실에서 미끄러지는 사고가 빈번하므로 뛰거나 세면대 위에 올라가는 장난을 치지 않는다.

알려주세요

학령기 어린이(6~12세)의 놀이 특성 이해하기

학교와 외부시설에서 자주 발생하는 어린이 안전사고 예방교육을 하려면 이 시기 어린이들의 발달 특성을 이해할 필요가 있다. 유아기에서 벗어나 신체활동이 더욱 활발해지고 부모나 교사 등 어른의 보호에서 벗어나는 시간이 많은 유치원~초등학교 학령기 어린이들은 놀이에 있어서 다음과 같은 발달 특성을 갖고 있다. 학교와 가정의 보호자도 아이들을 매 순간 보호하기 어려워지므로 평상시의 예방교육이 더욱 철저해져야 한다.

- 어른이 통제하지 못할 정도로 신체활동이 매우 활발해진다.
- 또래집단과 어울려 협력, 경쟁, 승부를 겨루는 놀이를 즐긴다.
- 친구들과 역할을 분담하여 역할놀이를 즐긴다.
- 놀이나 활동 속에서 각자의 역할을 분담하여 자기가 맡은 역할을 수행하는 것을 즐긴다.
- 위험, 모험, 도전과 관련된 신체 놀이를 즐긴다. (예 : 기어오르기, 미끄러지기, 흔들어 움직이기, 돌기, 균형 잡기, 시설물 위아래로 매달리기, 뛰어오르기 등)
- 정해진 규칙을 따르는 게임을 좋아한다.
- 사물에 대한 호기심이 매우 강해지며 직접 체험과 경험에 의해 해결하려 한다.
- 연령이 오름에 따라 점점 성인과 비슷한 논리적 사고작용을 하되, 아직까지는 안전을 생각하기 전에 모험을 하려는 경향이 더 강하다.
- 활동범위가 매우 넓어지므로 어른의 시야와 통제에서 벗어난 장소로 이동하거나 숨을 수 있다.
- 친구들끼리 계획, 협력, 조직하여 활동한다.
- 보호자가 예측할 수 없는 돌발행동을 할 가능성이 높다.

어린이 안전사고 (가정에서)

질식

생후 12개월 미만(10kg 미만) 영아

씹는 능력이 부족한 영유아가 음식을 삼키다가, 혹은 구슬, 동전 등 작은 크기의 물건이나 장난감을 가지고 놀다 입으로 가져갔다가 기도에 걸려 질식에 이를 수 있다. 갑자기 기침을 하며 숨을 쉬지 못할 경우 즉시 119에 신고하고 구급대원 도착 전까지 응급처치를 하되, 생후 12개월 미만의 영아에게 성인과 같은 하임리히요법으로 처치할 경우 장기가 손상될 위험이 있으므로 다음과 같이 처치한다.

① 보호자의 허벅지 위에 엎어 얼굴이 바닥 쪽을 향하게 하고, 한 손으로 얼굴과 목을 받쳐 머리를 몸통보다 낮게 한다.
② 다른 손바닥으로 등(견갑골 사이)을 5회 두드린다.
③ 이물질이 나오지 않으면 아이를 뒤집어 얼굴이 위를 향하도록 하고 머리를 몸통보다 낮게 한 다음, 뒷머리를 받쳐주고, 가슴 중앙(흉골)을 두 손가락으로 5회 힘껏 압박하며 민다. 가슴 압박을 할 때는 손가락을

가슴에서 떼지 않고 눌러 밀듯 압박한다.
④ 입으로 이물질이 나올 때까지 등 두드리기 + 가슴 압박을 5회씩 반복한다.
⑤ 의식이 없을 경우 아이의 입을 벌려 이물질을 빼낸 후 기도를 확보하고, 이물질이 보이지 않으면 위와 같이 등 두드리기+가슴 압박을 반복하여 이물질이 나오도록 한 후 인공호흡을 한다.

생후 12개월 이상의 유아 및 어린이

① 아이를 앉히거나 세우고 아이 뒤에서 허리를 양팔로 껴안는다.
② 한 손은 주먹을 쥐고 아이의 배 한가운데(배꼽과 가슴 사이)에 댄 후, 팔에 힘을 주어 위쪽으로 세게 밀어 올린다.
③ 입으로 이물질이 나올 때까지 반복한다.

주의! 성인과 다른 영아 심폐소생술 방법

외부적 충격이나 쇼크 등으로 인해 영아의 심장이 정지되었을 경우 신속히 심폐소생술을 실시하되 그 요령과 강도와 위치는 성인과 조금 다르므로 주의한다.

① 기도확보 : 성인과 같은 각도로 머리를 뒤로 젖힐 경우 오히려 기도가 막힐 수 있으므로, 머리를 약간만 젖히고 턱을 들어 올린다. 이때 혀가 기도를 막지 않도록 한다.

② 인공호흡 : 보호자의 입으로 아이의 코와 입을 동시에 덮고 숨을 2회 불어넣되, 너무 세지 않도록 흉곽이 올라올 정도로만 천천히 불어넣는다.
③ 가슴압박 : 아이를 눕힌 후 양쪽 젖꼭지를 연결한 선이 가슴 중앙선과 교차하는 지점에서 손가락 1개 정도 아래 지점을 검지와 중지 두 손가락으로 빠르고 세게 압박한다. 압박 깊이는 흉곽의 1/3 ~ 1/2 정도다.
④ 가슴압박 30회+인공호흡 2회를 반복하고 상태를 관찰한다.

알려주세요

어린이 안전사고 예방 체크리스트

■ **집안에서 예방하기**
→ 어린이 안전사고의 과반수는 집밖이 아닌 집안에서 보호자의 부주의 및 안전의식 미숙으로 인해 발생하므로 평소 안전에 유의한다.

주방
- 가스레인지 사용 후 밸브 잠그기
- 칼, 가위, 포크, 젓가락 등 뾰족한 조리도구는 손이 닿지 않는 곳에 두기
- 찬장, 싱크대, 냉장고 문, 서랍에 잠금장치 설치하기
- 전기제품에 물이 닿지 않게 하기
- 화재경보기와 가스누출경보기 설치하기
- 식탁 아래로 늘어뜨리는 식탁보 깔지 않기

전기
- 콘센트에 안전덮개 씌우기
- 전열기구 사용 시 아이가 손대지 않도록 하기
- 전열기구 사용 후 전원을 완전히 차단하여 안전한 곳에 보관하기
- 전선 가닥이 바닥에 늘어져 있지 않도록 정리하기

방, 베란다
- 창문과 방충망에 안전창살 및 고정장치 설치하기
- 베란다 난간에 안전창살 설치하기
- 베란다에 깨지기 쉬운 물건이나 무너지기 쉬운 물건 쌓아두지 않기
- 늘어진 블라인드 손잡이 줄을 아이가 잡아당길 수 없도록 높은 곳에 달기
- 발이 걸리지 않도록 문턱 없애기
- 침대는 창가에서 떨어진 벽면에 놓기
- 질식사고 예방을 위해 침대 위에 말랑말랑한 장난감이나 쿠션 두지 않기
- 입에 넣을 수 있는 작은 물건이나 장난감 치우기

욕실, 화장실
- 미끄럼 방지 타일이나 패드 설치하기
- 물을 채우고 있거나 채워둔 욕조에 아이 혼자 두지 않기

가구
- 가구 모서리마다 둥근 모서리 보호대 씌우기
- 깨지기 쉬운 물건을 높은 곳에 올려두지 않기
- 선풍기 사용 시 안전망 씌우기

■ **놀이터에서 예방하기**
→ 놀이터 안전사고가 가장 빈번한 놀이기구는 그네, 미끄럼틀, 복합시설물, 회전 놀이기구 순이며, 많이 다치는 부위는 다리, 머리, 얼굴, 팔 등이다.

안전한 놀이터인지 점검하기

- 놀이터 안전점검을 주기적으로 하고 있는가?
- 놀이시설 안전관리법에 따른 안전사항 및 사용 시의 유의사항이 표기되어 있는가?
- 놀이터 검사 합격표시, 놀이터 담당 관리자 연락처, 사용 연령 등이 표시되어 있는가?

안전한 놀이기구인지 점검하기

- 바닥이 모래나 고무매트 등 부드러운 소재로 되어 있는가?
- 바닥 두께가 15cm 이상인가?
- 바닥에 쓰레기, 날카로운 유리조각, 금속조각이 있지 않은가?
- 그네 등의 손잡이가 녹슬거나 나사가 헐겁지 않은가?
- 놀이기구의 페인트칠이 벗겨지거나 노후하지 않은가?
- 날카롭게 노출된 부분이 있는가?
- 놀이기구의 균형이 안 맞거나 흔들리거나 삐걱거리는가?
- 시소 아래의 충격 완화용 타이어가 파손되어 있지 않은가?
- 미끄럼틀, 구름사다리 등의 난간이나 통로 중 목이 걸릴 만한 부분이 있지 않은가?

아이의 안전상태 점검하기

- 끈이 달린 옷(끈 달린 벙어리장갑 등)이나 장신구를 착용할 경우 목에 걸려 질식 사고를 유발할 수 있으므로 간편하고 안전한 복장으로 놀게 한다.
- 사고 발생 시 즉시 응급처치를 취할 수 있도록 보호자가 관찰하고 주의한다.

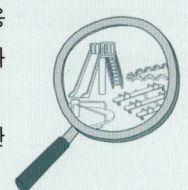

위험물질을 삼켰을 때

약품, 화장품, 세제(살균제, 표백제)의 경우

- 즉시 119에 신고한다.
- 복통, 오심, 설사, 호흡곤란, 경련 등 중독증세가 있는지 살펴본다.
- 병원에 갈 때 아이가 삼킨 제품을 병째 가져간다.
: 삼킨 물질을 가져가면 치료 시 성분을 파악할 수 있다.

예방하려면?

- 세제, 화학약품, 의약품, 화장품 종류는 아이 손이 닿지 않는 곳에 수납한다.
- 약품상자나 서랍에는 잠금장치 및 어린이 보호용 안전캡을 설치한다.
- 세제를 사용해 청소할 때 아이가 근처에 못 오게 한다.

주의!

아이가 구토를 한다면?

- 누워 있는 상태라면, 기도가 막히지 않도록 머리를 옆으로 돌려준다.
- 누워 있지 않다면, 네 발로 기어가는 자세로 엎드리게 하여 머리를 낮게 해준다.
- 입을 벌리고 손가락이나 숟가락을 입 안에 넣어 혀 안쪽을 자극하여 토하도록 한다.

억지로 구토 시키지 말아야 할 경우는?

- 세제, 표백제, 살충제, 암모니아 등 독극물을 삼킨 경우 억지로 구토를 유도하지 말고 곧바로 병원으로 이송한다.
- 무엇을 삼켰는지 알 수 없는 경우 구토를 유도하지 않고 병원으로 이송한다.

생선가시의 경우

+ 응급처치

- 입을 벌려 보아 가시가 보이면 핀셋으로 꺼내되, 보이지 않는다면 무리하게 꺼내지 않고 응급실 혹은 이비인후과 치료를 받는다.

주의!
- 밥 한 덩이를 씹지 않고 삼키게 하는 민간요법은 오히려 가시가 밥덩이로 인해 목구멍이나 식도의 살갗 안으로 깊이 박힐 수 있으므로 위험

하다.

> **아이 콧구멍에 이물질이 끼었다면?**
>
> 콩과 같이 작고 동그란 모양의 물체에 의해 아이의 한쪽 콧구멍이 막혔다면, 반대쪽 콧구멍과 입을 막고 코를 세게 풀어보게 한다. 곧바로 빠지지 않으면 더 이상 무리하지 않고 병원으로 데려가 처치를 받는다.

감전

+ 응급처치

- 먼저 고무장갑(전기가 통하지 않는 물체)을 끼고 감전 원인이 된 물체로부터 아이를 완전히 떼어낸다.
- 119에 신고하고, 구급차 도착 전까지 심폐소생술을 하거나 구급대원의 지시에 따른다.
- 감전은 외상보다는 내부 장기에 악영향을 끼치므로 아이에게 별다른 이상이 없어보여도 반드시 병원 진료를 받는다.

주의! 감전된 아이를 절대 맨손으로 만지지 않는다.

- 급한 마음에 섣불리 아이를 만질 경우 보호자도 함께 감전될 수 있다.

아이 있는 집에 안전장치는 필수

- 집안의 모든 콘센트 구멍에 안전덮개를 설치한다.
- 모든 전선은 전선보호장치 등을 사용해 아이가 손으로 장난칠 수 없도록 처리한다.
- 전열기 종류(전기난로, 전기다리미, 전기주전자 등)를 사용할 때 아이 손에 닿지 않게 하고 사용 후에는 플러그를 완전히 뽑고 안전장치를 한다.
- 벗겨진 전선, 낡은 콘센트 등은 새 것으로 바꾼다.
- 집안의 누전차단기 상태를 자주 점검한다.

감전 예방 교육은 어릴 때부터

- 젓가락, 포크, 뾰족한 물체로 콘센트 구멍을 찌르는 장난을 절대 하지 못하도록 가르친다.
- 가위로 전선을 자르지 못하도록 가르친다.
- 젖은 손으로 전기기구를 만지지 않도록 가르친다.
- 건전지, 전기제품 잭 등을 입에 넣지 못하도록 주의한다.
- 전선을 가지고 장난치지 않도록 가르친다.

- 형광등이 깜빡일 경우 절대 손으로 만지지 않도록 가르친다.

눈에 이물질이 들어갔을 때

+ 응급처치

- 눈에 이물질(먼지, 흙)이 들어갔다면?
➡ 눈을 흐르는 물에 씻고, 이물질이 눈꺼풀의 아래쪽으로 보이면 깨끗한 물에 적신 솜이나 면봉으로 살짝 닦아내듯 제거한다.

- 각막이 찔렸다면? (장난감 화살, 날카로운 물체, 비비탄 등)
➡ 물로 씻지 말고, 최대한 건드리지 않은 상태 그대로 병원으로 이동해 치료를 받는다.

- 화학성 물질(세제 등)이 눈에 튀었다면?
➡ 흐르는 물에 15분 이상 씻고 깨끗한 천으로 양쪽 눈을 모두 감싼 후 신속히 병원 치료를 받는다.

주의!

- 이물질이 들어간 눈에 입으로 바람을 불어넣을 경우 이물질이 더 깊이 들어가는 등 안구 손상이 심해질 수 있다.
- 아이가 오염된 손으로 눈을 비비지 않도록 주의한다.

코피가 났을 때

+ 응급처치

① 고개를 앞으로 숙이고 입으로 숨을 쉬게 한다.
② 턱 밑에 휴지를 받쳐 주고, 아이의 콧등을 엄지와 검지로 지그시 눌러준다.
③ 목 뒤로 넘어가는 피를 입으로 뱉어내도록 한다.
④ 얼음주머니나 찬 물수건을 이마와 미간에 대준다.
⑤ 10분가량 지나도 코피가 멈추지 않을 경우, 혹은 코피가 멈췄는데 두통, 구토, 현기증 등을 호소할 경우 즉시 병원 치료를 받는다.

주의!

- 고개를 뒤로 젖히지 않는다.
: 혈액이 기도로 넘어갈 수 있으므로 절대 고개를 뒤로 젖히지 않는다.
- 휴지를 뭉쳐 콧구멍을 막을 경우 코 안쪽 점막에 상처가 날 수 있고, 섬유 조각이 점막에 붙을 수 있다.
: 출혈이 계속될 때는 거즈를 뭉쳐 막는다.

예방하려면?

코 점막이 마르면 아이가 코를 파다 코피를 흘리는 빈도가 높아지므로 평소 집안 습도를 40~50% 정도로 적절히 유지한다.

날카로운 물체에 찔렸을 때

➕ 응급처치

- 날카로운 물체(못, 유리조각 등)가 살갗을 관통했다면?
➡ 억지로 뽑지 말고 최대한 건드리지 않은 상태에서 병원으로 이동해 치료를 받는다.

- 날카로운 물체(칼, 포크, 가위 등)에 깊이 찔렸다면?
➡ 멸균 거즈 등으로 상처 부위를 지압하고 병원으로 이동해 치료를 받는다.

- 작고 날카로운 물체(가시, 작은 유리조각 등)가 박혔다면?
➡ 흐르는 물로 씻은 후, 소독한 핀셋으로 끝부분을 뽑아내고 상처 부위를 소독한다.

- 찰과상을 입었다면?
➡ 흐르는 물이나 생리식염수로 씻은 후, 상처 부위를 소독하고 멸균 거즈로 지혈하고 반창고로 고정시킨다. 상처의 정도에 따라 병원 치료를 받는다.

- 칼, 포크 등이 들어있는 싱크대나 수납장 서랍에 잠금장치를 하고 아이 손에 닿지 않게 한다.
- 가구의 모서리에 둥근 안전장치를 한다.
- 무겁거나 깨지기 쉬운 물건을 장식장이나 책상의 위쪽에 올려놓지 않는다.

> **Tip 출혈 시 대처법**
>
> 피가 보이면 당황하여 지혈제를 꺼내 들고 상처부위에 곧바로 바르는 경우가 많다. 하지만 지혈제는 상처부위에 붙어서 상처가 잘 낫지 않고, 염증을 일으킬 수도 있다. 또한 상처부위의 윗부분을 고무줄이나 단단한 끈으로 고정하는 경우가 있는데, 이는 피의 순환을 방해해서 최악의 경우 팔이나 다리의 아랫부분을 절단할 수도 있다. 거즈가 아니라 소독 솜을 사용하는 것도 문제를 일으킨다. 솜의 가느다란 솜털이 상처부위에 붙어 치료를 어렵게 할 수 있다. 솜보다는 거즈가 좋다. 지혈을 할 정도라면, 상처부위를 일정시간 압박하고 빨리 병원을 찾아야 한다.

> **Tip 큰 물체에 찔렸을 때 절대 주의!**
>
> 나무로 된 가시 등 작고 가는 물체는 즉시 뽑아내도 되지만, 물체가 크고 찔린 부위가 깊을수록 절대로 억지로 빼내서는 안 된다. 때로는 물체가 박힌 채로 지혈작용을 해주기도 하기 때문이다. 이런 경우 박힌 상태를 그대로 유지하고 곧바로 병원으로 데려가야 한다. 또한 녹슨 못 같은 금속 물체나 나뭇가지 등 오염물질이 박힌 경우 파상풍 위험이 있으므로 상처가 작아 보이더라도 반드시 병원 치료를 해야 한다.

뜨거운 것에 데었을 때

➕ 응급처치

- 뜨거운 액체나 물건에 데었다면?
➡ 흐르는 찬물에 10분 이상 씻은 후 화상용 연고를 바른다.

- 화상 부위가 주먹 크기보다 크거나 정도가 심하다면?
➡ 화상 입은 부위를 마른 멸균 거즈로 살짝 덮은 후 신속히 병원으로 간다.

주의!
- 화상 부위에 물집이 생겼을 경우 절대 터뜨리지 않는다.
- 화상 부위에 옷이 달라붙었다면 억지로 떼어내거나 벗겨내지 않고 그 주변만 가위로 잘라낸 후 신속히 병원으로 간다.

- 주방에서 조리를 하거나 물을 끓일 때, 전기다리미나 전기주전자, 전기난로 등 전열기를 사용할 때 아이가 접근하지 않도록 주의한다.

이빨이 부러졌을 때

- 부러진 이빨 조각을 찾았다면?
➡ 즉시 생리식염수나 찬 우유에 담가 병원으로 가져간다.
주변에 식염수나 우유가 없다면 깨끗이 씻은 후 입속의 원래 위치에 넣고 치과 병원으로 가져가되 삼키지 않도록 주의한다. 절단면이 깨끗하고 보존이 잘 되어야 원래 위치에 잘 붙일 수 있다.

- 부러진 이빨 조각을 찾지 못했다면?
➡ 치과에서 신경치료 후 보조물을 씌우는 치료를 받는다.

- 영구치 전체가 빠졌다면?
➡ 이빨을 다시 심는 치료를 받는다.

- 부러지거나 빠진 곳에서 피가 계속 난다면?
➡ 멸균 거즈로 눌러 지혈하고 병원 치료를 받는다.

- 이빨의 뿌리를 다쳤다면?
➡ 뿌리를 다쳐 신경이 손상될 경우 이빨의 색깔이 검푸르게 변색되므로, 조기에 방사선 검사로 검진을 받은 후 적절한 치료를 받는다.

높은 곳에서 떨어졌을 때

➕ 응급처치

- 높은 곳에서 바닥으로 떨어진 후 의식이 없다면?
➡ 의식을 잃었을 경우 경추신경 손상 가능성이 있으므로 아이를 무리하게 들고 이동하거나 흔들지 말고 즉시 119에 신고한다. 이때 기도가 막히지 않도록 머리 부분을 보호한다.

- 높은 곳에서 떨어져 머리에서 출혈이 있다면?
➡ 거즈나 깨끗한 천으로 출혈 부위를 누르며 지혈하고 즉시 119에 신고한다.

- 의자, 침대, 가구 등 높은 곳에 기어오르거나, 베란다 난간 사이로 바깥을 내다보거나, 창문 방충망을 밀며 놀지 않도록 주의를 기울인다.

- 침대를 창가에 두지 않는다.
: 침대가 창가에 있을 경우 뛰어놀다 창밖으로 떨어질 수 있으므로 침대

는 창가가 아닌 벽면에 둔다.

- 베란다 난간, 창문, 방충망에 추락 방지용 잠금장치와 안전장치를 해 둔다.
- 계단을 오르내릴 때 난간을 잡고 뛰지 않도록 지도한다.

소아 경련

소아 경련의 종류는?

- 열성 경련 : 고열, 손발 경련 및 경직, 의식불명, 눈 돌아가는 증상이 5분 정도 지속. 5세 이전 어린이의 10 % 정도에게서 발병. 5세 이후로는 드물어짐.
- 뇌염, 뇌수막염으로 인한 경련 : 중추신경계 감염으로 인한 고열, 구토, 두통, 의식불명.
- 그 밖의 경련 : 간질, 뇌종양, 중독증, 뇌진탕으로 인한 경련 등

열성 경련일 경우에는?

① 보호자가 응급처치하고
② 경련이 10분 이상 지속되면 병원 이송
- 옷을 느슨하게 풀거나 벗겨준다.
- 품에 안지 말고 바닥에 눕힌다.

- 질식하지 않도록 얼굴을 옆으로 살짝 돌려준다.
- 팔꿈치와 무릎은 가볍게 구부린 상태로 둔다.
- 몸을 미지근한 물로 닦아주고 이마를 찬 물수건으로 식혀준다.
- 아이가 구토를 할 경우 고개를 옆으로 돌려 토한 것이 흘러나올 수 있도록 해준다.

주의!

경련 도중 병원으로 급히 이송하는 것은 위험!

- 응급실 이송은 경련이 10분 이상 지속될 경우에 한다.
- 아이가 경련을 하자마자 병원으로 급히 이동할 경우 질식 등 더 큰 위험이 있다.
- 경련 중인 아이를 안거나 업고 뛸 경우 목이 꺾이거나 질식할 수 있으므로 위험하다.
- 10분 이상 경련이 지속되어 병원으로 데려갈 때는 아이의 목이 꺾이거나 몸이 흔들리지 않도록 주의하여 안정적으로 이동시킨다.

집에서 응급처치할 때 주의할 점은?

- 손발을 꼭 잡아주거나 팔다리와 몸을 억지로 펴주려 하지 않는다.
- 입 안에 억지로 물이나 약을 먹여주지 않는다.
- 호흡곤란으로 보인다고 하여 인공호흡을 행하지 않는다.

- 손을 바늘로 따는 등의 민간요법을 행하지 않는다.
- 경련 중 아이가 혀를 깨물까 봐 나무젓가락이나 숟가락을 입에 넣는 행위를 절대 하지 않는다.

이럴 때는 반드시 소아과 전문 치료 및 정밀검사 받기

- 열성 경련이 6세 이후로도 자주 일어날 경우
- 경련이 하루 2번 이상 반복되는 경우
- 전신 경련이 아닌 신체 부분 발작을 보일 경우

알려주세요

소아 간질로 인한 경련 증세의 종류를 알아두자

- 전신강직간대발작 : 정신을 잃고 쓰러지며 몸이 뻣뻣해진 후 경련을 일으키는 가장 일반적인 증상. 경련 중 호흡곤란으로 얼굴이 파랗게 질리기도 하고, 안면부가 심하게 경직되어 눈 주변의 모세혈관이 터져 점상 출혈을 보일 수 있다. 발작이 끝난 후 구토, 의식불명, 심한 두통 증세가 올 수 있다.
- 소발작(결신발작) : 10초 이내의 짧은 시간 동안 의식을 잃는 증상. 행동을 멈추고 잠시 멍한 상태로 있는 것처럼 보인다. 짧은 시간 동안 외부 자극에 전혀 반응하지 못하고 기억도 하지 못한다. 10초쯤 지나면 바로 원 상태로 돌아오는 특징이 있다.
- 근간대성발작 : 신체 일부가 움찔하는 증세. 연속적으로 일어나면 쓰러질 수 있다.
- 탈력발작 : 의식은 계속 있는 상태에서 갑자기 신체 근육 긴장이 사라져 몸을 지탱하지 못하고 쓰러질 수 있다.
- 단순부분발작 : 몸의 일부나 전부에서 경련이 일어나거나, 구토하거나, 식은땀을 흘리거나, 시청각 등 감각에 이상이 오는 증상이 일어나는데 발작 내내 의식을 잃는 것이 아니라 의식이 유지되는 상태를 일컫는다.
- 복합부분발작 : 발작이 일어나는 동안 자극에 반응하거나 대답하지 못하고, 의식이 손상되어 기억하지 못한다.

내 아이가 실종되었다면?

아이의 실종사고는 부모의 고통을 넘어 가정해체와 사회문제로 이어지는 생활 속 재난이다. 실종이란 아이가 길을 잃거나 행방을 알 수 없게 된 상황뿐만 아니라 사고, 가출, 유괴 등을 포함한다. 경찰청 통계에 따르면 14세 미만 어린이가 매년 7,000명 이상 실종되고 있다. 주로 집 근처나 사람이 많은 공공장소에서 발생하지만 악의적인 유괴인 경우도 있으므로 평소 부모의 주의뿐만 아니라 자녀에게도 예방교육을 시키는 것이 좋다.

예방하려면?

부모가 꼭 알아야 할 실종 예방 수칙은?

- 공공장소에서 공중화장실 갈 때, 마트나 유원지 등 사람 많은 장소에 갔을 때 잠시 동안이라도 아이를 혼자 두지 않는다.
- 짧은 시간이라 하더라도 유모차나 자동차 안에 아이를 둔 채 한눈을 팔거나 자리를 비우지 않는다.
- 자녀의 친한 친구 및 가족의 연락처를 알아둔다.

- 아이 이름, 주소, 전화번호를 옷 안쪽, 신발 안쪽, 가방 안쪽 등에 둔다.
- 낯선 사람을 따라가거나 낯선 차에 타지 않도록 교육 시킨다.
- 낯선 사람이 데려가려고 할 때 거부 의사표시를 강하게 하도록 교육 시킨다.
- 여행 등 집에서 멀리 떠나기 전 경찰서에 가서 자녀의 지문을 사전 등록해 두면 실종사고 시 아이를 찾는 데 도움이 될 수 있다.

비상상황 발생 시 자녀에게 외우도록 할 3단 구호

멈추기 - 생각하기 - 도와주세요

1. 멈추기

사람이 많은 장소에서 갑자기 부모님을 잃었을 경우 헤매지 말고 그 자리에 그대로 멈춰 서서 부모님을 기다릴 것.

2. 생각하기

갑자기 길을 잃거나 부모가 보이지 않을 경우 침착하게 자신의 이름, 부모님 이름, 부모님 연락처를 여러 번 떠올릴 것.

3. 도와주세요

경찰 아저씨에게 도움을 청하거나 근처 공중전화의 '빨간색 긴급통화 버튼+112'로 도움을 청하는 연습을 할 것.

(출처 : 보건복지부 실종유괴예방 워크북)

실종 예방 체크리스트

- 자녀가 부모의 이름을 외우고 있는가?
- 자녀가 부모의 전화번호 및 집주소를 외우고 있는가?
- 자녀가 실종예방 3단 구호를 잘 외우고 있는가?
- 실종사고 발생 시 신고할 긴급전화번호를 잘 보이는 곳에 두었는가?
- 자녀의 최근 6개월 이내에 찍은 사진이 있는가?

실종 예방을 위해 자녀에게 교육시켜야 할 사항

- 집에 혼자 있을 때는?
➡ 문단속을 철저히 하고 낯선 사람에게 절대 문 열어주지 않기

- 밖에 혼자 있는데 낯선 사람이 말을 걸면?
➡ 이름, 주소, 전화번호를 물어봐도 절대 알려주지 않기

- 밖에 혼자 있는데 낯선 사람이 데려가려 하면?
➡ 큰 소리로 "안돼요! 싫어요!"를 외치며 발버둥 치기, 사람 많은 곳으로 뛰어가 큰 소리로 도움을 청하기

- 평소 알던 어른이 부모님 있는 곳으로 데려가주겠다고 하면?
➡ 잘 아는 어른이라도 절대 따라가지 말고 부모님에게 먼저 알리기

- 밖에서 친구들과 놀 때는?
➡ 외진 곳, 어두운 곳에서 놀지 않기

- 밖에서 길을 잃었다면?

→ '3단 구호'를 외우고 경찰 아저씨에게 도움 청하기

실종 예방 실전 연습은 이렇게

1. 연습할 장소를 선정하고, 자녀를 혼자 두고 근처에서 지켜본다.
2. 혼자가 되었을 때 아이가 '3단 구호'를 외우는지 지켜본다.
3. 약 3~5분 정도 지난 후 자녀에게 돌아가 부모가 찾으러 왔음을 알려주고 안정시킨다.
4. 경찰관 아저씨에게 도움을 청하는 연습을 시켜본다.
5. 근처 공중전화로 데리고 가서 '빨간색 긴급통화버튼+112'를 눌러 경찰의 도움을 청하는 연습을 시켜본다.
(실제로 누르지 않고 누르는 연습만 한다.)
6. 부모가 갑자기 사라졌을 때의 느낌과 생각에 대해 아이와 대화를 나누고, 자녀가 취해야 할 행동에 대해 설명해주고 교육한다.

대처방법

- 아이가 집안에서 없어졌다면?
→ 눈에 띄지 않는 비좁은 장소(침대 밑, 장롱, 창고 등)를 먼저 찾아본다.

- 아이가 집 근처에서 없어졌다면?

➜ 평소 자주 노는 놀이터, 공원, 친한 친구 집, 다녀오겠다고 말한 장소를 먼저 찾아본다.

- 공공장소에서 아이를 잃어버렸다면?

➜ 왔던 길을 그대로 되짚어 가본다. 그래도 없으면 즉시 미아보호소나 안내데스크에 아이의 이름과 인상착의를 이야기하고 안내방송을 한다.

- 근처에 자녀가 있는 주부가 있다면?

➜ 자녀가 있는 어머니들의 경우, 아이에 대한 경험과 안목이 있어 길 잃은 아이와 아이를 잃어버린 부모 모두에게 큰 도움이 될 수 있다. 따라서 남성이나 젊은이보다 자녀 있는 주부에게 먼저 도움을 청해보고, 아이도 길을 잃었을 경우 근처에 경찰이 없다면 (아이가 있는) 아주머니에게 도움을 청하도록 교육 시킨다.

실종아동을 검색하고 도움을 얻을 수 있는 곳

미아, 실종, 가출 신고 ☎182
실종아동찾기협회 : www.fmca.kr
어린이재단 : www.missingchild.or.kr
스마트폰 애플리케이션 '안전Dream'

학교폭력

학교폭력이란 '학교 내외에서 학생을 대상으로 발생한 상해, 폭행, 감금, 협박, 약취·유인, 명예훼손·모욕, 공갈, 강요·강제적인 심부름 및 성폭력, 따돌림, 사이버 따돌림, 정보통신망을 이용한 음란·폭력 정보 등에 의하여 신체·정신·재산상의 피해를 수반하는 행위'(학교폭력 예방 및 대책에 관한 법률 제2조 제1호)를 뜻한다. 피해 학생과 그 가족에게 심각한 정신적 피해를 입히지만 보복이 두려워 주변이나 부모에게 그 사실을 알리지 못하고 폭력이 장기화되는 경우가 많다.

학교폭력 예방을 위한 가정교육

- 아이에게 관심을 가지고 매일 학교에서 일어난 일에 대해 대화 시간 갖기
- 자주 칭찬하고 자신감 갖게 하기
- 소극적인 아이의 경우, 친구들에게 부당한 일을 당할 때 "안 돼!", "하지 마!"라고 단호히 의사표현을 하도록 가르치기
- 친구를 따돌리거나 괴롭히는 행동은 범죄행위로 처벌받을 수 있는 것임을 가르치기

피해 학생에게는 이런 징후가 있다

- 몸에 상처나 멍이 있어 물어보면 얼버무린다.
- 뚜렷한 이유 없이 머리나 배 등이 아프다고 한다.
- 지각, 조퇴가 잦아지거나 학교에 가기 싫어하거나 전학을 원한다.
- 성적이 갑자기 떨어진다.
- 불면증, 불안증, 폭식증 등이 있고 잘 놀라거나 초조해 한다.
- 부모와 눈을 잘 마주치지 않고 혼자 있으려고 한다.
- 부모나 동생 등에게 화를 내거나 공격적으로 변한다.
- 용돈을 자주 요구하거나 훔친다.
- 학용품, 옷, 신발, 휴대폰 등을 자주 잃어버리거나 망가지거나 빌려줬다고 한다.
- 친구에게서 오는 전화를 받지 않으려 하고 불안해한다.
- 친구에게 자주 불려 나간다.
- 복수, 살인에 관심이 있거나 노트, 책, SNS에 욕설이나 '죽고 싶다'는 등의 글이 있다.

가해 학생에게는 이런 징후가 있다

- 귀가 시간이 늦어지거나 외출이 잦아진다.
- 용돈을 올려주지 않았는데 씀씀이가 커진다.
- 사주지 않은 물건을 가지고 있고, 물어보면 친구에게 받았다고 한다.
- 부모와의 대화를 거부하고, 화를 잘 내고, 공격적, 충동적인 경향이 있다.

- 자신의 행동에 대해 핑계를 많이 댄다.
- 등하교 시 가방을 들어주는 친구나 후배가 있다.
- 종종 동물을 괴롭힌다.
- 작은 칼 등을 갖고 다니거나 몸에 싸운 흔적이 있거나 붕대를 감고 다닌다.

학교폭력의 유형은?

신체폭행 - 손으로 때리기, 도구로 때리기, 감금, 가혹행위, 발 걸기, 밀치기 등
언어폭력 - 욕설, 비웃기, 은어로 놀리기, 신체부위 놀리기, 협박 등
금품갈취 - 물건이나 돈 뺏기, 일부러 망가뜨리기, 억지로 빌리기 등
따돌림 - 빈정거리기, 다른 학생들과 어울리지 못하도록 막기 등
괴롭힘 - 겁주기, 골탕 먹이기, 원하는 않는 행동 강요 등
성폭력 - 강간, 성추행, 성희롱, 언어적 희롱 등
사이버폭력 - 인터넷이나 핸드폰으로 심리적 공격, 특정 학생과 관련된 허위사실 유포, 악성 댓글, 사진이나 동영상 유포 등

학교폭력 주변 학생들의 8가지 유형 → 내 아이도 간접적 가해자, 피해자일 수 있다

- 가해 학생 : 다른 친구를 괴롭히는 데 주도적인 역할을 하고 먼저 폭력을 행사함
- 동조자 : 먼저 주도하지는 않지만 가해 학생과 함께 괴롭히며 폭력에

대해 긍정적

- 조력자 : 직접 가담하지는 않지만 가해 상황을 보고 웃는 등 소극적 참여
- 소극적 조력자 : 겉으로 표현하지는 않지만 가해 상황을 인정
- 방관자 : 자신의 일이 아니니 상관 않는다는 태도를 취함
- 소극적 방어자 : 피해 학생을 도와주고 싶어 하나 행동을 취하지 않음
- 방어자 : 가해 상황에 반대하고 피해 학생을 도와주려 함
- 피해 학생 : 피해를 당하는 당사자

 대처방법

교사의 대응요령

- 신속하게 보호자 연락, 전담기구 보고 및 학교폭력대책자치위원회에 회부한다.

- 신체폭력의 경우
→ 보건교사에게 연락 혹은 119에 신고하고, 이송 차량에 동승한다.
- 인터넷이나 핸드폰 상에 가해 증거가 있다면 캡처하여 저장하도록 한다.
- 피해학생에게 상담 조치를 취하되 피해 사실이 공개되지 않도록 주의한다.
- 가해학생에게는 자신의 행동이 폭력임을 인식시키고 상담 조치를 취

한다.

- 성폭력의 경우 반드시 경찰 신고
➡ 의료기관 이송(속옷 등 증거 보관)
➡ 성폭력 전문 상담기관과 연계하여 후속 조치를 취한다.
- 피해 학생과 가해 학생을 함께 부르거나 한 자리에서 만나지 않도록 주의한다.

- 피해학생 보호자 상담할 때는?
➡ 진심 어린 공감과 배려를 표하고, 조치과정에 대해 설명하고, 학생을 책임지고 보호할 것임을 분명히 알린다.

- 가해학생 보호자 상담할 때는?
➡ 가해학생의 행동에 의한 피해 정도를 정확히 전달하고, 가해자 측의 반성 및 사과의 중요성을 알린다. 가해학생 처리 절차를 알리되, 보호자의 감정을 수용하고 가정에서의 지도를 당부한다.

부모의 대응요령

- 아이의 이야기를 경청하고 고통과 억울함, 두려움에 공감한다.
- 아이의 탓으로 돌리는 말(예: "왜 바보같이 맞고 다니니?", "네가 잘못했겠지.")을 하지 않는다.
- 지나치게 흥분하고 분노하는 태도로 아이를 불안하게 하지 않는다.
- 부모가 언제나 아이의 편이며 문제를 해결하기 위해 최선을 다할 것임

을 알려준다.
- 적극적으로 문제 해결에 나선다.
- 학교 측에 즉시 알려 협조를 요청하고, 가해 학생의 처벌이 필요한 경우 증거자료(사진, 진단서, 주변 친구들의 증언 녹음 등)를 확보한다.
- 아이가 자존감을 회복하고 두려움을 떨칠 수 있도록 돕는다.

가해 학생 처벌은 어떻게?

- 죄질이 경미할 경우
➡ 처벌보다는 훈방 및 선도 프로그램으로 연계한다.

- 죄질이 중대한 경우(예 : 폭력조직 연관, 상습적, 보복범죄, 심한 폭행, 장기간 집단따돌림, 성폭행 등)
➡ 112 신고 및 수사하여 법원, 검찰에 송치한다.
10~14세 미만(촉법소년) : 소년법원, 보호처분
14~19세 미만(범죄소년) : 검찰, 형사처분

※ **보호처분이란?** : 보호자 등에게 감호위탁하기, 선도프로그램 수강시키기, 봉사명령, 장단기 보호관찰, 소년보호시설 감호위탁, 소년의료보호시설 위탁, 1개월 내의 소년원 수감, 장단기 소년원 송치 등

학교폭력 신고 및 상담

경찰청 학교폭력신고센터(24시간 운영) ☎117
휴대폰 문자메시지로 신고하기 : #0117 누르고 현장출동 정보를 작성해 전송
안전Dream 홈페이지 www.safe182.go.kr : 학교폭력 신고, 채팅 상담

<mark>스마트폰 애플리케이션 '안전Dream'</mark> : 신고 및 상담
<mark>교육부 ☎1588 -7179</mark>
<mark>여성가족부 ☎1388</mark>

알려주세요

학교폭력 가해의 이유와 명분은 무엇일까?

학교폭력 피해 학생은 정신적, 육체적 상처를 입고 심리적 불안과 분노가 축적된다. 반면 정작 가해 학생은 그 심각성을 제대로 인지하지 못하는 경우가 많은데, 실제로 2011년에 실시한 전국 학교폭력 실태조사에 의하면 가해 어린이 및 청소년의 가해 이유는 '이유 없음' 17.7%, '장난으로' 34.3%, '스트레스' 3.0%, '친구나 선배가 시켜서' 4.9%, '오해와 갈등 때문' 8.4%, '상대 학생의 잘못 때문' 19.8%, '화가 나서' 9.3%, '보복하기 위해' 2.6% 등으로 집계되었다. 즉 '이유 없음'과 '장난으로', '스트레스'와 같이 특정한 이유 없이 폭력을 가한다는 답이 55%에 이른다. 가해 학생들은 특별한 이유 없이 폭력을 행사할 뿐만 아니라 자신의 행동이 폭력이라 인식하지 못하며 그로 인해 처벌받을 수 있다는 사실을 알지 못한다.

특히 남학생의 경우 학기 초에 폭력을 행사하여 학내에서 힘의 위계질서를 만든다는 것이 연구자들의 설명이다. 아이들 사이에서 폭력적 언행에 의해 위계질서를 만들려 한다는 것은 우리 사회가 실제로는 민주적이지 않은 방향으로 가고 있음을 반영한다는 것이다. 또한 우리 사회가 아이들에게 극단적인 경쟁을 요구하고 있기 때문이라고 진단하기도 한다. 과도한 경쟁 속에서 자신의 경쟁력을 높이는 것에 힘이 부치게 되며 좀 더 쉬운 방법으로 폭력적인 학교 질서를 만들려 한다는 것이다. 전문가들은 이 사회와 어른들이 어린이와 청소년의 폭력적 성향을 조장하고 있다고 입을 모은다. 따라서 가해 학생에 대한 징계와 처벌도 중요하지만 근본적으로 어른들이 민주적인 사회, 함께 사는 사회를 만들어 나가는 노력이 필요할지도 모른다.

아동학대 · 아동성폭력

아동학대는 보호자(친권자, 후견인, 아동을 보호·양육·교육하는 사람) 및 성인에 의해 18세 미만 아동의 건강·복지를 해치거나 정상적 발달을 저해할 수 있는 신체적·정신적·성적 폭력, 가혹행위 및 보호자의 방임과 유기를 뜻한다. 그중 13세 미만 어린이에 대한 성폭력은 피해자의 동의 하에 이루어진 행위일지라도 무조건 처벌을 받는다.

아동학대의 유형은?

신체학대
- 의도적으로 신체손상을 입히는 것
- 떠밀기, 움켜잡기, 뺨 때리기, 물건으로 때리기, 발로 차기, 주먹으로 치기, 팔다리 등을 심하게 비틀어 쥐어짜기, 뜨거운 물이나 담뱃불 등으로 화상 입히기 등

※ 36개월 이하의 영아에게 가해진 체벌은 어떠한 상황에서도 학대이다.

정서학대
- 욕설 등 언어적 모욕, 위협, 감금이나 억제, 원망 및 거부의 언어, 기타

가학적인 언행

방임 및 유기
- 보호자가 양육 및 보호를 소홀히 함으로써 아동의 정상적 발달을 저해하는 모든 행위
- 물리적 방임 : 기본적 의식주를 제공하지 않음, 불결한 환경이나 위험한 상태에 방치
- 교육적 방임 : 의무교육기관에 보내지 않음, 특수교육이 필요한 아동에게 특수교육을 제공하지 않음
- 의료적 방임 : 필요한 의료적 처치를 하지 않음, 필수 예방접종을 실시하지 않음, 장애아동에 대한 치료적 개입을 거부함
- 유기 : 보호자가 아동을 보호하지 않고 버리는 행위

성적학대
- 성인이 자신의 성적 충족을 목적으로 18세 미만의 아동에 가하는 모든 성적 행위
- 아동에게 성기나 신체를 접촉하는 행위, 아동의 성기를 만지는 행위, 아동 앞에서 자신의 성기를 만지는 행위, 아동 매춘 등

아동성폭력 피해 어린이에게는 이런 징후가 나타난다

- 생식기와 항문 주변에 상처나 착색이 있다.
- 입천장에 상처가 있다.
- 나이에 맞지 않게 성적인 내용을 말하거나 묘사하는 그림을 그린다.

- 또래 친구와 놀거나 장난감을 가지고 놀 때 성행위를 흉내 내려 한다.
- 악몽을 꾸거나 밤에 무서워한다.
- 오줌 싸기, 손가락 빨기 등 퇴행적 행동을 보인다.
- 식욕을 잃거나 폭식, 자해를 한다.
- 지속적으로 불안하고 예민하다.
- 낮에도 혼자 있는 것을 무서워한다.
- 특정 장소나 물건을 무서워한다.

아동성폭력의 특징은?

- 친인척 등 평소 잘 알고 있던 어른, 사회 통념상 존경하거나 복종해야 한다고 교육받은 대상으로부터의 피해가 많다.
- 신고하지 않은 채 피해가 장기간에 걸쳐 지속적으로 이루어진다.
- 어린이의 인식 부족과 기억의 한계로 증거 확보가 어렵다.
- 구강, 항문 또는 다른 신체 일부를 이용한 성폭력이 많아 산부인과에서의 검사결과만으로는 이상소견이 없는 경우도 있다.
- 친인척이 가해자인 경우 성폭력 사실 자체를 부인하거나 아이의 기억을 왜곡시키거나 거짓으로 진술하도록 훈련시키기도 한다.
- 피해자의 진술이 유일한 증거인 경우가 많다.

아동성폭력 예방을 위한 가정교육은 이렇게

- 누군가 원치 않는 불쾌한 접촉을 하려 들면 단호하게 거부의사를 표하도록 가르친다.

- 내 몸의 소중함, 특히 생식기 부위의 소중함을 가르치고 다른 사람이 보거나 만지게 해서는 안 된다는 것을 가르친다.
- 등하교 시 외딴 곳으로 다니거나 낯선 곳에 혼자 가지 않도록 한다.
- 아이의 행선지를 항상 파악해 둔다.
- 낯선 사람이 접근해 엄마가 기다리니 같이 가자고 하거나 차를 태워준다고 할 때 절대 따라가지 않도록 교육시킨다.
- 집에 혼자 있을 때 낯선 사람에게 문을 열어주지 않도록 교육시킨다.
- 자신에게 일어난 일에 대해 항상 부모에게 이야기할 수 있도록 대화 분위기를 조성한다.

아동학대 발생 시 주변의 적극적인 신고가 중요

- 아동복지법의 의하여 누구든지 아동학대를 알게 된 때에는 아동보호전문기관 또는 수사기관에 신고할 수 있다. 이웃 등 주변에서 아동학대 징후를 포착할 경우 즉시 적극적으로 신고한다.
- 신고할 때는 피해 아동 및 학대 행위자의 정보, 학대 의심 증거, 발견 시의 정황, 아동의 상처, 학대의 지속성 여부 등 구체적인 내용을 이야

기한다.

피해 어린이의 이야기를 듣거나 면담할 때는?

- 아이의 잘못이 아니며 보호자가 끝까지 아이를 보호해줄 것임을 인식시키고, 자신에게 생긴 일을 모두 털어놓을 수 있도록 가르친다.
- 편안하고 안전한 분위기에서 세심하게 배려하고 따뜻하게 대한다.
- 보호자와 면담자가 아이를 위해 도움을 주는 사람임을 이해시킨다.
- 아이 발달단계 상의 취약성을 이해한다.
- 아동의 연령에 따른 발달수준을 확인하고, 어린 아이의 경우 성인과는 다른 시간 개념을 갖고 있거나 성인과 다른 용어를 사용한다는 점을 이해한다.
- 아이가 자신에게 무슨 일이 있었는지를 자기 자신의 언어로 이야기할 수 있도록 한다.
- 아이의 언어로 이야기할 때까지 끈기 있게 기다리고 경청한다.
- 면담자는 아이에게 일방적인 유도질문(예:"누가 뽀뽀했어? 아저씨가?") 및 사실이 아닌 정보에 대답하도록 하는 오도질문을 피하고 아이가 자유롭게 대답할 수 있는 개방형 질문을 한다.

아동학대 신고

경찰 ☎112
아동학대 상담 및 신고 ☎1577-1391

상담 및 조치기관

해바라기 아동센터
www.child1375.or.kr ☎ 02-3274-1375(서울)
: 아동성폭력 전담센터로서 상담과 조치를 무료로 받을 수 있다. 사고 발생 시 먼저 해바라기 아동센터나 심리상담 전문가에게 상담 받은 후 경찰에 신고한다.

전국 협력기관
서울 연세의료원(02-3274-1375), 대구 경북대병원(053-421-1375), 인천 가천대 길병원(032-423-1375), 광주 전남대병원(062-232-1375), 경기 분당차병원(031-708-1375), 충청 건국대 충주병원(043-857-1375), 전북 전북대병원(063-246-1375), 경남 경상대병원(055-754-1375), 강원 강원대병원(033-252-1375)

가정폭력

가정구성원에게 신체적·정신적·재산상 피해를 가하는 행위를 통틀어 가정폭력이라 일컫는다. 신체적 폭력(폭행, 감금, 억압, 구속, 기물파손 등), 정서적 폭력(언어 학대, 욕설, 간섭과 의심 등), 성적 폭력(부부강간, 미성년자 간음 등), 경제적 폭력(경제활동 통제, 경제적 방임 등)이 있으며, 피해자는 주로 부인, 어린이와 청소년, 노인 등 약자이다. 가정폭력은 은폐적이며 장기적이고 반복적인 경우가 대부분이므로 주변과 외부에서 적극적으로 구출과 처벌 조치를 취해야 한다.

가정폭력 피해자의 특징은?

- 장기간에 걸쳐 반복적으로 폭력에 노출되었음
- 심각한 폭력을 감수하려고 하며 자기 책임이라고 느낌
- 주변에서 남의 집 가정사로 치부해 방치함
- 자녀에게도 폭력이 가해지고 세대 간 대물림의 양상을 보임
- 배우자, 자녀, 부모에 대한 폭력 등 폭력 관계가 중복됨
- 타인에게 비정상적인 적개심을 드러내거나 변명을 함
- 심한 공포와 불안감으로 독립심이 결여되어 있고 폭력 상황에서 빠져나오려 하지 않음
- 자살충동이나 알코올중독 등이 있음

가정폭력 가해자의 특징은?

- 아내와 자녀를 통제하기 위한 도구로 폭력을 행사함
- 가족을 자신의 소유물로 여김
- 폭력을 권력과 동일시함
- 자신의 규칙과 기준에 맞지 않으면 폭력을 행사함
- 밖에서는 분노를 숨기고 집에서는 분노를 표출함

가정폭력에 대한 오해 바로잡기

- 남의 집안일이다.
→ 정당화되고 지속화된 폭력은 어떤 경우라도 사회적 범죄이며 처벌 대상이다.

- 이웃이나 타인이 개입하면 안 된다.
➡ 당사자, 이웃 등 누구나 신고할 수 있다.
- 피해자에게 문제가 있다.
➡ 피해자는 장기간 반복적인 폭력으로 인해 무기력과 자포자기에 빠진 상태이므로 주변과 경찰이 적극 개입해야 한다.
- 피해자가 조사를 거부하거나 가해자 처벌을 원치 않으면 그만이다.
➡ 피해자가 조사를 거부하더라도 경찰의 현장출입 및 조사권이 있으며 피해자의 안전을 확인해야 한다.
- 가해자는 전과자 등 흉악범이다.
➡ 가해자의 90%가 전과가 없는 자로서 외부적으로 보기에 은폐되어 있다.

개정된 가정폭력 법률 알기 : 가해자 및 피해자가 거부하더라도 출입, 조사할 수 있다

- 2014년 1월부터 가정폭력방지 및 피해자보호 등에 관한 법률 제9조 등이 새로 개정되어 시행되면서, 가정폭력 발생 시 경찰의 현장출입 및 조사에 대한 권한이 강화되었다.
- 개정의 핵심은 가정폭력 초기대응력 강화이다.
: 가정폭력 신고가 접수되었을 경우 '현장출동'이 의무화되고 경찰의 현장조사 권리가 강화되었다.
- 경찰이 현장을 출입하거나 조사할 때 방해하면 500만 원 이하의 과태

료를 부과할 수 있다.
- 경찰관이 출동했을 때 "집안일이니 돌아가라."고 하며 문을 열지 않거나, 겁에 질린 피해자가 조사를 거부하더라도 경찰의 직권으로 출입하고 조사할 수 있다.

가정폭력 신고 시 처리절차는 이렇게

- 경찰이 현장에 출동해 피해 상태 및 피해자의 안전 여부를 조사한다.
- 가해자의 폭력행위를 제지하고, 피해자를 보호시설이나 치료기관으로 인도할 수 있다.
- 재발의 우려가 있거나 긴급을 요하는 상황인 경우 경찰관 직권으로 가해자의 퇴거나 격리, 접근 금지를 결정할 수 있다.
- 가정보호사건으로 송치할 경우 : 접근 제한, 친권행사 제한, 치료위탁 등 보호 처분
- 형사사건으로 송치할 경우 : 재범의 위험이 높고 상습적일 경우 일반 형사사건과 동일한 절차로 진행
- 폭력이 상습적이고, 폭행의 정도가 심각하며, 3년 이내 가정폭력 전력이 있고, 피해자에 대한 위해 정도가 심각할 경우 가해자를 구속 수사한다.
- 주취 폭력을 행한 피의자의 경우 재범 확률이 높으므로 주변이나 이웃을 탐문하여 여죄를 수사한다.

가정폭력 피해자의 권리는?

- 가해자가 직계존속이어도 고소할 수 있다.
- 피해자가 두려움과 공포로 인해 가해자의 즉시 처벌을 원치 않더라도 추후에 얼마든지 가해자를 고소할 수 있다.
- 피해자는 수사절차와 진행사항을 통보받을 권리가 있다.
- 피해자는 보호시설과 상담지원을 신청할 수 있다.
- 피해자의 동의 없이 개인 신상정보를 공개하지 않는다.
- 피해자가 가해자의 폭력을 피해 이사했을 경우 본인 의사와 관계없이 주소지가 노출되는 일이 없도록 가해자를 지정하여 주민등록 열람 제한을 신청할 수 있다. (가정폭력 피해자임을 입증하는 서류와 신분증 지참, 거주지의 읍, 면, 동사무소에 신청)
- 피해자가 법원에 청구하면 법원이 피해자 보호명령을 내릴 수 있다. (격리, 100미터 이내 접근금지, 전기 및 통신으로의 접근금지, 친권행사 제한 등, 6개월~2년까지)
: 피해자보호명령 청구서, 진단서 등 관련 서류를 제출하면 되며, 가해자가 법원의 명령을 어길 경우 2년 이하의 징역 또는 2천만 원 이하의 벌금 또는 구류에 처하고 위반 시에는 현행범으로 체포할 수 있다.

어린이와 청소년이 피해자일 경우 취학지원, 주거지원 받기

- 가정폭력으로 인해 초중고 어린이 및 청소년이 보호시설에 입소한 경우, 원래의 주소지 이외의 지역에서 취학(입학, 재입학, 전학, 편입학)해

야 할 경우 취학에 대한 교육비 지원 및 주거 지원 등을 받을 수 있다.
- 취학 지원 : 시설 입소 증명에 대한 자료를 구비하여 해당 학교장에게 신청하면, 전학 학교를 지정하여 전학 조치를 받을 수 있다. (증명자료 : 가정폭력상담소 또는 가정폭력 피해자 보호시설에서 발급한 가정폭력 피해 혹은 상담 사실 확인서)
- 쉼터 입소 지원 : 가해자와 분리된 생활을 원하는 피해자에 한해 기관과의 면접 상담 후 쉼터에 입소할 수 있다. (임시 보호 : 3일~7일, 단기 보호 시설 : 6개월 이내, 장기 보호시설 : 2년 이내)
- 주거 지원 : 피해자와 자녀가 안정적인 거주지를 원할 경우 입주 심사를 거쳐 임대주택에 거주할 수 있다. 보증금은 운영기관에서 부담하고, 관리비와 공과금은 입주자 부담이다.
(임대조건 : 임대기간 2년, 1회에 한하여 2년 연장 가능, 임대주택 1호당 2~3세대 입주)

의료지원과 법률지원 받기

- 가정폭력으로 신체적, 정신적 치료가 필요한 경우 의료비를 지원받을 수 있다.(의사 소견서 제출, 피해 발생 후 5년 이내에 치료받을 수 있다.)
- 대한법률구조공단 또는 한국가정법률상담소에 문의하여 무료로 법률 상담 및 지원을 받을 수 있다.
(신청서류 : 주민등록등본, 가족관계등록부, 피해상담 사실 확인서, 진단서, 고소장 사본, 고소장 접수증 등)

가정폭력 신고 및 상담 전화

원스톱지원센터 ☎1899-3075 : 365일 24시간 무료로 피해자 상담, 의료, 수사 및 법률 통합지원

여성긴급전화 ☎1366 : 24시간 상담, 현장상담, 피난처 운영, 관련기관 연계

학교·여성폭력 긴급지원센터 (경찰청) ☎117

보건복지콜센터 ☎129 : 사회복지 서비스 상담

아동보호전문기관 ☎1577-1391

노인보호전문기관 ☎1577-1389 : 노인학대 상담

건강가정지원센터 ☎1577-9337 : 가족상담, 부부상담

이주여성긴급지원센터 ☎1577-1366 : 이주여성 24시간 상담, 의료 및 법률 지원, 쉼터 제공, 관련기관 연계, 출국 항공료 지원 등

대한법률구조공단 ☎132 : 무료 법률 상담

한국가정법률상담소 ☎1644-7077

알려주세요

가정폭력 신고로 현장에 출동한 경찰은 어떻게 해야 할까?

Q. 경찰이 출동했는데 피해자나 가해자가 출입을 거부한다면?

A. 피해자나 가해자가 출입을 거부한다 하더라도 '가정폭력방지 및 피해자 보호 등에 관한 법률' 제 9조의 4에 '현장출입 및 조사권'이 있음을 고지한 후, 집 안에 들어가 피해자를 대면하고 안전 여부와 피해 상태를 확인해야 한다. 피해자가 출입을 거부하더라도 가해자의 협박이 있는지, 피해자가 자유로운 의사에 의해 거부하

는지 여부를 먼저 확인해야 한다.

Q. 출입문을 잠근 상태에서 '집안 일'이라며 출입을 거부한다면?
A. 문을 열어주지 않더라도 폭력이 진행 중이거나 폭력 직후라고 판단된다면 현장 출입 및 조사권을 고지한 후 '유형력을 행사'(경찰의 범죄 예방 및 제지 의무, 위험 방지를 위한 출입 의무, 사법경찰관리의 현장조사권 등)하여 진입해야 한다. 가해자가 "가정 내 문제이니 상관하지 말라."고 하더라도 가정폭력은 위법행위임을 알리고 법집행을 해야 한다.

Q. 경찰이 출동하여 폭력행위를 제지하고 응급조치를 취했는데도 폭력이 재발했다면?
A. 응급조치를 취했음에도 불구하고 폭력이 재발하거나 재발 우려가 있고 긴급을 요하여 법원의 임시조치 결정을 받을 수 없을 때에는 현장에서 경찰관 직권으로 가해자에게 임시조치(퇴거 등 격리, 100미터 이내 접근금지, 전기통신을 이용한 접근금지 등)를 할 수 있다.

성폭력범죄

성폭력범죄란 폭행?협박을 행사하여 피해자의 성적 자기결정권을 침해하는 경우(강간・강제추행), 피해자의 의사에 반해 신체 접촉을 하는 경우, 공중밀집장소에서의 추행, 음란성 언어 및 통신매체, 카메라 등을 사용하여 범죄를 일으키는 경우, 아동?청소년의 성을 사는 행위, 성매매 알선 등을 모두 포함한다.

성폭력 예방을 위한 체크리스트

기본적인 대비책
- 휴대폰에 112를 단축번호로 저장하고, '112앱'을 다운받아 두고, 'SOS국민안심서비스'에 가입해 둔다.
- 타인의 불쾌한 성적 접촉 시 거부 의사를 강력하게 표한다.
- 피서지 등 유흥 인파가 많은 곳일수록 범죄율이 높으므로 주의한다.
- 민박, 펜션 등 숙박지 문단속을 철저히 한다.
- 모르는 사람이 주는 음료수나 음식을 절대 먹지 않는다.
- 공중밀집장소에서 카메라 렌즈·스마트폰 등 반짝임이 느껴지면 '몰카' 여부를 확인한다.
- 지하철 등의 에스컬레이터 이동 시 몰카 범죄가 많이 발생하므로 핸드백 등으로 몸을 가리고 주변을 살핀다.

밤길을 혼자 갈 때
- 심야시간에 이어폰을 꽂고 천천히 걷지 않는다. 외부 기척을 듣지 못해 범죄의 표적이 될 수 있다.
- 호신용품(호루라기, 경보기, 스프레이 등)을 소지하고 다닌다. 단, 사용 요령이 미숙할 경우 오히려 피해를 키우거나 가해자의 도주를 도울

수 있으므로 사용법을 확실히 익혀둔다.
- 길에서 수상한 사람이 따라올 경우 사람 많은 큰길로 가거나 112에 신고한다.
- 몸을 가누지 못할 정도의 과도한 음주는 성폭력의 표적이 될 수 있다.

혼자 사는 여성의 경우
- 문단속과 현관 잠금장치를 철저히 하고 방범창을 설치한다.
- 빨래 건조대에 남자 옷이나 속옷을 걸어두고, 현관에 남자 신발을 비치한다.
- 배달 및 방문(음식, 택배, 가스검침 등) 시 문 열기 전 각별히 주의한다.

여성 혼자 택시 탈 때
- 앞 조수석보다 뒷좌석에 탄다.
- 차량번호와 차종을 확인하고 탑승 후 부모나 친구들에게 휴대폰으로 알려준다.
- 운전자가 택시면허증에 있는 사진과 동일인인지 확인한다.
- 지인과 통화를 계속하거나 통화를 하는 것처럼 보이게 한다.
- 합승은 절대 거부한다.
- 문 가까이 앉고 잠금장치가 열려있는지 확인한다.
- 택시에서 잠들지 않는다.
- 목적지까지 가는 구체적인 길을 운전자에게 제시하고, 제시한 길에서 이유 없이 벗어날 경우 의심하고, 위험이 느껴질 경우 112 문자메시지로 신고한다.

- 개인용 및 영업용 택시에 들어가는 택시번호는 '아빠사자' (아, 바, 사, 자)임을 기억하고, 이외의 번호는 불법택시이므로 타지 않는다.

 대처방법

성폭력 피해를 당했다면?

- 큰소리로 도움을 청하거나 호신용품(호루라기, 경보기)을 사용한다.
- 휴대폰의 112 단축번호를 누르고 "여기 ㅇㅇ인데 빨리 와주세요!"라고 외친다. 실제 신고가 되지 않더라도 위치추적에 큰 도움이 되고 범죄를 포기하도록 하는 효과가 있다.
- 국번 없이 1366(여성긴급전화) 또는 1899~3075(원스톱지원센터)에 도움을 요청한다.
- 경찰서나 원스톱센터를 방문할 때에는 몸을 씻지 말고 피해 당시 입었던 속옷 및 옷차림 그대로 간다. 사건현장 청소도 하지 않는다.
- 곧바로 내방을 못했거나 옷을 갈아입었을 경우 피해 당  시의 옷가지 등 증거물을 세탁하지 말고 종이봉투에 보관해 경찰에게 전달한다.
- 피해 직후 가해자의 신체적 특징 및 기억나는 모든 것을 상세하게 메모해 둔다.

지하철 등 공중밀집장소에서 성추행을 당했다면?

- 버스, 지하철(대중교통수단), 공연이나 집회 등 인파가 많은 장소에서 불쾌한 신체 접촉을 해오거나 휴대폰 등으로 '몰카'를 찍는 것을 발견했을 경우, 참지 말고 거부 의사를 확실하게 표시한다.
- 즉시 큰 소리로 "치한이야!"라고 외쳐 주변에 알려 도움을 요청한다.
- 상대방의 인상착의를 확인하고, 지하철이라면 현재 지나고 있는 역명 및 열차번호(객실 출입문 혹은 통로 벽면 상단에 기재)를 확인한다.
- 열차번호, 가해자 인상착의 등을 112에 신고하거나, 1~4호선의 경우 서울메트로(1577-1234), 5~8호선의 경우 도시철도(1577-5678)에 신고한다. 혹은 112에 문자메시지를 전송한다.
- 휴대폰 카메라 등으로 범행현장의 사진을 찍는다.
- 역내에서 순찰을 하는 지하철수사대에 도움을 요청한다.

피해자 진술 시 확인하는 사항을 알아두자

- 범행 일시, 장소
- 가해자 인상착의(복장, 장신구, 안경, 문신, 억양, 말투, 몸과 머리의 털, 체취, 흉터, 마스크 착용 여부, 소지한 물건이나 흉기, 조명상태 등)
- 가해자와의 관계(최초 대면 상황, 과거 관계 등)
- 가해자의 행동(범행 현장에 어떻게 나타나고 사라졌는지, 현장에 가져온 물건이나 두고 간 물건, 가해자가 만지거나 움직인 것, 사진을 찍거나 비디오 촬영을 했는지 등)

- 가해자의 성적 행동(정상성교, 항문성교, 구강성교, 삽입 이외 성적 접촉 여부 등)
- 폭행·협박 여부, 항거불능상태를 이용했는지 여부
- 폭행·협박의 정도와 상황(물리적 힘, 흉기, 자세, 항거불능상태 여부 등)
- 피해자의 행동(항거여부, 구조요청 내지 탈출 시도 여부)
- 상해로 인한 상처 유무, 병원진료 상황, 처벌의사, 부가진술

성폭력 피해자의 권리는?

- 변호인 선임권 : 피해를 방어하고 법률적 조력을 보장하기 위하여 변호사를 선임할 수 있으며, 변호사가 없는 경우 국선변호인의 조력(무료)을 받을 수 있다.
- 신뢰관계인 동석 : 심리적 안정을 위해 조사과정에 가족·변호사·상담원 등이 참석할 수 있다. (13세 미만 아동이나 장애인은 진술조력인 참여)
- 신분·사생활 비밀보장 : 진술조서에 이름·연령 등 인적사항의 기재를 생략할 수 있으며, 신원과 사생활의 비밀을 보호받을 수 있다.
- 재판과정에서 보호 : 비공개 재판 신청, 피고인이 볼 수 없는 상태로 증언, 공판정에 출석하지 않고 비디오 등 중계 장치로 화상증언을 할 수 있다.
- 가해자로부터 정신적·신체적·경제적 보상을 받을 권리 : 민사상 합의를 하더라도 가해자는 형사처벌(비친고죄)을 받게 된다.

- 신변보호 요청 : 본인이나 친족 등이 보복을 당할 우려가 있는 경우에는 경찰서장에게 신변안전 조치(시설보호·신변경호 등)를 요청할 수 있다. 신변안전을 위해 위치확인장치 제공 및 보복 우려로 이사한 경우 이전비를 지원한다.
(신변호보 방법 : 일정 기간 동안 특정시설에서 보호, 신변 경호, 참고인 또는 증인으로 출석·귀가 시 동행, 대상자의 주거에 대한 주기적 순찰 등)

알아둘 상식

- 개정된(2013.6.19) 성폭력범죄 처벌 등에 관한 특례법 및 아동·청소년의 성보호에 관한 법률은 '모든 성폭력 범죄'에 대하여 피해자의 고소가 없어도 처벌이 가능하도록 변경되었다.
(개정 법률 시행 이전(2013.6.19)에 행해진 범죄는 피해자의 고소나 처벌의사 유무를 확인해야 한다)
- 피해자를 조사할 때는 지구대(파지)경찰관이 피해조서를 작성하지 않고, 가해자와 격리된 장소에서 여경 혹은 팀장(소장)이 상담 후 경찰서로 인계하여 성폭력 전담조사관이 피해자 조사를 실시해야 한다.
- 성폭력범죄의 처벌 등에 관한 특례법에 의해 '공중밀집장소에서의 추행'은 1년 이하의 징역 또는 300만 원 이하의 벌금, '카메라 등을 이용한 촬영'은 5년 이하의 징역 또는 1000만 원 이하의 벌금을 부과한다.

성폭력범죄 긴급 연락처

원스톱지원센터 ☎1899-3075

: 성폭력·가정폭력·성매매 피해자에 대하여 365일 24시간 수사·상담·의료·법률 지원을 원스톱으로 통합 지원한다.
- 수사지원 : 진술녹화, 피해자 진술조서 작성, 고소지원 등
- 상담지원 : 심리상담, 사례관리, 유관기관 연계 등
- 의료지원 : 24시간 응급조치 및 치료, 증거 채취(원스톱지원센터 등 성폭력 전담의료기관으로부터 치료 시 의료비는 국가 또는 지방자치단체에서 전부 또는 일부 지원)
- 법률지원 : 법률자문 상담, 민·형사 소송지원, 무료법률구조지원, 재판지원
- 기타 : 피해자 보호를 위한 긴급구조 지원체계 운영 및 지역연계망 구축

여성긴급전화 ☎1366

: 가정폭력·성폭력·성매매 등으로 긴급한 구조·보호 또는 상담을 필요로 하는 여성들을 위한 피해 상담. 365일 24시간 운영. 긴급 상담 및 서비스 연계(의료기관, 상담기관, 법률구조기관, 보호시설 등)

학교·여성폭력 긴급지원센터 (경찰청) ☎117
한국성폭력상담소 http://www.sisters.or.kr ☎ 02-338-5801~2
한국여성민우회 성폭력상담소 http://fc.womenlink.or.kr ☎ 02-335-1858

※ 전국 원스톱지원센터 위탁기관 현황

서울 : 경찰병원(02-3400-1117), 서울대병원(02-3672-0365),

보라매병원(02-870-1700) 부산 : 동아대병원(051-244-1375)

대구 : 대구의료원(053-556-8117)

인천 : 인천의료원(032-582-1170), 인천성모병원(032-280-5678)

광주 : 조선대병원(062-225-3117)

대전 : 충남대병원(042-280-8436)

울산 : 울산병원(052-246-3117)

경기 : 아주대병원(031-216-1117), 의정부병원(031-874-3117)

강원 : 강릉동인병원(033-652-9840), 강원대병원(033-243-8117)

충청 : 충북 청주의료원(043-272-7117),

충남 단국대병원 (041-567-7117)

전북 : 전북대병원(063-278-0117)

전남 : 목포중앙병원(061-285-1375), 성가롤로병원(061-727-0117)

경북 : 안동의료원(054-843-1117), 포항선린병원(054-245-5933)

경남 : 마산의료원(055-245-8117)

제주 : 한라병원(064-749-5117)

> **Tip** 우리 동네 성범죄자 확인하기
>
> ### 성범죄자 알림e 사이트
>
> 여성가족부에서 운영하는 '성범죄자 알림e 사이트(www.sexoffender.go.kr)'에서 법원으로부터 고지·공개 명령을 선고받은 성범죄자의 신상정보를 국민 누구나 열람할 수 있다. 사이트에 접속하여 실명인증을 한 후 자신이 검색하고자 하는 지역을 설정하면 해당지역 내에 거주하는 성범죄자들의 명단, 이름, 나이, 주소, 실거주지, 사진 등을 확인할 수 있다.
> 또한 스마트폰의 '성범죄자 알림e' 애플리케이션을 통해서도 성범죄자 신상 정보를 확인할 수 있다.

행사장 인명사고

대규모 인파가 몰리는 행사장의 경우 인파나 시설 미비 등의 원인으로 언제든지 안전사고가 일어날 수 있으며, 사고 발생 시 대규모의 사상자가 발생할 수 있다. 각종 공연, 실내 및 야외 행사, 축제, 음악축제, 퍼레이드, 거리 행사, 스포츠 경기 및 행사, 박람회, 시위와 집회 등에서는 주최측과 참가자가 혼란과 무질서로 인한 안전사고에 유의해야 한다.

대형 행사장에서 안전 지키기

- 입장 시 인파가 한꺼번에 몰려 발생하는 안전사고(압사, 타박상, 골절상)가 가장 빈번하므로, 특히 입장할 때 질서를 지킨다.
- 무료공연, 좌석이 지정되지 않은 선착순 입장 공연의 경우 다른 사람을 밀고 뛰어 들어가지 않는다.
- 입장 인원이 제한되어 있는지, 출입구에서 관람석까지 안전요원이 적절히 배치되어 있는지, 안내방송이 수시로 나오고 있는지를 미리 확인한다.
- 무허가 업체나 아르바이트생이 안전관리를 할 경우 적절한 대처가 어려워 사고를 키울 수 있다. 훈련받은 안전요원에 의해 통제되는 행사인지 미리 확인한다.
- 매표소 주변에 입장을 통제하는 라인이 있는지 확인하고 질서를 지킨다.
- 입구와 매표소에서 줄을 설 때는 줄의 너비가 출입구의 너비와 같아야 하고, 도미노처럼 사람들끼리 넘어지지 않도록 ㄷ 모양으로 혹은 여러 줄로 구불구불하게 배치되어야 한다.
- 행사 종료 후 철거되는 임시 무대가 설치된 경우, 무대 가까이 함부로

접근하지 않도록 주의한다.

사람이 밀집한 곳에서 소매치기 예방하기

- 가방이나 핸드백은 지퍼와 잠금장치가 있는 것을 들고, 들 때는 입구 부분부터 몸(겨드랑이 등)에 밀착하여 꽉 붙잡는다.
- 붐비는 상점, 긴 줄을 선 곳, 로비나 연회장 등에서는 다른 사람과 부딪히지 않도록 주의하고, 불필요하게 부딪혀오는 사람을 주의한다.
- 지갑을 뒷주머니에 넣고 다니지 않는다.
- 모르는 사람이 '당신 옷에 무엇이 묻었다' 고 하거나 음료수나 음식물을 갑자기 엎지를 때는 주의한다.
- 현금지급기에서 현금을 인출할 때 주의하고, 모르는 사람이 '당신의 돈이 바닥에 떨어졌다' 고 하거나 말을 거는 경우 주의한다.

▶ 위급상황 행동요령

- 화재, 정전 등 비상상황으로 인해 출구로 탈출해야 할 경우 무리하게 다른 사람을 밀치지 않고 질서를 유지한다.
- 가급적 가장자리 벽 쪽으로 가까이 가서 출구 방향으로 이동한다.
- 들어가거나 나갈 때, 이동할 때는

보안요원이나 안전요원의 안내에 따른다.
- 부상자 발생 시 응급요원에게 도움을 청하고 응급처치에 협조한다.
- 미아 발생 시 안내요원이나 주최측 담당 부서에 즉시 신고하고 도움을 청한다.
- 화재 발생 시 젖은 손수건 등으로 호흡기를 막고 머리를 보호하고 탈출한다.

✅ 이것만은 꼭 알아두자

- 대형 행사장, 강당 등에서 화재 발생 시 건물 자재로 쓰인 합판이나 보드 및 행사장 내부의 플라스틱 의자, 각종 가연성 화학물질, 복합 전기기기 등으로 인해 대형 화재가 될 가능성이 높으며 일반 화재보다 유독가스가 많이 발생할 수 있다.
- 불특정 다수의 인파가 모이는 행사장은 방화나 테러(폭발물 테러, 환기구를 통한 생화학 테러 등) 등 범죄의 표적이 되거나 연계될 가능성이 높다.
- 술이 개입된 행사, 흥분 상태를 유발하는 행사, 군중 사이에 편 가름으로 인해 돌발적인 싸움이 일어날 수 있는 행사, 조명이 어둡게 유지되는 행사의 경우 언제든지 돌발사고가 발생할 수 있으므로 주의한다.

🚫 Point 절대 금물! 위험을 초래하는 행동

지정되지 않은 불꽃놀이, 실내 행사장에서의 불꽃놀이는 화상이나 실명은 물론 대형 화재로 이어질 수 있으므로 절대 금하며, 불꽃놀이는 외부의 허용된 곳에서만 한다.

알려주세요

어린이집·학교 급식소에서 집단식중독 예방하기

식중독이란 '식품 섭취로 인하여 인체에 유해한 미생물 또는 유독 물질에 의해 발생하는 감염 및 독소형 질환'(식품위생법에 의거)을 의미한다. 요즘에는 어린이집, 학교 등에서 집단급식이 일반화되면서 집단식중독 사고 위험도 높아지고 있다. 어린이와 학생 개인의 위생 습관뿐만 아니라 집단급식소 운영자 및 조리 담당자의 철저한 위생관리가 요구된다.

식중독 증상은?
- 복통, 메스꺼움, 구토, 설사, 발열, 경련, 두통, 오한, 심장박동 이상, 호흡곤란, 마비 등
- 음식물 섭취 후 30분에서 10일 후 발병 등 원인과 상황에 따라 발병 시기가 다양하다.

집단식중독이란?
- 동일한 식품이나 동일 공급원의 물을 섭취한 후 2인 이상이 유사한 질병을 경험한 사건

식중독의 원인은?
- 덜 익히거나 상한 육류, 어패류 등으로 인한 세균성 감염(살모넬라, 장염비브리오, 병원성대장균 등), 상한 김밥, 떡 등 음식물로 인한 세균성 독소(황색포도상구균, 보툴리눔 등)
- 공기, 물 등의 접촉으로 전염되는 바이러스(노로바이러스 등)
- 동물성 독(복어), 식물성 독(버섯, 감자), 곰팡이 독, 화학물질(식품첨가물, 잔류농약 등)
- 최근 병원성대장균 O-157 등 대장균의 독성이 더욱 강력해지면서 어린이와 노약자의 식중독 위험이 높아지고 있다.

집단급식소에서 식중독 환자가 발생하면?

- 즉시 관할 보건소에 신고한다.
- 식중독으로 의심되는 환자를 진단한 의사, 환자가 발생한 급식소 운영자 등 의무신고자가 신고하지 않으면 과태료 부과 등 처벌 받는다.
- 급식 현장, 먹던 음식, 환자의 구토물 등을 버리지 않고 보존하고 (현장을 훼손하거나 음식을 버릴 경우 과태료 부과) 보건소의 역학조사에 협조한다.
- 환자가 설사나 구토를 한 후에는 탈수가 되지 않도록 미지근한 물을 제공한다.
- 의사의 지시 없이 함부로 약이나 지사제를 복용시키지 않는다.
- 보건소의 역학조사가 끝난 후에는 급식소 시설 및 기구를 살균, 소독하는 작업을 거친다.

집단급식소에서 식중독을 예방하려면?

- 채소, 과일은 세척액에 5분 이상 담그고 흐르는 물에 3회 이상 헹군다.
- 음식 조리 시 충분히(중심온도 섭씨 74도, 1분 이상) 가열한다.
- 육류나 냉동식품은 속까지 충분히 가열한다.
- 음식 보관 시 더운 음식은 섭씨 60도 이상, 찬 음식은 4도 이하에 보관한다.
- 냉동식품을 해동할 때는 냉장 해동, 흐르는 물 해동(4시간 이내), 전자레인지에 해동하고, 상온, 온수, 끓는 물에 해동하지 않는다. 해동된 제품은 재냉동하지 않는다.
- 지하수를 식수로 쓸 경우 반드시 끓인다.
- 정수기를 사용할 경우 필터 및 내부 관리를 철저히 한다.
- 조리실 내부시설 및 조리기구의 세척, 소독을 철저히 한다.
- 식재료 신선 관리를 철저히 한다.
- 칼과 도마는 식품별로 구분(가공식품용, 육류용, 생선용, 채소용, 완제품용)하고, 고무장갑도 용도별로 구분(전처리용, 조리용, 배식용, 청소용)하여 사용한다.
- 행주는 세척 후 섭씨 77도에서 30초 이상 열탕 소독한다.
- 조리 담당자는 손 씻기, 앞치마, 위생모, 위생복, 마스크 등 개인위생을 철저히 관리한다.

식중독을 예방하는 3대 수칙
① 손 씻기   ② 익혀먹기   ③ 끓여먹기

손 씻기에도 요령이 있다?
- 비누나 세정제로 거품내기 → 손가락 깍지 끼고 비비기 → 손바닥과 손등 문지르기 → 손가락 닦기 → 손톱 닦기 → 흐르는 물에 헹구기 → 물기 닦기

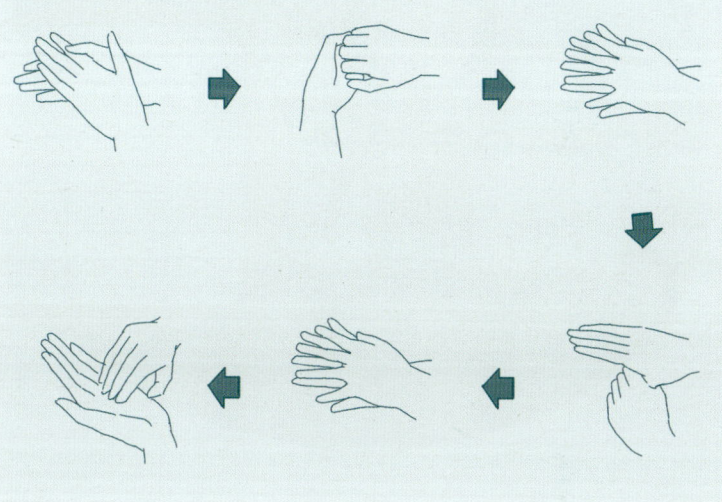

학교 밖에서 이루어지는 단체활동, 수학여행, 현장체험학습의 경우 소수의 인솔자가 다수의 인원을 통제해야 하는 상황에서 안전사고 발생 위험이 높다. 또한 여가문화와 캠핑이 전 국민적 트렌드가 되면서 휴가철과 연휴기간의 여행과 사계절 야외활동 시 각종 사고 건수가 증가하는 추세다. 안전에 대한 기본적인 지식을 숙지한다면 자녀, 학생, 가족 모두의 안전을 지킬 수 있다.

Part 3

수학여행 및 야외에서 발생하는 안전사고 예방법

수학여행 · 현장체험학습

학교 밖에서 이루어지는 교육활동인 '현장체험학습'에는 숙박형(수학여행, 수련활동, 캠프 등)과 1일형(관람, 견학 등)이 있다. 세월호 참사를 비롯하여 수학여행 및 사설 캠프, 단체활동 중의 안전사고가 끊이지 않는 가운데 정부에서는 150명 이상 대규모 단체활동이나 수학여행의 경우 학생과 학부모의 동의를 80% 이상 얻은 후 실시하고, 안전요원 배치 방안을 마련하며, 대규모보다는 소규모 테마별 체험학습(지역축제, 역사탐방, 문화체험, 생태탐방 등)으로 전환하는 등 변화를 모색 중이다.

체험학습 떠나기 전 교사 및 학부모 체크리스트

- 교사와 학생 간에 비상연락망을 마련하여 비상 시 학생이 인솔자와 연락할 수 있도록 해 두었는가?
- 모든 참가학생 및 인솔자의 비상연락망, 학교와 학부모 간의 비상연락망이 구축되어 있는가?
- 수학여행 시 인솔자(교직원, 학부모, 안전요원 포함)가 학급당 2명 이상인가?
- 외부 위탁교육 시 교사가 동행하여 학생의 안전 및 교육을 책임지는가?
- 위급상황을 대비한 상비약과 구급약품을 준비했는가?
- 돌발 상황에 대비하여 철저하고 구체적인 계획 및 동선을 짜 놓았는가?
- 유치원 및 초등 저학년의 경우 미아 발생에 각별히 대비했는가? (예: 소규모 그룹별 인솔자 책정, 원복 착용, 깃발이나 호루라기 사용, 이름표에 원장 및 교사 연락처 기재, 공중화장실에 혼자 보내지 않기 등)

1박 이상 숙박을 할 경우 체크리스트

- 허가 및 등록을 받고 안전점검(소방, 전기, 가스, 위생)을 마친 시설인가?
- 사전답사(교사, 학부모, 위원회)가 선행되었는가?

- 교사 및 학생들을 대상으로 안전교육을 실시했는가?
- 화재 등 사고 시 비상대피경로 및 행동요령에 대한 안전교육을 했는가?
- 숙박 정원에 맞게 사용하는가?
- 사전에 안전전문가(화재보험협회, 인명구조협회, 소방서 등)를 초빙하여 학생과 교사를 상대로 교육을 실시했는가?
- 숙박시설의 방송시설은 제대로 작동되는가?
- 숙박시설이 2층 이상이라면 완강기가 설치되어 있는 곳인가?
- 입소 전 학생들에게 생활지도 교육을 했는가?
- 학생들의 숙소 내 동선을 점검하고 위험한 물질과 요소를 없앴는가?
- 야간 불침번 및 안전요원을 배치했는가?
- 질병이 있거나 보호를 요하는 학생, 특정 음식에 대한 알레르기가 있는 학생, 문제 학생 명단을 인솔자와 지도교사가 공유하고 비상상황 대비책을 마련했는가?

차량(버스)으로 이동한다면?

- 교통수단별(선박, 항공, 기차, 버스 등) 안전교육을 실시한다.
- 운전자와 차량의 적격 심사 여부를 교통안전공단 등을 통해 확인한다.
- 교통사고 다발지역을 지나지 않는지 미리 경로를 확인한다.
- 교통안전 교육(비상탈출 방법, 안전장구 사용법)을 학생, 교사에게 실시한다.
- 출발 전 안전벨트 착용 지도를 철저히 하고, 운행 중 이동하거나 장난

치지 않도록 한다.
- 출발 전 학생들에게 경유지와 목적지, 소요 시간 등을 안내한다.
- 운행 중 창밖으로 손이나 머리를 내밀거나 쓰레기를 버리지 않는다.
- 차량용 소화기와 비상탈출용 망치의 위치 및 사용법을 모든 학생이 숙지한다.
- 고속도로 휴게소의 주차장에서 후진하는 차량을 조심하도록 지도한다.
- 고속도로 운행 시 징검다리운행(도로에서 개별적으로 운행하고 집결지에서 집합)을 하고, 대열운행(새떼운행)을 금한다.
- 운전자가 졸음운전, 과속, 신호위반, 추월, 운전 중 휴대폰 사용 등 안전운전 규정을 어기지 않는지 확인한다.
- 유치원 및 초등 저학년의 경우 멀미, 용변 등 어린이 개개인의 건강 상태를 면밀히 관찰하고 조치를 취한다.

항공 및 선박으로 이동한다면?

항공의 경우
- 안전벨트 착용, 비상상황 시 대처법(산소마스크, 구명조끼, 탈출로 등) 등 기본 안전수칙을 모든 학생들이 숙지한다.
- 비행기 이착륙시 학생들이 장난을 치지 않고 안전수칙을 지키도록 지도한다.

- 비상상황 시 반드시 승무원의 안내에 따르도록 지도한다.

선박의 경우

- 모든 학생들이 구명보트 및 구명조끼 보관 위치, 착용방법, 비상 탈출 방법을 익힌다.
- 악천후에 갑판에 나가거나, 배 안에서 장난을 치거나, 금지구역에 가지 않도록 지도한다.

집단식중독 예방을 위해서는?

- 대규모 급식시설 이용 시 급식소의 위생(식재료, 조리기구 청결 여부)을 미리 점검하고 적격 여부를 확인한다.
- 소규모 음식점 이용 시 위생에 대해 현장에서 확인한 후 식사하도록 한다.
- 어패류, 육류는 충분히 익혀 먹고, 조리한 음식을 실온에서 장시간 보관하지 않는지 점검한다.
- 도시락 이용 시 위생이 검증된 업체인지 확인하고 보관에 유의한다.
- 학생들에게 지정된 식수 및 끓인 물을 먹게 하고, 오염된 식수 및 음식을 섭취하지 않도록 지도한다.
- 학생, 교사, 급식시설 담당자 모두 손 씻기를 습관화한다.
- 학생들이 상할 염려가 있는 음식을 개인적으로 소지하지 않도록 한다.

차량 이동 중 멀미 예방을 위해서는?

- 멀미하는 학생을 대비하여 위생봉투를 충분히 준비한다.
- 평소 멀미를 하거나, 허약하거나, 연령대가 어린 경우(유치원~초등 저학년) 차량 탑승 전 멀미약을 복용하거나 붙이는 멀미약을 사용하도록 한다.
- 멀미를 하거나 허약한 학생들은 뒷좌석보다 앞좌석에 앉도록 한다.
- 유치원~초등학생의 경우 붙이는 멀미약보다 먹는 멀미약이 부작용이 덜하다.
- 붙이는 멀미약은 탑승 4시간 전에 붙이도록 지도한다. (효과 지속시간 72시간)
- 멀미약 부작용(갈증, 동공확대, 구토, 현기증 등)을 일으키는 학생이 있으면 멀미약을 즉시 떼어주고 수분 섭취 및 휴식을 취하게 한다.

체험활동 종류별 유의사항

바닷가 수상활동

- 수상레저안전법에 의거한 정식 등록 업체인지, 충분한 자격요건을 갖춘 안전요원과 구조요원이 배치되는지 여부를 확인한다.
- 안전수칙(준비운동, 구명복 착용 등)에 대한 교육을 반드시 실시한다.
- 응급환자 발생을 대비해 인근 병원의 위치와 이동 거리를 미리 확인한다.
- 건강상태가 취약한 학생들의 명단과 보호조치를 확인한다.

- 기상정보를 확인하고 악천후 시 강행하지 않는다.
- 익수, 실종 등 사고 발생 시 119, 122(해양긴급), 인근 경찰서 등에 즉시 신고한다.
- 환자 발생 시 응급처치를 하고 나머지 인원은 안전한 곳으로 신속히 대피시킨다.
- 총 참여 인원과 구조 인원을 파악하여 누락되거나 실종된 학생이 없는지 확인한다.

갯벌 체험
- 만조시간을 미리 확인한다.
- 갯벌에 혼자 들어가는 행위를 절대 금한다.
- 지정된 진입로 이외의 장소로 깊이 들어가지 않는다.
- 맨발로 갯벌에 들어가지 않고 반드시 전용 장화를 착용한다.
- 자외선 차단제, 모자, 긴팔 상의, 식수 등을 준비하여 햇빛 화상 및 탈수를 예방한다.
- 갯골(갯고랑)은 물기가 많아 발이 빠지면 움직이기 어렵고 밀물 때 순식간에 가장 먼저 물이 차오르는 곳이므로 갯골 주변으로 넘어가지 않는다.
- 발이 깊이 빠져 빼내기 어려운 경우, 엎드려 기어 나오기를 시도하고 크게 소리를 질러 도움을 요청한다.
- 방향감각을 잃었을 경우, 갯벌의 결을 살펴 경사가 완만한 곳의 직각 방향으로 나온다.

산행

- 학생들 연령, 발달 단계, 체력에 적합한 코스를 선택한다.
- 대규모 단위의 학생들이 한꺼번에 산에 오를 경우 낙오자나 이탈자 등 돌발 상황이 발생할 수 있으므로 소규모 학급단위 인원으로 움직인다.
- 인솔교사는 전체 코스를 충분히 파악하고 산행 속도와 학생 통솔을 조절한다.
- 수시로 인원을 점검한다.
- 입산 금지구역 및 제한구역에 들어가지 않는다.
- 눈, 비, 악천후 등 기상상황을 확인하고 한여름, 한겨울 단체산행을 하지 않는다.
- 체력이 약하거나 건강에 이상이 있는 학생의 명단을 확인하고 수시로 점검한다.
- 조난 시 119에 신고하고 등산로 곳곳의 위치표시판으로 자신의 위치를 알린다.

캠핑(야영)

- 지정된 안전한 장소에서 야영한다.
- 휴대용 버너, 부탄가스, 캠프파이어 등 화기에 대한 안전교육을 한다.
- 야영에 대한 기본적인 안전교육(텐트 설치, 위생 등)을 한다.
- 독성 동식물(독초, 버섯, 야생과일, 뱀, 벌)을 함부로 건드리거나 먹지 않도록 한다.

단체관람
- 학생들의 동선과 상황에 따른 인솔 계획을 미리 짜둔다.
- 건물 대피로와 출입구 위치를 확인한다.
- 학급 단위 이하의 인원수로 나누어 인솔한다.
- 화재나 정전 등 사고 발생 시 학생들이 동요하지 않고 침착하게 대피하도록 인솔한다.

▶ 위급상황 행동요령

차량 이동 중 사고가 났다면?

- 차량 화재 발생 시, 학생들을 신속히 하차시키고 도로 밖의 안전한 곳으로 대피시킨다.
- 초기 진화가 가능할 경우 차량 소화기로 불끄기를 시도한다.
- 추돌 혹은 충돌사고 발생 시, 부상자를 확인하고 응급조치를 취한다.
- 차량 전복이나 추락사고 발생 시, 차량 밖으로 신속히 대피시키고 필요하면 비상탈출용 망치로 차창을 깨고 탈출하도록 한다.
- 차량이 물에 추락했을 때, 안전띠를 풀고 차 밖으로 탈출하도록 유도한다. 출입문이 열리지 않을 경우 물이 차기를 기다렸다가 열기를 시도한다.
- 차량 밖으로 대피 후에는 미처

빠져나오지 못한 학생이 없는지 인원수를 확인한다.

선박 이동 중 사고가 났다면?

- 충돌, 좌초, 전복, 침수 등 이상 징후가 발견되는 즉시 비상벨을 울리고 큰소리로 주변에 알린다.
- 선체에서 충격이나 폭발음이 들렸을 경우 신속히 배에서 탈출해야 하므로 갑판 등 외부 탈출이 쉬운 장소로 대피한다.
- 선체가 한쪽으로 기울고 있는 것이 감지될 경우 기우는 반대 방향으로 대피한다.
- 비상구로 이동하되, 출입문이 열리지 않는 경우 비상 탈출용 도끼로 창문을 깬다.
- 물속에 뛰어들기 전에 구명조끼를 입고 신발을 벗되, 침몰 중인 선체 가까이로 뛰어들 경우 배가 일으키는 소용돌이에 의해 물속에 빨려들 수 있으므로 주의한다.
- 원칙적으로 승무원의 안내 및 선장의 방송에 따르되, 신속한 대처가 이뤄지지 않고 있을 경우에는 승객들끼리 질서를 유지하고 구명조끼를 입고 구조가 쉬운 장소로 이동한다.

항공 사고가 났다면?

- 비상착륙을 하게 될 경우, 좌석 등받이를 세우고 자세를 낮춰 충격에 대비한다.
- 승무원의 안내에 따라 질서를 유지하며 탈출하고 개별행동을 하지 않

는다.
- 소지품과 동행자 찾기를 하지 않고 탈출을 먼저 한다.
- 비상탈출용 슬라이드로 탈출할 경우 뾰족한 소지품, 신발 등을 벗고 뛰어내린다.

학생들이 집단 식중독에 걸렸다면?

- 같은 음식을 먹은 2인 이상이 복통, 설사 등 유사한 증세를 보일 경우 즉시 치료 조치를 하고 학교장, 교육청에 보고한다.
- 지속적인 복통, 구토, 발열, 현기증, 혈변 등이 나타날 경우 즉시 병원으로 후송한다.
- 식중독 원인으로 추정되는 음식은 즉시 수거하여 보관하고 보건소의 원인 규명 작업에 협조한다.
- 식중독에 걸린 학생들은 탈수증에 걸리지 않도록 따뜻한 물, 이온음료, 전해질음료를 섭취하도록 한다.

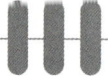

 학생과 교사에게 유용한 스마트폰 애플리케이션 '안전신문고'

국민안전처의 어플리케이션 '안전신문고'을 인솔교사와 학생 모두가 휴대폰에 다운받아 설치하고 활용법을 숙지해 두면 긴급신고, 문자신고, 재난징후정보, 기상정보, 교통정보, 병원정보 등을 얻을 수 있어 비상상황 발생 시 도움이 된다.

Tip 전세버스 이용 시 안전정보 조회서비스 받기

교통안전공단(www.ts2020.kr)를 통해 운전자의 운전 자격 및 차량 정보를 조회할 수 있다. (운전자 이름, 차량번호로 조회)

- 수학여행, 단체여행(관광, 결혼식, 장례식 등) 시 전세버스를 빌릴 경우 계약 전 확인할 수 있다.

- 확인할 수 있는 사항
: 운전자의 버스 운전자격 여부, 정밀검사 여부, 면허 정지 혹은 취소 이력 여부, 차량 보험 가입 사항, 차량 운행 기간, 자동차 검사일 등

- 조회 방법
: 교통안전공단에 의뢰하면 3일 내 팩스로 받아볼 수 있다.
- 2010년부터 학교(수학여행)를 대상으로 시행, 2013년 현재 서비스를 이용한 학교가 1만 곳을 돌파했으며, 2014년부터 누구나 활용할 수 있다.

Tip 해외 여행지, 안전한 국가 조회서비스

외교부 해외안전여행(www.0404.go.kr)을 통해 해외의 치안 정세, 테러 위협, 자연재해 등 사건사고의 위험이 인지되거나 여행경보의 지정이 필요하다고 판단하는 경우에는 해당국가의 여행경보를 조정하여 국민들에게 해당국가의 위험수준과 행동지침을 안내하고 있다. 돌발 사고에 대처하는 확인 방법이다.

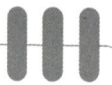

Tip 사고를 대비한 비상 명찰 갖고 다니기

수학여행이나 현장체험학습 활동 시 다음과 같은 명찰을 만들어 어린이와 학생의 가방이나 옷 안쪽에 소지하게 하면 비상사고 발생 시 구조자 및 구급대원이 확인하고 보호자 및 담당교사에게 연락하도록 할 수 있다.

비상 명찰의 예

이름			나이	
주소			혈액형	
성별				
학교(유치원)				
휴대폰				
가족 / 보호자 (긴급연락처)	이름	관계	휴대폰(전화)	
인솔교사	이름		휴대폰	

※ 사고 발생 시 위 번호로 연락해 주세요.

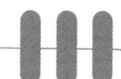

Tip 해외여행 갈 때 긴급 경고! 치사율 높은 '에볼라 바이러스' 란?

최근 해외에서는 치사율이 90%에 이르는 에볼라 바이러스로 인해 2014년 3월 이후 2,000명 넘는 사망자가 발생하여 전 세계적인 공포를 불러일으키고 있다. 이로 인해 해외를 여행하는 우리나라 국민들 역시 바이러스에 감염되지 않도록 주의를 요하고 있다.

에볼라 바이러스의 정식 명칭은 '에볼라 출혈열(ebola hemorrhagic fever)'로 주로 아프리카에서 발생하는 급성 열성 감염 바이러스다.

어떻게 감염되나? → 공기전염이 아닌 직접 접촉으로 전염

에볼라 바이러스는 공기로 전파되는 것이 아니라, 바이러스에 감염된 환자나 동물(원숭이, 박쥐, 침팬지, 영양 등)과 직접적으로 접촉(피부, 혈액, 분비물, 타액, 정액 등)해야 전염된다. 따라서 발생지역을 여행하거나 환자와 접촉하지만 않으면 실제로 감염될 확률은 낮은 편이고, 치사율은 높지만 전파력이 약해서 전 세계적인 유행 확률은 낮다고 알려져 있다.

어떤 증상이 나타날까? → 처음에는 감기기운과 비슷

- 잠복기는? : 3일에서 2주 정도
- 초기 증상은? : 두통, 근육통, 발열, 기침, 구토 등 감기기운과 비슷
- 진행되면? : 가슴 통증, 설사, 전신 무력감, 피부 발진, 저혈압, 호흡곤란, 전신에서 출혈이 일어난 후 발병 7~14일경 쇼크로 사망
- 회복되는 징후는? : 발병 10일 정도 후부터 열이 내리면 호전될 수 있다.

치료하려면? → 치료 백신 개발 중

에볼라 바이러스는 아직까지 특별한 치료제(백신)와 치료방법이 존재하지 않는다는 점이 공포심을 유발하고 있다. 그러나 현재 치료 및 백신 후보 물질이 임상 시험단계에 있어 가까운 시일 내에 시판 예정이다. 지맵(ZMapp), TKM-에볼라(TKM-ebola)를 비롯해 여러 종류의 백신이 개발 중이며, 인플루엔자 치료제가 에볼라바이러스에도 효과가 있는지 여부도 검증 중이다.

예방하려면? → 아프리카 여행 금지

2014년 현재 우리나라 정부에서는 서아프리카 지역(기니, 시에라리온, 라이베리아

등)에 대한 여행을 자제하도록 경고하고 있으나, 전문가들은 보건당국의 검역 강화와 입출국 전면 금지 조치 등 더욱 강력한 제재 조치를 요구하고 있다. 또 해당 지역의 인근 국가인 가나로 봉사활동을 떠났다가 돌아온 대학생들의 소식이 알려지면서, 비록 아직까지 우리나라에 유입은 되지 않았지만 감염 위험을 우려하고 있으며 국내로 입국하는 서아프리카 지역 외국인에 대해서도 입국 관리 필요성이 제기되고 있다.

우리나라 국민이 에볼라 바이러스에 걸리지 않기 위해서는 서아프리카 지역으로의 여행을 당분간 자제해야 한다. 만약 해당 지역을 지나야 한다면 환자 혹은 감염 동물과 접촉하지 않아야 한다. 해외여행을 갔다가 입국할 경우, 보건소 등에서 증상 여부를 검사해보는 것이 좋다.

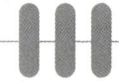

Tip 에볼라 바이러스에 대한 공포심이 과장된 이유는?

사스나 신종플루처럼 전파력이 높은 공포의 질병이다(×)
→ **직접 접촉이 아니라면 전파력 자체는 높지 않은 편이다.**(○)

2014년에 에볼라 바이러스 환자가 갑자기 발생하고 사망자가 급증하면서 각종 언론에서도 미처 최근 갑자기 등장한 공포의 신종 바이러스인 것처럼 공포심을 유발하고 있다.

그러나 에볼라 바이러스에 의한 출혈열은 신종 전염병이 아니라 1976년 콩고에서 처음 발견되어 300명 이상의 환자가 발생하고 88% 이상의 높은 사망률을 기록했다가 갑자기 1년 만에 사라져버린 바 있는 질병이다. 발견 초기에는 미스터리한 전염병 취급을 받으며 사람들을 공포에 떨게 했으나 그 후 1990년대 중반까지 새로운 환자가 거의 발견되지 않아 원인과 치료법, 치료약을 미처 제대로 개발하지 않은 상태로 잊히다시피 한 병이었다. 그러다 1990년대 이후 다시 산발적으로 발생하고 최근 들어 다시 발생한 것이다.

에볼라 바이러스 치료제가 아직까지 개발되지 못했던 이유 중 하나는 사망률에 비해 전파력이 높지 않고, 최초 발병 후 갑자기 사라지기도 해 다른 질병들에 비해 상대적으로 치료약 개발 필요성이 높지는 않았기 때문이다. 또한 에볼라 바이러스 자체가 아직 완전히 진화하지 않은 불완전한 바이러스라 치료약 개발에도 난항을 겪었던 것으로 알려져 있다.

전 세계를 공포에 떨게 한 사스나 신종플루 같은 질병은 호흡기와 공기로 전파되어 확산이 매우 빠른 반면, 에볼라 바이러스는 환자의 혈액, 체액과 직접 접촉을 해야만 전염된다. 짧은 피부접촉이나 같은 공간에 있는 것만으로 전염되는 것이 아니므로 전파력이 상대적으로 낮은 것이다. 가열한 음식과 물을 섭취하고, 환자나 동물과 접촉을 피하고, 위생에 신경 쓰는 등 일반적인 감염 예방 수칙만 지키면 얼마든지 예방할 수 있는 질병이다. 또한 잠복기에는 전파력이 없는 것으로 알려져 있다.

캠핑

최근 캠핑을 즐기는 인구가 급격히 늘어나는 반면, 안전의식 및 안전교육에 대한 인식은 미비한 편이다. 캠핑 인구의 상당수는 초보자인 경우가 많으므로 안전에 대한 기본상식을 충분히 숙지해야 한다.

야영을 할 때는?

- 야영 지정 장소, 지형이 평평한 곳, 물가에서 떨어진 곳, 낙석이나 산사태 위험이 없는 장소를 택한다.
- 호우나 폭우 전후에는 불어난 물에 고립되거나 급류에 휩싸일 수 있으므로 야영을 하지 않는다.
- 강가에서 캠핑을 할 경우 상류에 댐이 있는지를 미리 확인하고, 댐이 있다면 방류 여부와 시간을 체크한다.
- 텐트를 칠 때는 반드시 방수용 깔개를 깔아 바닥을 통해 습기가 올라오는 것을 방지한다.
- 텐트는 동계용, 하계용인지 구분하여 계절과 환경에 맞는 텐트를 준비한다.

야외 비상상황에 대비하려면?

- 야외활동을 할 때는 물과 음료수를 충분히 준비하여 수시로 수분을 공급한다.
- 자외선 차단제, 긴팔의 상의와 긴 바지, 양말과 모자 등을 준비한다.
- 야영지나 캠핑 장소는 한여름에도 도시보다 기온이 낮으므로 얇은 외투를 준비한다.
- 안전사고나 부상에 대비해 의약품(소독약, 거즈, 붕대, 일회용 반창고, 해열제, 소화제 등)을 반드시 준비한다.

- 응급 상황을 대비해 인근의 약국, 병원, 보건소의 위치를 미리 알아둔다.

야외에서 음식을 직접 조리할 때는?

- 냉장 및 냉동시설이 부족하므로 식재료 보관에 주의하고 아이스박스, 아이스팩을 이용한다.
- 육류, 어류, 어패류는 식중독균 번식이 쉬우므로 보관에 유의하고 충분히 익혀 먹는다.
- 냇물이나 계곡물을 함부로 마시지 않는다.
- 한 번 조리한 음식은 바로 먹고 실온에서 오래 보관하지 않는다.
- 물이 충분하지 않은 곳이라면 물티슈를 준비하여 식사 전후 청결에 유의한다.
- 버섯, 식물 종류를 함부로 채취하여 먹지 않는다.

부탄가스를 사용할 때는?

- 가스레인지 주변에는 가연성 물건을 두지 않는다.
- 가스레인지보다 큰 불판은 과열 및 폭발을 유발하므로 사용하지 않는다.
- 휴대용 버너 2개를 나란히 붙여 사용하지 않는다.
- 다 쓴 부탄가스 용기를 버릴

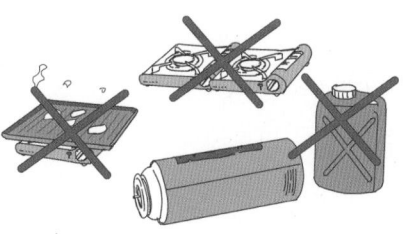

때는 화기가 없는 곳에서 바람을 등진 상태에서 구멍을 뚫어서 분리수거한다.

해충퇴치제를 사용할 때는?

- 바르거나 뿌리는 해충퇴치제 및 모기기피제 사용 시 얼굴(눈, 코, 입), 상처 부위는 피하고 정량 이상으로 바르지 않는다.
- 어린이에게 발라줄 경우, 성인의 피부에 한 번 묻혔다 발라주어 지나치게 많은 양이 발라지지 않도록 주의한다.
- 캠핑이 끝나고 귀가하면 바른 부위를 깨끗이 씻는다.
- 텐트 안에서 스프레이형 해충퇴치제를 뿌릴 경우, 분사 후 환기를 하고 들어간다.
- 밀폐된 텐트나 방 안에서 모기향을 사용하지 않는다.

▶ 위급상황 행동요령

- 부상자, 일사병, 열사병 등 환자가 발생한 경우 즉시 119에 신고한다.
- 탈진하거나 쓰러진 사람은 즉시 그늘로 옮기고 몸에 물을 뿌린 후 부채질을 해 열을 식히고 체온이 내려가도록 해준다.

Point 절대 금물! 위험을 초래하는 행동

- 폭우로 물이 불어난 계곡이나 하천 옆에서 야영하지 않는다.
- 물이 불어나 물살이 세진 계곡을 건너지 않는다.
- 나무, 철탑 아래는 낙뢰 위험이 크므로 야영하지 않는다.
- 직사광선 아래 차를 주차할 경우 과열과 폭발 위험이 있는 부탄가스, 라이터, 스프레이 등을 차 안에 두지 않는다.
- 열사병이나 일사병으로 쓰러진 환자에게 갑자기 얼음찜질을 하거나 에어컨 바람을 쐬게 하거나 알코올음료를 마시게 하면 증상을 악화시키므로 주의한다.
- 벌레 물린 곳에 침을 바르면 추가 감염(예: 감염의 정도가 깊어지는 봉와직염 등)을 유발할 수 있으므로 주의한다.

알려주세요

캠핑, 산행, 야영 시 알아둬야 할 금지사항은?

산과 강에서 산행, 야영을 할 때 금지사항을 위반할 경우 과태료를 내는 등 처벌받을 수 있다.
국립공원의 경우 국립공원관리공단 홈페이지(www.knps.or.kr)를 통해 자세한 금지사항을 확인할 수 있다.

■ **국립공원에서 기본적으로 금지되는 행위는?**

지정된 곳 이외에서의 야영과 취사를 금한다.
- 지정된 곳 이외 장소에서의 야영, 취사, 차량 주차
- 해가 진 후의 산행

- 비박(텐트를 사용하지 않고 야영하는 것) 행위
- 지정된 장소 외에서의 상행위(예:아이스크림 팔기 등)

환경을 해치는 모든 행위를 금한다.
- 오물, 음식물 쓰레기를 버리는 행위
- 동식물을 해치는 행위 : 화약, 덫, 올무, 그물, 독극물, 총 등으로 동물을 잡는 행위, 도끼나 톱을 지니고 입장하는 행위
- 통제구간에 들어가는 행위
 ※ 개, 고양이를 데리고 가면 안 된다. (생태계에 영향을 끼칠 수 있기 때문)

국립공원 계곡에서의 수영, 목욕, 옷 벗기를 금한다.
- 국립공원의 모든 계곡에서는 수영과 목욕이 금지되어 있다.
- 환경을 오염시키는 행동 : 머리 감기, 비누로 세수, 설거지, 세탁
- 주변에 피해를 끼치는 행동 : 노상방뇨, 고성방가, 음주 후 소란 등
 ※ 남성 성인이 상의를 벗고 계곡에 들어가면 안 된다. (적발 시 과태료 부과)

■ 그 밖의 금지사항은?

- 전국 강과 호수의 낚시 통제구역에서 낚시하면 안 된다.
- 한강 공원에서 그늘막 텐트를 치고 모든 출입구를 닫아놓으면 안 된다.
: 한강 시민공원에서는 기본적으로 야영과 취사가 금지되어 있고, 풍기문란 및 범죄 예방을 위해 그늘막 텐트의 2면 이상을 개방해야 한다.

알려주세요

휴가·연휴에 여행 떠나기 전 점검사항

■ 휴대폰 상식

- 외출이나 여행 전에는 항상 습관적으로 휴대폰 배터리를 충전하고, 이틀 이상의 여행 전에는 충전기도 챙긴다.
- 비상사태를 대비하여 방수가 되는 지퍼백, 비닐 등을 준비하여 휴대폰 침수를 예

방한다.
- 여행할 지역과 여행 성격에 맞는 스마트폰 애플리케이션을 미리 다운받아 두면 여행정보 및 비상상황 대비에 유용하게 활용할 수 있다.

■ **집 비우기 전 기본 체크리스트**
- 가스밸브, 전기 등을 철저히 단속했는가?
- 현관문과 창문 등 기본적인 문단속을 철저히 확인했는가?
- 집의 무인경비시스템, 집 근처 CCTV 확인 등 방범을 철저히 대비했는가?
- 귀중품은 찾을 수 없는 곳에 보관하거나 필요할 경우 집 근처 지구대에 보관을 부탁해두었는가?
- 신문, 잡지, 우편물, 우유 등의 배달을 중지해 놓거나 현관문, 우편함에 쌓이지 않도록 조치를 취했는가?

■ **어린이를 동반한 자동차 탑승 상식**
- 13세 이하 어린이 동반 시 반드시 뒷좌석에 어린이용 안전벨트 및 카시트를 장착한다.
- 차량 운행 중 보호자가 어린이를 안거나 무릎에 앉히고 이동하는 행위는 대단히 위험하므로 절대 금한다.
- 여름철 직사광선 아래에 주차되어 있던 차량 탑승 시 가죽 시트나 벨트에 의해 화상을 입을 수 있으므로 차량 내부를 식힌 후 탑승하도록 한다.
- 차량 내부에 아이들이 먹다 남긴 탄산음료 용기, 스프레이, 탈취제 등을 둘 경우 밀폐된 공간에서 고열에 의한 폭발 위험이 있으므로 미리 치워둔다.
- 영유아 및 어린이를 절대 차 안에 혼자 두지 않는다.

■ **유아와 어린이가 있을 경우 의료 상식**
- 어린이에게 특정 알레르기나 지병이 있을 경우 비상상황에 필요한 응급의약품을 반드시 챙긴다.

- 12세 이하 어린이를 동반한 여행의 경우 여행지의 물이나 음식으로 인해 복통, 설사, 소화불량, 변비, 식중독 등이 발생할 가능성이 높으므로 평소 체질을 고려하여 어린이 전용 비상 약품을 반드시 챙긴다.
- 7세 이하 어린이 및 유아에게는 캡슐 및 알약 형태의 감기약을 복용시키지 않는다.
- 3세 이하의 유아에게는 먹이는 멀미약을 절대 복용 금지한다.
- 8세 이하 어린이에게 붙이는 멀미약을 절대 금지한다.
- 시럽 형태의 어린이용 해열제, 감기약, 지사제 등을 준비한다.

■ 상비약 및 의약 상식

- 여행 시 반드시 챙겨야 할 상비약품 목록을 점검한다.
(해열 · 진통 · 소염제, 소화제, 지사제, 감기약, 살균제, 상처에 바르는 연고, 멀미약, 일회용 반창고, 모기기피제나 해충퇴치제, 어린이용 해열제)
- 지병(혈압, 당뇨, 알레르기 등)이 있는 경우 평소 복용하는 약을 여행 기간에 맞게 미리 준비한다.
- 먹는 약이나 바르는 약을 다른 일회용 용기에 덜어갈 경우 약의 손상과 품질 저하를 일으키고 다른 약과 혼동할 수 있으므로 삼간다.
- 붙이는 멀미약을 만진 손으로 피부나 눈을 만질 경우 마비 등 부작용을 일으키므로 반드시 손을 씻는다.
- 감기약, 진통제, 진정제와 멀미약을 함께 복용하지 않는다.
- 비뇨기 질환, 녹내장, 전립선 질환 환자가 멀미약을 사용할 경우 부작용이 발생할 수 있으므로 주의한다.
- 술과 감기약 및 해열진통제 등을 함께 복용할 경우, 혹은 매일 정기적으로 음주를 하는 사람이 감기약 및 해열진통제를 복용할 경우 간 손상 등 부작용을 일으킬 수 있으므로 주의한다.
- 서로 다른 종류의 감기약, 해열진통제, 항히스타민제, 진정제 등을 동시 복용할 경우 부작용 위험이 있으므로 주의하고 설명서, 의사, 약사의 지시에 따른다.
- 응급환자가 발생하여 자동제세동기를 사용하게 될 경우, 환자와 사용자의 손과 몸에 물기나 습기가 있으면 감전사고가 발생할 수 있으므로 장비, 사용자, 환자의 상체에 있는 물기를 반드시 제거한다.

물놀이

계곡이나 강에서 물놀이를 할 경우 수영 미숙, 체력 저하, 위험 구역에서의 물놀이 등으로 인해 안전사고가 발생한다. 물에 빠지는 익수사고의 절반 가량이 여름 피서 철에 집중되며, 어린이와 청소년의 물놀이 사고 비율도 여름에 더 높다. 어린이와 청소년, 남학생, 수영 숙련자의 사망 비율이 높으며, 특히 물에 빠져 허우적거리는 사람을 구하기 위해 섣불리 물에 들어갔다가 구조에 실패하고 더 큰 익사 사고를 부르는 경우가 많으므로 주의한다.

예방하려면?

어린이 물놀이 주의사항

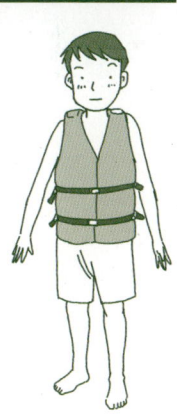

- 어린이는 반드시 신체 사이즈에 맞는 튜브나 구명조끼를 착용하게 한다.
- 물가에 아이들끼리만 두지 않고 반드시 어른이 주변에서 관찰한다.
- 어린이가 물놀이를 하다 물에 떠내려가는 신발이나 장난감을 무작정 쫓아가지 않도록 성인 보호자가 근처에서 예의주시한다.

- 아이에게 잠금장치 없이 쉽게 벗겨지는 샌들이나 슬리퍼를 신기지 않는다.
: 신발이 쉽게 벗겨지면 미끄러운 돌 위에서 넘어지기 쉽고, 아이가 신발을 줍기 위해 물에 뛰어들거나 따라가다 큰 사고로 이어질 수 있다.
- 어린이가 입에 사탕, 껌을 문 채 물놀이를 하지 않도록 한다.
: 입에 음식물이 있을 경우 물에 빠졌을 때 기도를 막는 주요 원인이 된다.
- 유아의 경우 아주 얕은 개울물에서도 사고가 일어날 수 있으므로 절대 눈을 떼지 않는다.

어린이·성인 공통 주의사항

- 수영 금지구역에 절대 들어가지 않는다.
- 물에 들어가기 전에는 반드시 준비운동을 한다.
- 물에 들어갈 때 심장에서 먼 부분부터 물에 적시면서 천천히 들어간다.
- 물속에 지속적으로 들어가 있는 시간이 한 번에 30분~1시간을 넘지 않도록 하고 수시로 물 밖으로 나와 체온을 높여준다.
- 피부에 경련이 느껴지거나 소름이 돋으면 즉시 물 밖으로 나와 옷이나 수건으로 체온을 높인다.
- 체온이 떨어지지 않도록 하고 물이나 이온음료를

자주 마셔 수분을 보충한다.

➡ 위급상황 행동요령

사람이 물에 빠져 허우적거릴 때는?

① 무작정 뛰어들지 말기
② 도구를 던져 붙잡게 하기
③ 주변에 도움 요청하고 119 신고
- 큰소리로 외쳐 주변에 도움을 요청하고 119에 신고한다.
- 물에 빠진 사람을 구조하려 무작정 물속에 뛰어들지 말고, 도구(튜브, 막대기, 밧줄, 스티로폼, 생수통, 물을 약간만 넣은 페트병, 아이스박스, 비치볼, 펼친 파라솔, 텐트 가방 등)를 던져주어 붙잡을 수 있게 유도한다.
: 물에 빠진 사람은 본능적으로 다른 사람이나 물건을 움켜쥐고 물 위로 올라오려 하므로, 구조를 위해 무작정 뛰어들 경우 둘 다 위험해진다. 따라서 뛰어들기 전에 밧줄이나 막대기 등 도구를 던져 붙잡게 유도하여 1차 구조를 시도한다.
- 사람이 여러 명이 있고 물이 깊지 않을 경우, 서로 손목을 붙잡고 인간 사슬을 만들어 익수자를 구한다.

최후의 수단으로 물에 뛰어들어 구조해야 할 때는?

- 도구가 없거나 익수자가 지친 경우 최후의 수단으로 선택한다.

- 상의와 신발 등을 벗고, 물에 뜨는 물건(로프가 달린 구명튜브, 물에 뜨는 도구)을 들고 들어간다.
- 익수자에게 너무 가까이 가지 말고 구명튜브를 먼저 붙잡게 한다.
- 익수자가 본능적으로 구조자를 움켜쥐고 달라붙을 때는?

→ 일단 같이 물속으로 들어가면 익수자를 떼어낼 수 있다.
- 익수자가 의식을 잃었다면?
→ 익수자가 엎드려 있다면 얼굴이 물에 잠기지 않도록 몸을 뒤집고, 목이 꺾이지 않도록 주의하면서 육상으로 천천히 옮긴다. 곧바로 응급처치 한다.

익수자를 구조한 직후에는?

- 119 구조대원이 오는 동안 지시에 따르고 응급처치를 한다.
- 응급처치 : 의식과 호흡을 확인 후 호흡이 없으면 기도확보 및 인공호흡, 맥박이 없으면 심폐소생술 실시 (부록 참조)
- 익수자의 몸의 물기를 닦고 담요 등으로 보온한다.

내가 물에 빠졌다면?

- 몸에 힘을 빼고, 허우적거리지 않는다.
- 물결에 몸을 맡기고 몸이 저절로 뜰 때까지 기다린다.
- 몸이 뜨면 전신의 힘을 빼고 누운 자세를 취한다.

- 코와 입을 물 위로 내밀어 호흡을 시도한다.
- 육지 쪽으로 천천히 이동을 시도하고, 한쪽 손을 크게 흔들어 구조를 요청한다.

튜브나 구명조끼 없이 물에 떠 있으려면?

① 숨을 마신 후 호흡을 멈추고 팔다리 힘을 빼고 늘어뜨린다.
② 얼굴을 아래로 숙이고 뒷머리가 수면에 뜨게 한 후 잠시 쉰다.
③ 입이 물 위로 약간 올라올 정도만 머리를 들어 입과 코로 호흡한 후 다시 휴식자세로 돌아간다.
④ 팔다리에 힘을 주거나 턱이 물 위로 올라오게 하지 않는다.

물속에서 갑자기 쥐(근육 경련)가 났다면?

- 당황하여 무리하게 힘을 더 주려 하지 말고 해당 부위를 부드럽게 마사지한다.
- 몸에 힘을 빼면 물 위로 떠오를 수 있고 손과 상체만으로도 물 밖으로 나올 수 있다.

- 부위별로 다음과 같은 응급조치를 취한다.
  종아리 뒤 : 무릎을 펴고 엄지발가락을 발등 쪽으로 당기기
  허벅지 뒤 : 무릎을 펴기
  허벅지 앞 : 무릎을 구부리기
- 천천히 물 밖으로 나와 온찜질로 근육을 풀어준다.

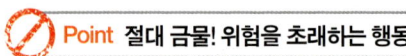
Point 절대 금물! 위험을 초래하는 행동

- 수영실력을 과신하지 않는다.
- 금지구역에 들어가거나 오랜 시간 수영하지 않는다.
- 공복, 식사 직후, 알코올이나 카페인 섭취 후, 피로 누적 상태에서 물에 들어가지 않는다.
- 혈압이나 심장 관련 질환이 있을 경우 주의한다.
- 깊은 물이 항상 고여 있는 구간인 '소'는 수심이 깊고 수온이 낮고 물속에서 소용돌이가 일어 수영에 능숙한 성인도 위험하므로 들어가지 않는다.

- 수영복 착용을 위해 제모제를 사용했다면 일광욕은 최소 24시간 후에 한다.
 : 제모제 성분은 태양광선에 의한 피부 과민반응을 유발할 수 있다.
- 콘택트렌즈 대신 시력보정 물안경을 착용한다.

: 콘택트렌즈를 착용한 채 물놀이를 할 경우 눈병과 염증 위험이 크므로 가급적 렌즈를 빼고 시력보정 물안경을 착용한다.

물놀이 사고 시 신고는? → 강, 호수는 119, 바다는 122

 귓속의 물 그냥 흘러나오게 하는 법

귀에 물이 들어가는 것은 대부분 문제가 되지 않지만, 물을 빼기 위해 귀를 후비다 상처가 나고 세균에 감염되는 외이도염은 큰 문제이다. 귀에 물이 들어가면 그냥 놔두어도 흘러내리거나 마르게 되는데, 신경이 많이 쓰인다면 물이 들어간 귀를 아래로 하고 따뜻한 곳에 누우면 물이 흘러나온다. 성냥개비 같은 것을 귀에 넣는다거나, 면봉으로 귀 안벽을 긁는 일은 절대로 하지 말아야 한다. 시간이 지나도 귀가 멍하고 소리가 안 들린다면 이비인후과를 찾자. 사람에 따라 귓구멍이 좁거나 고막부위의 굴곡이 심한 사람은 귀에 들어간 물이 잘 빠지지 않을 수 있다.

 수상인명구조에 대한 정보를 얻을 수 있는 곳

대한적십자사 www.redcross.or.kr ☎02-3705-3705
대한인명구조협회 www.liferescue.or.kr ☎02-975-1339

수상스포츠

여름철 강이나 계곡에서 래프팅, 보트놀이 등을 할 때, 초보자가 보호장구를 제대로 갖추지 않았거나 당일 급류의 상황을 충분히 파악하지 않고 활동하는 경우 사고 위험이 높아진다. 익사자의 50%는 수영 미숙으로 인한 사망이며, 감시나 보호가 부실한 하천이나 강에서 전체 익사사고의 약 90%가 발생한다.

- 물에 들어가기 전 구명조끼, 헬멧 등 보호장구를 반드시 착용하고 기본적인 안전교육을 받는다.
- 입수 금지구역에 절대로 들어가지 않는다.
- 일주일 이내에 호우나 폭우가 내렸거나 내릴 예정이라면 일정을 연기한다.
- 래프팅 예약 시 불법영업을 하는 업체가 아닌 정식으로 등록된 업체인지, 보험이 들어 있는지, 관련 기관에서 교육과정을 이수하고 자격을 갖춘 경험 많은 가이드가 탑승하는지 반드시 확인한다. (래프팅의 경우 등록번호 부여받은 보트만 운영한다.)
- 모든 수상스포츠 시 구명조끼, 안전모자, 구명줄 등 안전장비 비치 여

부, 인명구조요원과 가이드 배치 여부를 확인한다.
- 보트를 탈 때는 정원을 지킨다.
- 보트에 탈 때 의복 착용 규칙(신발은 발에 단단히 고정되는 샌들이나 운동화, 반팔보다는 긴팔, 콘택트렌즈를 빼고 안경을 끼되 안경은 끈에 묶어 고정시키기 등)을 지킨다.

▶ 위급상황 행동요령

- 조난자, 실종자, 환자가 발생하면 119에 즉시 신고한다.
- 구명조끼를 착용한 상태에서는 물에 빠졌다 하더라도 잠시 후 물에 뜨므로 당황하지 않는다.
- 계곡 급류에 빠져 수영이 불가능하고 몸이 하류를 향해 떠내려가는 경우, 무리하게 빠져나가려 하지 말고 물살에 몸을 맡기듯 양 팔을 뻗고 몸을 큰 대(大) 자로 만든다.
- 몸이 떠내려갈 때는 물 위에 등을 대고 누운 자세에서 머리를 상류, 다리를 하류 쪽으로 향하게 하여 시선이 하류 쪽을 향하게 한다.
- 나뭇가지나 부유물, 바위 같은 장애물에 몸이 부딪히지 않도록 하면서 탈출 타이밍을 잡는다.
- 물속에서 바위나 장애물에 부딪칠 수 있으므로 다리에 힘을 주지 않는다.

⊘ Point 절대 금물! 위험을 초래하는 행동

- 호우나 폭우가 내린 직후의 수상레저는 대단히 위험하므로 하지 않

는다.

- 수상스포츠 활동 하루 전과 당일에는 음주를 하지 않는다.
- 보트에 타기 전에 과식을 하면 구토 등을 유발할 수 있으므로 유의한다.
- 평소 심장 및 혈압 관련 질환이 있는 사람은 건강상태를 면밀히 체크한다.
- 14세 이하 청소년 및 어린이는 절대 보호자 없이 따로 태우지 않는다.

Tip 올바른 구명조끼 착용 요령

1. 구명조끼를 입은 후 몸 앞쪽에 있는 클립을 채운다.
2. 허리 위쪽의 끈을 단단히 당겨 구명조끼가 몸에 밀착되도록 한다.
3. 구명조끼 아래쪽으로 내려오는 끈을 허벅지 사이로 넣어 클립에 연결시킨다.

※ 구명조끼가 느슨하면 위험!
→ 구명조끼가 느슨하게 착용되었거나 다리 끈을 연결시키지 않았을 경우, 물에 빠졌을 때 몸은 가라앉고 구명조끼만 위로 떠오르면서 오히려 질식 위험이 커진다. 따라서 꽉 조일 정도로 밀착시키고 다리 끈도 연결시켜야 한다.

산행

초보자는 물론 경험이 많은 사람이라 하더라도 산행에서 사고를 당할 수 있다. 산행 중 발생할 수 있는 사고에는 실족, 추락, 길을 잃는 것, 조난, 고립, 탈진, 저체온증, 각종 부상(골절, 탈구, 염좌 등)이 있다.

기본적인 등산 상식

- 산에 가기 전에는 반드시 일기예보를 확인하고 눈, 비, 악천후, 해빙기, 장마철에는 가지 않는다.
- 악천후 예보가 없더라도 산에서는 갑작스러운 날씨 변화가 잦으므로 충분한 장비를 갖춘다.
- 산에서는 평지보다 해가 더 빨리 지므로 일몰 1~2시간 전에 반드시 하산한다.

- 산행 전에 가족이나 지인에게 행선지와 일정, 돌아오는 일자, 동행인 등을 미리 알려둔다.
- 당일의 컨디션과 평소 체력이 소화할 수 있는 코스를 선택한다.
- 정해진 등산로로만 다닌다.

산행 시 꼭 챙길 것들은?

- 여분의 양말, 등산장갑, 속옷, 방수 및 방풍재킷, 휴대하기 좋은 고열량 비상식량(초콜릿, 사탕, 육포, 양갱 등), 식수 등
- 전등, 물통, 나침반, 지도, 구급약품(진통제, 항히스타민제, 반창고와 거즈 등), 등산용 다용도 칼, 헤드램프(야간산행 시), 아이젠(겨울 산행 시) 등

▶ 위급상황 행동요령

산중에서 길을 잃었다면?

- 왔던 길을 그대로 되돌아가 자신이 아는 곳까지 간 후 119에 구조요청을 한다.
- 근처의 산악안내표지판을 찾아 위치 식별 번호를 확인한다. 식별 번호를 메모해두면 만약의 사태에서 도움이 된다.
- 불필요하게 체력을 소진시키지 말고 구조대가 올 때까지 기다린다.
- 길을 찾거나 구조를 요청하러 이동해야 할 경우에는 2인1조로 움직여 1명은 그 자리에서 기다리고 1명은 구조를 요청한다.

- 여분의 겉옷을 입고 장갑을 껴 체온을 유지한다.
- 해가 지거나 안개 등으로 시야가 안 보일 때 무리하게 하산하지 말고 비바람을 피할 수 있는 곳을 찾아 야영 준비를 한다.
- 날이 밝으면 나침반이나 지형을 이용하여 하산할 수 있다.
- 계곡(물)을 따라 내려오면 산 아래로 내려올 수 있다.

산에서 나침반 없이 방향을 찾으려면?

- 손목시계에서 작은 바늘(시침)이 태양을 향하게 하면 시침과 숫자 12의 중간 방향이 남쪽이다.
- 비석이나 정상석의 글자가 적혀 있는 면이 남쪽이다.
- 오래된 나무의 이끼가 낀 방향이 북쪽, 나무가 휜 방향이 동쪽, 나이테 간격이 넓은 쪽이 남쪽, 촘촘한 쪽이 북쪽이다.
- 북극성(작은곰자리의 밝게 빛나는 마지막 별)은 진북(항상 북쪽)에 있다.

산행 중 폭우를 만났다면?

- 비바람이 칠 경우 즉시 방수 및 방풍재킷을 입는다.
- 가까운 산장이나 대피소로 이동한다.
- 발이 젖었을 경우 여분의 양말로 갈아 신는다.
- 야영은 지정된 야영지에서, 계곡 주변을 피해서 한다.

- 저녁이나 새벽에 폭우가 내리면 불시에 조난당할 수 있으므로 주의한다.
- 계곡물이 불어난 곳은 절대 건너지 않는다.

환자가 있다면?

즉시 119에 신고하여 구조대원의 지시에 따라 응급처치를 하고 구조를 기다린다.

골절, 탈구

- 골절 부위에 부목을 대서 고정시킨다.
- 등산복 상의, 소형 매트리스, 등산화 끈 등을 부목 대용으로 활용한다.
- 부목을 대기 어려운 경우 한 손으로 골절 부위 위쪽을, 다른 손으로 아래쪽을 보호한다.

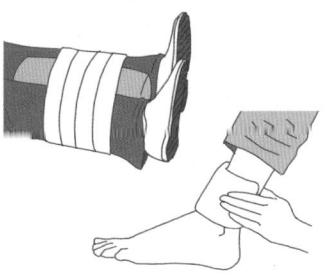

- 골절 환자를 함부로 이동시키면 더 큰 부상을 유발할 수 있으므로 주의한다.
- 탈구의 경우 냉찜질로 부기를 가라앉힌다.

염좌

- 해당 부위를 높이 올리고 냉찜질을 한다.
- 직접 걸어야 할 경우 붕대를 신발 위로 감는다.

동상
- 동상 부위를 문지르지 말고, 물집은 터트리지 않는다.
- 동상 부위를 서서히 따뜻하게 한다.

저체온증
- 옷이 젖었다면 마른 옷으로 갈아입히고 몸을 말린다.
- 담요, 발열도구 등으로 체온이 떨어지지 않도록 한다.
- 따뜻한 음료를 마신다.

일사병, 열사병
- 서늘한 그늘로 이동한다.
- 머리를 수평, 다리를 높게 하여 눕힌다.
- 이온음료, 생수 등을 마시게 한다.

 Point 절대 금물! 위험을 초래하는 행동

- 정해진 등산로를 벗어난 골짜기, 계곡, 절벽을 따라 이동할 경우 추락사고를 당하면 구조와 수색이 어려워 사망으로 이어질 수 있다.
- 산행에 자신이 있더라도 야간산행은 조난 위험이 크므로 금지한다.
- 탈진 혹은 악천후 상황에서 무리하게 이동하지 않는다.
- 산행 중 음주를 하면 혈관에 무리를 주고 운동감각이 저하되며 실족사고의 주요 원인이 되므로 음주를 자제한다.

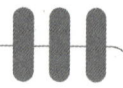

> **스마트폰의 등산 관련 애플리케이션**
>
> 스마트폰의 등산 관련 앱을 활용하면 지도를 다운받고 GPS 기능을 사용하는 등 다양하게 활용할 수 있다. 등산 코스 확인 및 조난 시 구조요청에 유용하므로 산행 전 미리 설치해두는 것이 좋다. 최근 유용하게 사용되는 애플리케이션에는 다음과 같은 것들이 있다.
>
> TranGGle Gps : 지도, 등산로, 구조대 연락처, 캠핑장 정보 등
> 톡톡산행 : 등산코스 정보 등
> 산경표 등산지도 : 등산로 지도 정보 등
> 국립공원 산행정보 : 등산코스 정보, 조난 시 위치 전송 기능 등
> 나들이 : 지도 정보, 자기 위치 전송 기능 등

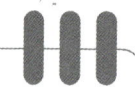

> **해수욕장과 등산로에서 시설물 때문에 다치면?**
>
> 지자체나 국가에서 관리하는 장소인 경우, 국가배상법에 의해 지자체나 국가로부터 보상받을 수 있다.
>
>

> **이런 경우에 해당**
> - 해수욕장의 모래사장에서 유리조각, 칼, 통조림 캔 등에 의해 부상을 입은 경우
> - 파라솔 등의 시설물 관리 소홀로 인해 부상을 입은 경우
> - 추락 등 위험 요소가 있는 등산로에 안내판이나 안전난간이 없어 부상을 입거나 사망사고가 발생했을 경우
> - 그 밖에 위험을 안내하는 안내판이 설치되지 않아 사고가 발생했을 경우
>
> **배상 받는 방법은?**
> - 관리소 혹은 지자체에서 사실 확인 및 치료비 영수증을 제출하면 배상받을 수 있다.
> - 해수욕장의 경우 운영 기간인 6~8월이 지나 배상을 받으려면 민사소송을 해야 한다.
> - 시설물 때문이 아닌 개인 부주의로 인한 사고는 배상하지 않는다.

낙뢰

낙뢰의 평균 전압은 약 10억 볼트, 온도는 섭씨 2~3만 도로서 100와트짜리 전구 수천 개를 몇 시간 동안 켤 수 있는 전류에 해당한다. 사람이 낙뢰를 직접 맞을 경우 외상이 심하지 않다 하더라도 몸 안으로 흐른 전류가 내부 장기에 화상을 입힐 수 있으므로 매우 위험하다.

낙뢰가 임박한 징후는?

- 갑자기 먹구름이 끼고 비바람이 몰아치며 천둥과 번개가 칠 때
- 천둥소리가 가까이에서 들릴 때
- 팔에 난 털이 소름 끼치듯 솟구칠 때
- 번개가 친 후 천둥소리가 들리기까지 시간이 30초가 안 될 때
- 라디오에서 갑자기 잡음이 들릴 때

위급상황 행동요령

야외에 있다면?

- 우산, 낚싯대, 골프채 등 금속성 물체를 몸에서 멀리 떼어 놓는다.
- 몸을 웅크리고 자세를 낮춘다.
- 두 손을 땅에 대며 무릎을 꿇고 머리를 숙인다.
- 건물 안, 움푹 파인 곳, 동굴로 대피한다.
- 산의 정상이나 돌출된 지형, 산등성이에 있다면 재빨리 낮은 곳으로 내려온다.
- 자동차 안이 안전하다.
: 전기는 금속 물질의 표면을 따라 흐르므로 자동차 안으로 대피하면 안전하다. 이때 라디오 안테나는 절대 올려놓지 않는다.

실내에 있다면?

- 전기제품, 유선전화기, 전기계량기의 전원을 차단한다.
- 전화선이나 안테나선에서 멀리 떨어진다.
- 물을 사용하지 않는다.

감전 환자가 있다면?

- 안전한 곳으로 옮겨 머리를 편안하게 눕힌다.
- 119에 신고한다.

- 춥고 축축한 곳에 있을 경우 저체온증 위험이 크므로 바닥에 깔개를 깐다.
- 의식이 없고 호흡이 멎었을 경우 인공호흡, 심폐소생술을 실시한다.
- 의식이 있는 환자의 경우 전신 피로감을 호소하며, 외상이 눈에 띄지 않더라도 내부 장기의 화상을 입었을 가능성이 높으므로 반드시 병원으로 후송하여 치료받도록 한다.

Point 절대 금물! 위험을 초래하는 행동

낙뢰의 표적이 되는 장소와 경우는?

- 골프장, 운동장 등 평평한 곳
- 나무 바로 아래
- 물가(호수, 웅덩이, 강, 수영장, 바닷가 등), 젖은 땅
- 지붕, 옥상
- 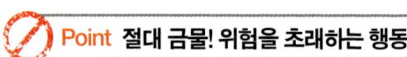 철제 구조물 근처(야구장의 외야석, 가로등, 금속 울타리, 송신탑 등)
- 골프장의 철제 골프 카트
- 다른 사람들과 붙어있는 것
: 전류가 인체를 따라 흐를 수 있으므로 한 명씩 떨어진다.

독성 생물 : 벌, 독사, 살인진드기, 옻, 해파리

■ 벌

꿀벌의 경우

- 강한 화장품이나 향수 냄새, 밝고 화려한 색깔의 옷은 벌을 유인할 수 있으므로, 산행 시 화장품과 향수를 뿌리지 말고 어두운 색의 긴 옷을 입는다.
- 일반 꿀벌류는 먼저 공격하지 않는 한 먼저 쏘지는 않는다.
- 벌을 만났을 때 손이나 신문지로 휘두르지 말고 그 자리에 부동자세로 서서 벌이 갈 때까지 기다린다.
- 야외에서 실수로 벌집을 건드렸을 경우, 팔을 휘두르거나 뛰어 도망가지 말고 최대한 몸을 웅크리고 벌이 갈 때까지 기다린다.
- 당황하여 뛰어 달아날 경우 시속 40~50km에 이르는 벌의 비행속도에 금방 따라잡히므로 위험하다.
- 한 번 뛰기 시작했다면 수풀이 무성하고 빽빽한 곳을 찾아 몸을 낮추고 숨는다.
- 물속으로 뛰어들 경우 다시 나올 때까지 벌 떼가 수면 위에서 기다릴 수 있으므로 위험하다.

꿀벌에 쏘였다면?
① 쏘인 자리에 박힌 검은색 벌침을 카드 날이나 칼날로 밀어내듯 제거한다. (핀셋이나 손가락으로 빼내려 하면 독이 더 퍼질 수 있다.)
② 쏘인 자리에 얼음을 대 열을 식힌다.
③ 꿀벌의 독은 시간이 지나면 가라앉으나, 물린 부위 근처가 심하게 붓고, 통증이 심하고, 피부가 붉게 변하고, 숨이 차거나 기침이 나오고, 식은땀이 나고, 현기증과 구토 등의 신체 반응이 오는 경우 병원 치료를 받지 않으면 위험하다.

말벌의 경우

- 말벌은 종에 따라 그 크기가 어른의 새끼손가락만 할 정도로 클 뿐만 아니라, 공격성이 강해 사람이 먼저 공격하지 않더라도 공격하므로 위험하다.
- 한 번 쏠 때의 독의 양이 일반 꿀벌의 15배에 달하는 데다, 한 번 침을 쏘고 나면 내장과 함께 빠져나가 죽는 꿀벌과 달리 주사바늘처럼 여러 번 반복해서 쏠 수 있다.
- 산행, 성묘, 벌초 중에는 땅이나 덤불에 숨어 있는 말벌이나 땅벌의 집을 건드리지 않도록 주의한다.
- 말벌의 집이 주택의 베란다, 지붕, 나무, 처마 밑에서 발견되었을 경우, 살충 스프레이를 뿌리거나 스프레이에 불을 붙여 벌집을 제거하려 하면 오히려 벌을 자극하여 위험한 상황을 초래할 수 있고 화재를 유발할 수도 있으므로 절대 건드리지 않는다. 즉시 119에 신고해 제거를

요청한다.
- 말벌이 보이거나 출몰하는 곳, 벌집을 지을 만한 지붕이나 처마 아래 등에 농약이나 경유를 발라두면 벌집이 생기는 것을 예방할 수 있다.

말벌에 쏘였다면?
① 꿀벌처럼 피부에 벌침이 박혀 있지 않은 상태로서, 노약자의 경우 쇼크로 심장마비를 일으킬 정도로 맹독성이라 위험하다. 통증과 부기가 지속되거나 기도가 막히는 등 생명이 위독해질 수 있으므로 즉시 병원으로 이동해 치료를 받는다.
② 항히스타민제를 소지하고 있다면 즉시 복용하되 구급대원과 의사에게 복용 사실을 고지한다.

알려주세요

최근 말벌의 공격이 급증한 이유는?

원래 말벌은 곤충 생태계에서 최상위 포식자로서 한반도에 항상 존재했던 곤충이지만, 최근 들어 지구온난화로 인한 기후 변화가 잦아지면서 개체수가 증가하고 있는 추세다. 여름이 길고 폭염이 계속되거나 사계절 날씨에 예상 못한 변수가 있을 때 개체수가 좀 더 증가하기도 한다. 또한 우리나라는 도시화가 급속히 진행되어 자연 그대로의 숲은 줄어든 반면 도심의 공원이나 녹지 등이 상대적으로 늘고 있는데, 이 과정에서 곤충 생태계의 포식자인 말벌이 도심 환경에 적응하면서 주택가에도 자주 출몰하게 된 것이다. 한반도 날씨가 더워지고 있는 2000대 이후로 아열대종인 외래 말벌이 남부지방 도시지역에서 급증하면서 그 피해도 늘어나고 있다. 벌초나 성묘 때 벌에 쏘여 사망하는 사고, 꿀벌의 벌집을 초토화시켜 양봉농가에 피해를 주는 주요 원인이다.

■ 독사

독사를 피하기 위해서는?

- 습한 풀숲, 산과 농경지의 경계지역 등에는 뱀이 서식할 가능성이 높다.
- 수풀 지역을 지나가야 할 때는 장화, 발목을 덮는 신발, 장갑을 착용한다.
- 막대기로 풀숲을 헤치며 나아가거나 발목에 방울을 달면 뱀을 쫓는 데 도움이 된다.
- 뱀의 머리 모양이 뭉툭하면 독이 없는 뱀이므로 위험하지 않다.
- 머리 모양이 세모꼴이고, 물린 부위에 약 1cm 간격의 구멍 2개와 작은 이빨자국이 보인다면 독사일 가능성이 높다.

독사에 물렸다면?

① 안전한 장소로 옮기고 119에 즉시 신고한 후, 구조대원이 도착하기 전까지 응급조치를 취한다.
② 반지나 시계 등은 부기가 시작되면 빼기 어려우므로 미리 빼둔다.
③ 물린 부위를 깨끗한 물고 비누로 씻어낸다. 이때 물린 부위를 문지르면 독이 더 빨리 퍼지므로 문지르지 않는다.
④ 물린 곳보다 심장에 더 가까운 쪽으로 5~10cm 정도 떨어진 곳에 폭이 넓은 헝겊이나 끈을 압박하여 묶는다. 이때 너무 꽉 묶으면 피의 흐

름이 막혀 조직이 괴사할 수 있으므로, 볼펜이나 손가락을 넣을 수 있을 정도의 여유를 두고 묶는다. 바깥쪽에서 만져봤을 때 맥박이 느껴질 수 있을 정도면 된다.
⑤ 환자가 구토를 할 경우 고개를 옆으로 돌려 기도가 막히지 않도록 한다.
⑥ 이동할 때는 물린 부위를 심장보다 아래에 위치하게 하여 고정시킨다.

주의할 점

- 뛰어서 움직이지 않는다.
: 급하다고 뛰면 독이 더 빨리 퍼질 수 있으므로 걷는다.
- 물린 곳을 휴대용 칼로 절개하지 않는다.
: 세균감염, 조직손상, 파상풍을 유발한다.
- 입을 대고 독을 빨아내지 않는다.
: 입에 상처가 있거나 치아가 약할 경우 빨아내는 사람도 독에 감염될 수 있다.
- 물린 부위에 된장이나 담뱃재를 바르지 않는다.
: 된장 등 민간요법은 2차 세균감염을 유발할 수 있다.
- 물린 부위에 얼음을 직접 대지 않는다.
: 상처 부위를 더 손상시킬 수 있다.

■ 살인진드기

살인진드기의 정체는?

- 중국에서 국내로 유입한 '작은소참진드기'를 일컬으며 몸길이 3mm 정도다.
- 중증열성혈소판감소증후군(SFTS) 바이러스를 사람에게 감염시킨다. 즉 SFTS 바이러스에 감염된 진드기가 사람을 물 경우 발병할 수 있다.
- 4월~11월, 특히 한여름에 활동이 왕성하며, 수풀이나 잔디가 많은 곳, 근처에 가축이 있는 지역의 수풀 등에 서식하므로 야외활동 및 캠핑 시 주의한다.
- 살인진드기에 물렸다고 하여 무조건 감염되는 것은 아니나, 아직 치료제가 없고 치사율이 높다.
- 면역력이 약한 노약자와 어린이는 감염률이 높으므로 주의한다.
- 사람이나 동물의 피부에 달라붙어 장시간 피를 빨고 움푹 팬 상처를 남긴다.
- 2주 이내의 잠복기를 거쳐 고열, 설사, 구토, 식욕저하, 피로, 근육통, 두통, 호흡기질환, 혼수 등의 증상을 보인다.
- 주요 증상이 감기와 비슷하여 오인할 수 있으므로, 캠핑 등 야외활동 후 2주 이내에 해당 증상들이 나타나면 즉시 병원 치료를 받는다. 치료 백신은 없으나 증상 완화 치료를 받을 수 있다.

살인진드기에 물리지 않으려면?

- 야외활동 시 풀밭에서 피부를 노출한 채 장시간 활동하지 않는다.
- 잔디밭이나 수풀 위에 옷을 벗어두거나 눕지 않는다.
- 야외활동 시에는 긴 옷을 입고 텐트에는 방충망을 설치한다.
- 야외활동 시 반드시 해충퇴치제 및 진드기기피제를 바른다.
- 옷, 작업복, 토시에도 진드기기피제를 뿌리고, 소매와 바지 단을 여미고 장화를 신는다.
- 풀숲에 앉아 용변을 보지 않는다.
- 천연 계피스프레이에는 진드기를 죽이는 성분이 들어있으므로 유용하다.
- 수풀이 있는 지역에서 야외활동을 했다면 반드시 꼼꼼하게 샤워를 하고, 옷을 곧바로 세탁하며, 풀밭 위에 깔았던 돗자리와 텐트도 깨끗이 세척한 후 직사광선에 말린다.

■ 옻

옻 알레르기를 피하려면?

- 주로 칠공예나 약재 용도로 사용하나, 옻으로 인한 알레르기 반응은 흔한 편이므로 주의한다.
- 산행을 갈 때는 반팔, 반바지보다는 긴 소매, 긴 바지를 입고 모자와 등

산용 장갑을 착용하는 것이 좋다.
- 옻의 외형과 특징을 미리 알아두어 산행 시 접촉하지 않도록 참고한다.
- 옻닭 등 옻이 들어간 음식을 먹을 때는 충분히 건조 및 발효시킨 옻나무를 재료로 하여 안전하게 조리하는지를 미리 점검한다.
- 땀을 잘 흘리고 열이 많은 체질 및 간 질환 환자의 경우 옻이 안 맞거나 알레르기 반응이 올 가능성이 크므로 옻이 들어간 음식을 삼간다.

옻 알레르기 반응이 나타나면?

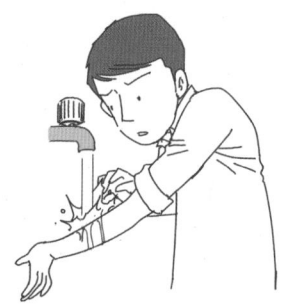

- 옻에 닿은 부분의 피부가 가렵거나 따갑고 수포가 생기는 경우, 옻이 들어간 음식을 먹은 후 목구멍이나 항문이 갑자기 가려운 경우 알레르기 반응이 시작된 것이므로 119에 신고하고 병원 치료를 받는다.
- 반응이 나타나는 부위를 깨끗한 물과 비누로 씻어내고, 해당 부위를 만진 손도 씻어낸다.
- 항히스타민 계열의 약을 먹거나 연고를 바른다.

알려주세요

야외활동 시 주의해야 할 독성 식물은?

청산가리 6,000배의 맹독성 '협죽도'

제주도와 남부지방에서 자생하는 협죽도는 잎에서 뿌리까지 전체가 맹독성을 지닌 식물로 유명하다. 줄기와 잎이 대나무와 비슷하고 여름에는 복숭아꽃을 닮은 화려한 붉은색 혹은 흰색의 꽃을 피워 조경수와 관상용으로도 많이 심어졌으나, 청산가리의 6,000배에 달하는 강력한 독을 지녀 예로부터 독화살과 사약의 원료로 사용되었다. 수학여행을 갔던 학생이 젓가락 대신 협죽도 줄기로 식사를 하다 사망한 사건이 있었으며, 최근에는 지인의 보험금을 노리고 협죽도와 투구꽃 달인 물을 먹여 사망에 이르게 한 사건이 있었다. 강심제나 진통제의 약재로도 쓰였지만 워낙 독성이 강해 양 조절을 잘못하면 매우 위험하다. 야외활동을 하다 만지면 피부 알레르기를 일으키고, 나뭇잎을 소량 섭취해도 구토, 현기증, 심장마비를 일으키거나 사망할 정도로 위험하므로 만지거나 입에 넣지 않도록 주의해야 한다.

호흡곤란과 마비를 유발하는 '아이비'

삼각형의 예쁜 초록색 잎을 가진 흔한 덩굴식물이자 실내 관상용 식물로도 많이 키우고 있지만, 잎을 따먹을 경우 마비와 호흡곤란을 일으키고 잘못하면 사망에 이를 수 있을 정도의 독성을 지닌 식물이므로 주의해야 한다. 피부가 민감한 체질을 지녔다면 아이비 잎에 접촉했을 때 알레르기 반응을 일으킬 수 있다.

독화살의 원료인 죽음의 꽃 '투구꽃'

여름에 피는 보라색 꽃이 마치 고대 로마 병사의 투구 모양을 닮았다 하여 투구꽃이라 불린다. 우리나라에서는 예로부터 초오 혹은 부자라는 이름의 약재로 쓰이기도 했고 독성이 강해 사약의 원료로도 사용되었다. 미나리아재비과의 식물 중 독성이 가장 강한 것으로 알려져 있으며, 일본의 아이누 족과 어부들은 화살이나 작살에 투구꽃의 독을 발라 사냥하는 데 썼다고 한다. 뿌리의 독성이 가장 강하나 잎과 꽃잎에도 독성이 있으므로 주의해야 한다.

봄철에 주의해야 할 각종 나물의 독성

흔히 봄에 나물로 많이 먹는 고사리, 두릅, 원추리 등은 끓는 물에 데치지 않으면 인체에 해로운 식물 고유의 독성을 그대로 섭취하게 되므로 절대 생식하지 말고 데쳐서 조리해야 한다. 씀바귀, 달래, 돌나물 등은 흐르는 물에 깨끗이 씻지 않을 경우 식중독을 유발하는 가장 흔한 식재료다. 도로변이나 공해가 많은 도심에서 자생하는 쑥 등의 나물에는 납을 비롯한 중금속이 다량 함유되어 있으므로 함부로 채취하여 먹지 않아야 한다.

 가을철 야외활동 주의보! '쯔쯔가무시병' 이란?

주로 가을철(9~11월) 풀숲에서 농사, 성묘 등 야외활동을 할 때 진드기 유충에 물려 발병하는 것으로, 오리엔티아 쯔쯔가무시균(Orientia tsutsugamushi)에 의해 발생하는 감염성 질환을 일컫는다. 물린 부위에 딱지 형태의 궤양이 나타나는 것이 큰 특징이다. 10일 정도의 잠복기를 거쳐 감기와 비슷한 두통, 고열, 구토, 림프절 비대증 등이 나타났다가 발열 후 일주일 정도 지나 암적색 구진이 전신의 피부에 퍼진 후 딱지가 앉는다. 항생제를 처방받아 치료받으면 이틀 이내에 호전되지만, 치료하지 않고 방치할 경우 뇌수막염 등 심각한 합병증이 동반되고 심하면 사망할 수 있다. 가을철 야외활동 시 진드기 예방 수칙을 반드시 지키고, 고열 등 이상증세 발병 시 즉시 병원 치료를 받아야 한다.

■ 해파리

해수욕장에서 해파리를 피하려면?

- 최근 한반도 연안의 수온이 상승하여 해변에 해파리가 자주 출몰하고 그 종도 다양해지고 있으므로 해수욕할 때 주의한다.
- 바닷가에서 해파리가 보이면 즉시 물 밖으로 피한다.
- 해파리에 물렸을 경우 개개인의 체질 및 해파리 독성의 정도에 따라 구토, 호흡곤란 등 2차적인 증상이 나타날 수 있으므로 병원 치료를 받는다.
- 해수욕을 할 때는 해파리 피해를 대비해 항히스타민제나 연고를 준비해두면 유용하다.

해파리에 쏘였을 때는?

- 해파리의 독은 촉수를 통해 전달되므로, 수건 등으로 머리를 밀어내 떼어낸 후 즉시 물 밖으로 나온다.
- 해파리에 쏘이면 독성의 작은 침이 피부에 무수히 박혀 있는 상태이므로, 긁거나 문지르거나 찬물이나 알코올을 뿌리면 독을 더 퍼뜨릴 수 있다.
- 바닷물로 씻는다.
: 생수나 찬물이 아닌 바닷물로 해당 부위를 씻어낸 후 항히스타민 연고를 바르고 병원으로 이동해 치료를 받는다. 흔히 벌레에 물렸을 때 바르는 물파스는 항히스타민제 성분과 소염제가 들어 있기 때문에 통증을

가라앉히는 데 도움이 된다.
- 소변을 뿌리지 않는다.
: 해파리에 쏘인 부위에 소변을 뿌리는 민간요법은 다양한 해파리의 종과 독성 성분 차이에 따라 오히려 증상을 악화시킬 수 있으므로 자제한다.

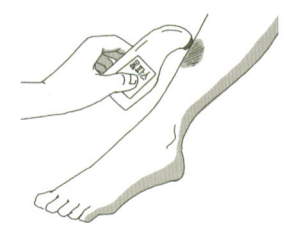

알려주세요

한반도 연안이 해파리 천국이 된 이유는?

2000년대 이후 우리나라 연안이 해파리 천국이 되었다. 여름철 피서객이 해수욕 중 독성 해파리에 쏘이는 피해가 최근 10년간 급증했고, 남해안에서 그물을 끌어올리면 '물 반 해파리 반' 일 정도로 개체수가 많아 조업을 방해하고 어구를 망가뜨리는 등 어업에도 막대한 피해를 끼치고 있다. 원자력발전소 취수구를 막아 발전소 가동에 악영향을 끼치기도 한다.

가장 큰 피해를 끼치는 외래 열대종인 노무라입깃해파리는 성체 직경이 1~2m, 무게가 200kg을 넘을 정도의 대형으로서, 한반도 연안 바닷물 수온이 올라가면서 중국으로부터 우리나라 남해안으로 유입되었다가 이제는 출몰 시기도 빨라지고 개체수도 급격히 늘었다. 크기도 크고 맹독성이라 가장 위험한 종으로 알려져 있는데 점차 한겨울을 제외하고는 연중 출몰하는 추세다. 상자해파리는 바다의 말벌이라 불릴 정도로 맹독성 독을 지녔으며, 이밖에도 다양한 크기와 독성을 지닌 해파리들이 새로이 출몰 중이다.

해파리 개체수가 급증한 이유는 온난화로 인한 수온 상승, 천적 감소, 한 번에 1억 개 이상의 알을 낳는 엄청난 번식력, 바다 속 환경 변화 등 복합적이다. 개복치, 쥐치, 거북 등의 해파리 천적 개체수가 포획으로 인해 줄어든 것도 큰 원인이다. 최근에는 해파리 퇴치 로봇을 개발하고 있기도 하나, 해파리에 관해서는 그 생태와 성장과정에 대한 연구가 아직 미비한 편이라 당분간 우리나라 바닷가의 골칫거리로 존재할 것이라 예상된다.

자전거 안전사고

자전거 이용 및 자전거를 이용한 출퇴근 등이 증가하면서 안전사고가 잦아지고 있으며, 어린이와 성인의 사고 건수가 모두 증가하고 있다. 자전거 운행 중의 사고로는 충돌사고 혹은 자동차와 충돌한 상해사망사고가 많으며, 상해 시에는 주로 머리, 얼굴, 치아, 발, 손 등에 타박상과 골절상을 입는다.

운전 전에는?

- 자전거 구입 시 안전인증마크 여부 확인하기
- 자신의 신체 사이즈에 맞는 자전거 타기
- 어린이의 경우 연령과 신체 사이즈에 맞는 자전거와 헬멧 고르기

- 어린이의 경우 헬멧, 팔꿈치 보호대, 무릎보호대를 반드시 착용하고 타기
- 타이어, 브레이크, 안장 높이, 체인 작동 상태 등을 주기적으로 정비하기
- 안정장비(헬멧, 전조등, 후미등, 반사시트, 벨) 반드시 갖추기
- 응급용품(붕대, 밴드, 소독약) 소지하기
- 끈이 풀어지지 않은 잘 맞는 신발 신기

운전할 때는?

- 자전거 전용도로 혹은 도로 가장자리 이용하기
- 자전거로 출퇴근할 경우에는 코스를 충분히 파악하고 출발하기
- 보행자 우선시하기 : 보행자가 보이면 반드시 속도 줄이기
- 과속하지 않기
- 짐은 짐받이에 싣기
- 휴대폰 통화나 이어폰 사용은 하차 후에 하기

안전운행을 위해서는?

- 교차로, 좌·우회전, 차선 바꿀 때 정확한 수신호 보내기
- 차량과 같은 방향으로 주행하기
- 우측통행하기
- 골목길에서 큰길로 나가기 전 반드시 정지하기
- 여럿이 운행할 경우 간격을 두고 일렬로 가기
- 도로 횡단 시에는 오른쪽으로 내려서 자전거를 끌고 횡단보도 이용하기
- 야간에는 전조등, 후미등 켜기

✅ 이것만은 꼭 알아두자

도로교통법상 자전거는 차량에 속한다.

- 자전거 운행 시 도로교통법을 준수해야 한다.
- 운행 중 사고가 나면 경찰에 신고해 교통사고 조사를 받는다.
- 자동차는 차선 중앙으로, 자전거는 도로 우측 가장자리로 통행한다.
- 자전거 전용도로가 없는 곳에서는 도로의 인도 쪽 가장자리가 자전거 전용도로 기능을 한다.
- 자전거에서 내려 끌고 가는 경우 운전자가 아닌 보행자가 되며, 끌고 갈 때는 보도와 횡단보도를 이용할 수 있다.
- 오토바이가 자전거 전용도로로 통행하다 자전거와 충돌하여 사고가 날 경우 책임은 오토바이 운전자에 있는 경우가 많다.

Point 절대 금물! 위험을 초래하는 행동

- 어린이는 시야가 좁고 판단력이 취약하므로 가급적 야간에 자전거를 타지 않게 한다.
- 자전거 한 대에 성인 2명이 동시에 타지 않는다. (13세 이하는 1명까지 동반 가능)
- 내리막길에서의 과속은 절대 금지한다.
- 차도나 보행자 근처에서 자전거를 타고 묘기를 부리거나 핸들을 놓고 운전하는 장난을 치지 않는다.
- 짐을 많이 싣거나, 손에 물건을 들거나, 핸들에 물건을 걸고 운전하지

않는다.

- 우산을 쓰고 운전하지 않는다.
- 잘 벗겨지는 슬리퍼나 끈 풀린 신발을 신고 타지 않는다.
- 성인의 경우 음주운전을 하지 않는다.

알려주세요

'자출족'이라면 자전거 보험에 들어야 하는 이유는?

강변이나 도로를 따라 자전거로 장거리 하이킹을 즐기는 인구가 늘어나고, 자전거로 출퇴근을 하는 '자출족'이 급격히 늘어나고 있다. 곳곳에 자전거 전용도로가 생겨 편의를 돕고 있지만, 자전거를 일상적으로 이용하는 문화가 완전히 정착되지 않은 상태라 자전거 관련 사고와 이로 인한 분쟁도 잦아지고 있다.

자전거 사고는 단순히 어린이나 청소년이 넘어지거나 부딪쳐 가볍게 다치는 정도를 넘어 엄연한 교통사고로 분류된다. 만약 타인에게 큰 부상을 입히는 등 사고를 냈을 경우 법적인 책임을 지게 되므로 주의해야 한다.

최근에는 여러 보험사에서 자전거 보험을 판매하고 있는데 자전거로 출퇴근을 하거나 이용이 잦은 사람(일반적으로 15세 이상~60세 이하)이라면 자전거 보험에 들어두는 것이 도움이 된다. 또 전라도와 경기도 일부 지역 등 지자체 별로 아예 자전거 보험을 들어둔 지역도 있으니 거주 지역 지자체에 확인해봐야 한다.

자전거 보험의 보장 내용은 보험사마다 조금씩 다르지만, 일반적으로 피보험자의 상해나 사망사고, 입원 시 입원일당(대개 180일 이내 한도), 자전거 사고로 인해 타인의 신체나 재물에 피해를 입혀 배상해야 하거나 벌금 혹은 구속되어 합의를 봐야 할 때 들어가는 비용 등을 보장한다. 단, 고의로 사고를 냈거나, 자전거 경기 중 사고가 났거나, 산악자전거 레저 활동이거나, 직무상 자전거를 타다 사고가 난 경우 등은 보상하지 않으므로 약관을 꼼꼼히 살펴보아야 한다. 또한 자동차사고가 났을 때는 일반적으로 보험사 직원이 바로 출동하지만 자전거사고의 경우 아직까지는 직원이 출동하지 않는 것이 일반적이므로 반드시 경찰에 먼저 신고해야 한다.

자동차의 수상 추락

강이나 호수, 바다 근처의 도로를 운행하던 중 도로가 침하된 것을 미처 보지 못했거나 자동차 자체의 기계 결함이나 오작동 문제로 갑자기 물속으로 추락할 수 있다. 인명사고로 이어질 수 있으나 침착하게 대처할 경우 탈출할 수 있다.

- 강가, 호숫가, 바닷가의 도로를 운행할 때는 도로 상태에 유의하고 서행운전한다.
- 차가 물속에 가라앉으면 외부 수압이 작용해 문을 열 수 없게 되므로, 추락하는 순간 최대한 빨리 수면에 가까운 창문을 연다.

▶ 위급상황 행동요령

- 안전벨트를 푼다.
- 차체가 물에 완전히 잠기지 않았다면 창문으로 탈출을 시도한다.
- 의식을 잃은 동승자가 있을 경우, 자동차 안에 물이 2/3 이상 차기를 기다렸다가 문이나 창문을 통해 차 밖으로 밀어내어 구출한다.

- 차체가 물에 완전히 잠겼다면 앞 유리를 발로 여러 번 차거나 망치, 차량 소화기 등의 단단한 도구를 사용하여 창을 깨뜨린다.
- 탈출 과정에서 팔다리를 허우적거리다 장애물에 부딪혀 골절상을 입을 위험이 크므로 가급적 팔을 모은 자세로 탈출한다.
- 대부분의 차는 엔진이 앞에 있어 비스듬하게 앞쪽으로 기울어지면서 가라앉다가 수심

이 5미터가 넘으면 뒤집혀 바닥에 처박힐 수 있다. 차 안에 물이 찬 상태에서 거꾸로 되어 있다면 안전벨트를 풀고 중력 방향으로 몸을 돌리기를 시도한다.
- 창문을 내릴 수 없거나 깨뜨릴 수 없을 경우 차 안에 물이 머리까지 차오르면 차 안팎의 압력이 같아져서 문을 열고 탈출할 수 있다.

Point 절대 금물! 위험을 초래하는 행동

- 차 안에 물이 차지 않은 상태에서는 압력의 차이로 인해 유리창이 깨지거나 문이 열리지 않으므로 무리하게 시도하다 탈진하지 않도록 한다.
- 수심 3미터 이상의 깊은 물속까지 차가 가라앉은 상태에서 탈출을 시도할 경우, 차 밖으로 나오자마자 수압 차이로 인해 고막과 장기 손상을 입을 수 있다. 따

라서 차 안에서 물이 차오를 때 물속에 머리를 여러 번 넣으며 코와 입을 막고 강하게 공기를 불어 수압에 몸을 적응시킨 후 차 밖 수중으로 탈출한다.

알려주세요

자동차 추락사고의 유형, 미리 알아두고 조심하자

운행 도중 자동차가 갑자기 도로를 벗어나 추락하는 사고의 유형에는 여러 가지가 있다. 사고의 주된 원인으로는 급발진이나 브레이크 고장 등 차량 결함, 도로의 포트홀 등 갑작스러운 장애물 출현, 졸음운전, 운전 미숙 등 다양하다. 추락사고의 종류에는 다음과 같은 것들이 있다.

- 바닷가 선착장이나 해안 도로, 강변 도로, 호숫가 도로 등 물가를 주행하다 수상으로 추락하는 사고
: 바다, 강, 호수 등 물이 있는 주변 도로를 달리다 추락하는 사고의 주요 원인은 도로 문제와 차량 결함이다. 드라이브를 하던 중 운전 실수로 추락하는 경우도 많으므로 물가를 지날 때는 각별히 유의해야 한다.

- 주행 도중 교량이나 고가도로 아래로 추락하는 사고
: 교량이나 고가도로 아래로 추락할 경우 운전자와 동승자가 사망하는 대형사고가 될 수 있다.

- 산악지대 커브도로에서 주행 도중 낭떠러지나 계곡 아래로 추락하는 사고
: 산이 많고 지대가 높은 지역의 도로는 커브가 많고 낭떠러지 위험이 크므로 반드시 서행 운전해야 한다.

- 차량용 엘리베이터에서 주차하다 추락하는 사고
: 최근 높은 건물의 지상 주차장이 증가하여 차량용 승강기를 이용하다 주차 미숙 혹은 급발진으로 인해 차량과 함께 승강기 통로로 추락하는 사고가 급증하고 있다. 운전이 미숙한 운전자는 차량용 엘리베이터를 이용해야 할 경우 주차요원에게 도움을 청하는 것이 좋다.

바다낚시

바다낚시는 갯바위에서의 추락 및 고립, 갑작스러운 너울성 파도로 인한 안전사고가 매우 흔하며, 선상에서 낚시를 하는 경우에도 해상의 악천후 및 안전 불감증으로 인한 조난사고 위험이 크다. 초보자는 물론이고 경험이 풍부한 사람이라 할지라도 방심하지 말고 만반의 준비를 갖춰야 한다.

예방하려면?

바다낚시 가기 전에는?

- 해상 및 인근 지역의 일기예보와 기상정보를 파악한다.
- 태풍이 오기 전에는 기상변화가 심하므로 낚시 일정을 잡지 않는다.
- 정확한 간조와 만조 시간을 파악한다.
- 사전에 가족이나 지인에게 일정과 행선지를 알린다.
- 휴대폰은 여분의 배터리를 준비한다.
- 휴대폰을 방수팩에 보관하여 위급상황에서 물에 젖지 않도록 한다.

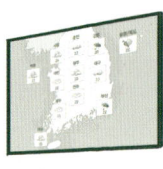

- 방수팩, 구명복, 휴대용 라디오, 랜턴, 낚시용 신발 등 해상 조난 장비를 갖춘다.
- 배를 탈 때 및 갯바위 낚시를 할 때 반드시 구명조끼를 착용한다.
- 갯바위 낚시 혹은 밤낚시를 할 때는 2인 이상 동행한다.
- 갯바위는 발밑이 미끄러우므로 주의한다.

➡ 위급상황 행동요령

해양 긴급신고는 122

- 바다에서 사고를 당하여 구조 요청을 할 경우 122(해양긴급신호)로 신고한다. 119로 신고해도 무방하나 소방본부를 통해 신고 접수가 연결되기 때문에 122가 더 신속할 수 있다.

✏ Point 절대 금물! 위험을 초래하는 행동

- 기상 악천후가 예상될 경우 무리하게 일정을 강행하지 말고 즉시 철수한다.
- 낚시 도중 음주를 삼간다.
- 인명구조장비를 갖추지 않은 무허가 어선은 타지 않는다.
- 낚시 경험이 많다고 하여 자만하지 말고, 안전에 대한 대비를 철저히 한다.
- 초보자는 추락 위험이 높은 갯바위 낚시를 가급적 자제하고, 경험자라 하더라도 물이 올라왔던 흔적이 있는 갯바위는 피한다.

알려주세요

바다낚시에서 사고를 자초하는 주요 유형은?

- 낚시어선 승선 시 안전수칙을 지키지 않는 행동

최근 바다낚시를 즐기는 인구는 늘어나는 데 반해 낚시어선 운항 종사자들과 이용객들의 안전 불감증은 심각한 수준이다. 정원을 초과하여 승선하는 것, 음주 후 운항하는 것, 출항을 신고하지 않고 운행하는 것, 승객들이 구명조끼를 입지 않는 것, 금지구역에서 낚시하는 것 등 대부분 기본적인 안전수칙을 지키지 않아 사고로 이어질 수 있고, 낚싯배가 전복되거나 좌초되었을 때 신속하게 구조되는 것을 막는 원인이 된다.

- 갯바위 낚시에서의 부주의

갯바위 낚시는 바다낚시 매니아들이 가장 선호하는 낚시의 형태이지만 발을 헛디디거나 갑자기 몰려오는 너울성 파도에 의해 사망으로 이어지는 사고가 많다. 갯바위에 오를 때는 미끄러지지 않도록 반드시 갯바위 전용 장화(펠트화)를 신어야 하며, 날씨가 좋은 경우에도 갑자기 파도가 덮칠 수 있으므로 유의해야 한다. 또한 무거운 짐을 지고 이동하거나 혼자 낚시하는 행위, 안전장비를 갖추지 않는 것 등은 사고를 자초하는 주요 원인이다.

- 테트라포트에서의 추락사고

4개의 뿔 모양으로 되어 있는 방파제의 테트라포드는 파도의 충격을 일차적으로 상쇄해 방파제를 보호하는 역할을 하는 인공 구조물이다. 위치상 바닷가에서 낚시를 하기 좋은 곳에 있어 많은 낚시꾼들이 위험을 무릅쓰고 테트라포트 사이를 건너 이동하기도 한다. 그러나 표면이 매우 미끄럽고 아래쪽이 미로처럼 복잡하게 되어 있어 틈 사이로 한 번 추락하면 그대로 사망으로 이어지거나, 구조되기 매우 어려운 위험한 지대이기도 하다. 또한 거센 파도를 지속적으로 맞는 구조물이기 때문에 불시에 부식되거나 붕괴될 수도 있다. 그럼에도 불구하고 테트라포트를 안전한 곳이라고 착각하는 낚시꾼들이 많아 매년 100건 가까운 추락 및 안전사고가 발생하고 있다.

얼음낚시

호수나 저수지에서 얼음낚시를 할 때 가장 위험한 사고는 얼음이 녹아 갈라지거나 깨지면서 물에 빠지는 사고다. 얼음의 두께를 충분히 확인 하지 않은 상태, 해빙기로 넘어가는 시기의 얼음낚시는 안전사고로 이 어질 수 있으므로 자제한다.

얼음에 발을 디디기 전에는?

- 호수 전체가 완전히 얼어있는 상태여야 한다.
- 얼음의 두께는 5~7cm 이상이어야 한다.
- 끌 등으로 찍어보아 얼음이 단단한지 확인한다.
- 페트병, 아이스박스 등은 임시 구명 장비로 활용할 수 있으므로 준비 하는 것이 좋다.

▶ 위급상황 행동요령

다른 사람이 얼음 구멍에 빠졌다면?

- 큰 소리로 주변에 알리고 119에 신고한다.

- 밧줄, 로프, 장대, 긴 나뭇가지 등 주변의 도구를 물에 빠진 사람에게 던져 잡도록 한다.
- 구조할 때는 빙판 위에 엎드린 자세로 구조하되 반드시 구명복을 입는다.
- 구조한 후에는 담요 등으로 체온이 떨어지지 않게 한다.

내가 얼음 구멍에 빠졌다면?

- 몸이 가라앉지 않도록 팔을 뻗는다.
- 겨울에는 여러 겹의 옷과 외투로 인하여 부력이 있으므로 침착하게 탈출을 시도한다.
- 들어왔던 방향을 향해 몸을 돌린다.
- 팔꿈치를 사용해 얼음 구멍의 가장자리로 몸을 돌린다.
- 주변에 페트병이나 아이스박스 등 부력이 있는 물체가 있으면 붙잡는다.
- 휴대용 칼이나 열쇠 등 뾰족한 쇠붙이 물체로 얼음판을 찍어 고정점을 만들고, 상체와 하체 순으로 천천히 빠져나온다.
- 구멍에서 나온 후에는 체중이 고루 분산되도록 엎드려서 복부를 얼음 위에 붙이고 두꺼운 얼음 방향으로 기어간다.

 Point 절대 금물! 위험을 초래하는 행동

- 정오부터 한낮에는 빙질이 가장 약해지므로 많은 인원이 얼음 위에 모

여 있지 않도록 주의한다.
- 안전사고 위험이 높은 밤에는 낚시하지 않는다.
- 구멍을 뚫을 때 '빠지직' 하는 갈라지는 소리가 나는 지점에서 하지 않는다.
- 얼음의 상태를 육안으로 식별하는 어렵다면 더 이상 들어가지 않는다.
- 전날 뚫어놓았던 얼음 구멍이 눈에 띄지 않을 경우 녹아 없더진 것일 수 있으므로 진입하지 않는다.

알려주세요

어린이 겨울 스포츠의 안전사고를 예방하려면?

눈썰매장, 스키장, 스케이트장 등 자녀들을 데리고 각종 겨울 스포츠를 체험하게 할 때에는 눈, 빙판, 추위로 인한 안전사고를 예방하기 위해 다음과 같은 사항을 지켜야 한다.
- 스키장이나 눈썰매장에서는 경사가 완만한 유아 전용 코스나 어린이 전용 코스를 이용하도록 한다.
- 복장이 방해가 되지 않도록 한다. 겨울에는 외투가 두꺼워 몸 움직임을 둔하게 할 뿐만 아니라, 움직이는 도중 목도리나 모자의 끈, 외투 자락 등에 걸려 넘어지는 사고가 잦으므로 놀기 전에 미리 매무새를 정리해준다.
- 보호 장구를 착용한다. 어린이가 빙판에서 넘어져 골절이나 염좌 등의 사고를 당할 수 있으므로 무릎 보호대와 장갑을 착용하게 한다.
- 어린이를 혼자 두지 않는다. 스키장이나 눈썰매장에서 슬로프에 부딪치거나 다른 사람과 충돌하여 부상을 입는 경우가 많으므로 반드시 보호자가 곁을 지킨다.
- 눈이나 빙판에서 놀 경우 손발과 하체가 젖으면 동상과 감기에 걸릴 수 있으므로 바지와 장갑은 방수와 방한이 동시에 되는 것을 준비하고, 갈아입을 수 있는 여벌의 옷도 준비한다.
- 스케이트나 눈썰매를 탈 때에는 1시간마다 10분 이상 휴식을 취하게 하고 따뜻한 음료를 마시게 한다.

제초기

잡초나 잔디를 깎는 용도로 쓰이는 제초기는 자칫 잘못하면 손발을 베이거나 손가락, 발가락 등 신체 일부의 절단, 실명 등 심각한 상해사고를 유발할 수 있다. 제초기를 사용할 때는 안전수칙을 반드시 지키고 상해를 입었을 때는 신속한 응급조치를 취한다.

예방하려면?

- 보호용 보안경, 얼굴 전체를 덮는 안면 보호대, 장갑과 장화, 무릎 보호대 등 보호 장비를 착용한다.
- 안전성 인증 마크가 있는 제품을 사용한다.
- 사용 전에는 볼트, 너트가 단단히 조여져 있는 확인한다.
- 철제보다 나일론 날이 안전하다.
- 사용 전에는 칼날 덮개를 씌운다.
- 제초 작업 중에는 반경 15미터 이내에 사람의 접근을 막는다.
- 돌이나 나무가 많은 곳, 비탈진 곳에서 작업할 때는 장애물을 건드려 날이 부러지거나 파편이 튈 수 있으니 주의한다.

- 제초작업을 잠시 멈추거나 다른 장소로 이동할 때는 엔진을 끈다.
- 주변에 벌집이 있지 않은지 점검한다.

▶ 위급상황 행동요령

출혈이 심하다면?

- 즉시 119에 신고한다.
- 깨끗한 물로 오염물질을 씻어내고 소독약을 바른 후 깨끗한 천으로 압박한 상태에서 최대한 빨리 병원 치료를 받는다.
- 출혈 부위에서 가까운 동맥 부위를 압박한다.

신체 일부가 절단되었다면?

- 잘려나간 부위를 흐르는 깨끗한 물로 씻어내고 소독약을 바른다.
- 깨끗한 천으로 감싸 지혈하고 심장보다 높이 올린다.
- 절단 부위보다 약간 위쪽을 묶어 압박하되, 너무 세게 압박하면 피부 조직이 괴사되므로 주의한다.

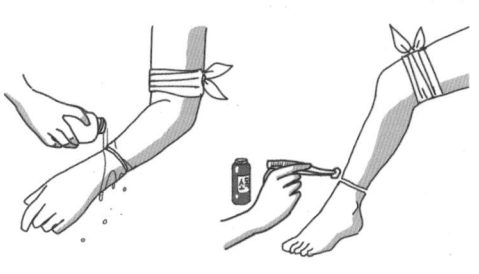

3장 **수학여행** 및 **야외**에서 발생하는 안전사고 **예방법**

절단된 마디를 찾았다면?

① 발견 즉시 깨끗한 물로 씻어 불순물을 제거한다.
② 물이나 생리식염수를 적신 천에 싼다.
③ 비닐봉지에 싼다.
④ 얼음이 담긴 찬물에 넣는다.
⑤ 최대한 빠른 시간 내에 병원으로 이동하여 봉합수술을 받는다.

기억해야 할 것

- 절단된 신체 조각을 물에 직접 담그지 않는다.
: 물에 직접 담글 경우 피부 조직이 불어 혈관을 연결하기 어려워진다. 반드시 천과 비닐에 싼 상태에서 찬물에 담근다.

- 절단된 신체 조각을 얼음에 직접 닿게 하지 않는다.
: 얼음에 직접 닿게 보관할 경우 피부 조직이 얼어 괴사되므로 얼음이 아닌 얼음 담긴 찬물에 간접적으로 보관한다.

 Point 절대 금물! 위험을 초래하는 행동

비위생적 민간요법은 절대 금한다

- 베이거나 절단된 부위에 술을 붓거나 된장 등을 바르는 민간요법은 오히려 2차 감염을 유발할 수 있으므로 절대 금한다.

알려주세요

국내여행 차량운전 시 주의사항

■ **출발 전에는?**

- 운전 하루 전에는 음주를 자제하고 잠을 충분히 자두어 장거리 운전에 대비한 신체 컨디션을 조절한다.
- 차량점검은 여행 전에 미리 해둔다. (엔진오일, 타이어 점검, 타이어 공기압 점검, 브레이크 오일, 냉각수 등)
- 초행길일 경우 도로 정보와 특성을 미리 조사하고 알아둔다.

■ **출발 후에는?**

- 전 좌석 안전벨트를 착용한다.
- 과속, 신호위반 등 기본적인 교통법규를 철저히 지킨다.
- 졸음운전을 하지 않고, 졸음이 올 경우 가까운 휴게소에서 휴식을 취한다. (2시간 운전+10분 휴식)
- 운전 중에는 휴대폰 사용(통화, 문자메시지 확인, 메신저 확인 등) 및 DMB 시청을 절대 금한다.
- 주간에도 전조등을 켜면 교통사고율을 감소시킨다.
- 기상상황이 안 좋을 경우(눈, 비, 악천후, 안개) 안개등을 켜고 서행 및 안전운전한다.
- 산악지대나 커브가 많은 도로를 운행 시, 수시로 경음기를 울려 다른 차량과의 사고에 대비하고 서행한다.
- 지방의 국도 등을 지날 때는 도로를 운행하는 농기계와 사고가 나지 않도록 서행 및 안전운전한다.
- 관광지 등 혼잡한 장소나 갓길에 주정차 할 경우, 다른 차량 및 보행자와의 안전사고에 각별히 유의한다.

일상생활에서 누구나 언제든지 겪을 수 있는 재난은 바로 내 집에서의 안전사고일 것이다. 그중 가장 흔한 사고가 전기 및 가스사고 및 이로 인한 가정집 화재이며, 아파트나 자주 이용하는 공공시설의 승강기 사고도 그 빈도수가 높은 편이다. 또한 가족이 함께 이동하는 주요 수단인 차량 관련 사고에 있어서도 가정에서 미리 점검하고 대비하지 않을 경우 큰 피해로 이어질 수 있다.

Part 4

우리집에서 자주 발생하는 사고 해결법

전기사고 : 누전, 감전, 정전

일반적으로 화재 발생의 가장 큰 원인은 전기로 인한 화재로서, 그 중 누전, 합선, 과열, 접촉 불량이 주요 원인이다. 이용자 부주의로 인한 감전사고는 생명에 지장을 줄 수 있어 대단히 위험하며, 정전사고가 발생했을 경우 추가사고가 발생하지 않도록 유의해야 한다.

누전

누전이란?
- 전기 배선이나 전선의 피복이 손상되어 철근이나 전기기구의 금속 부분을 통해 비정상적으로 전기가 흐르는 것

누전의 징후는?
- 전기를 사용하지 않는데도 계량기가 돌아간다.
- 벽이나 수도꼭지에 전기가 흐른다.
- 집안에 전등이 잘 켜지지 않는 곳이 있다.
- 전기요금이 갑자기 많이 나온다.

누전을 예방하려면?
- 건물 및 대용량 전기기구에 배선 별로 누전차단기를 설치한다.
- 전선이 금속 물체나 젖은 구조물에 직접 접촉되지 않도록 배선한다.

합선

합선이란?
- 옥내 배선이나 배선 기구의 용량을 무시하고 전기기기를 과다 사용하여 열이 발생하여 전선의 피복이 녹아 두 전선이 붙은 것

합선을 예방하려면?
- 규격에 맞는 전선을 사용한다.
- 낡은 전선은 새 것으로 교체한다.
- 퓨즈나 과전류 차단기는 반드시 정격 용량을 사용한다.
- 스위치, 배전반 등의 내부를 정기 점검한다.
- 전선이나 기기 근처에 가연성 물질을 두지 않는다.
- 못이나 스테이플러 등으로 전선을 고정하지 않는다.
- 배선에는 보호관을 사용한다.
- 전기제품에 먼지가 많이 쌓일 경우 불이 붙을 수 있으므로 먼지 청소를 자주 한다.

과열

전기 과열 화재를 예방하려면?

- 전기기기를 사용하지 않을 때는 반드시 플러그를 뽑는다.
- 전기장판 등은 장시간 켜두지 않는다.
- 전열기 등은 온도조절기를 사용하고 고장 여부를 점검한다.
- 백열전구 주변에 가연물을 두지 않는다.
- 전선과 전선, 단자와 전선 등 접속부위를 단단히 조인다.

여름철 선풍기 과열을 방지하려면?
- 선풍기를 켜놓고 외출하거나 잠들지 않고, 타이머로 조절한다.
- 선풍기를 오랜만에 작동시킬 경우 내부와 모터의 먼지를 청소한다.
- 날개 회전, 모터 소리, 냄새, 발열 등이 정상인지 점검한다.
- 선풍기 위에 빨랫감 등을 올려놓지 않는다.
- 날개 균형이 맞지 않으면 불꽃이 튀어 화재로 이어질 수 있으므로 주의한다.
- 벽설이 및 천장에 부착된 선풍기의 경우 안전하게 부착되어 있는지 점검한다.

 전기 난방기기로 인한 저온화상, 이렇게 예방하자

- 겨울철 온열기(전기장판, 옥돌매트 등) 사용 시 섭씨 40도 이상의 열에 피부가 장시간 노출될 경우 피부조직이 괴사되는 저온화상을 입을 수 있다.
- 피부에 직접 닿는 전기기기를 1시간 이상 사용하거나 가까이 둘 경우 피부에 열성

홍반이 발생할 수 있으며, 이 경우 즉시 병원 치료를 받는다.
- 당뇨 환자의 경우 피부 감각이 무뎌 저온화상에 취약하다.
- 노트북을 피부 가까이 혹은 맨살에 올려놓고 사용 시 화상을 입을 수 있다.
- 전열기는 거리를 유지하고 시간을 조정한다.
- 춥다고 전기장판을 장시간 켜놓거나 전열기를 과도하게 사용하지 않는다.
- 술 취한 상태에서 전기장판을 틀고 잠들지 않는다.
- 겨울에는 전기장판 이용을 자제하고 문풍지, 필름 등 각종 단열용품을 사용한 실내 단열을 한다.

감전

감전이란?
- 인체에 전류가 흘러 상해를 입히는 것으로, 외상이 심하지 않더라도 뇌와 심장에 타격을 주어 자칫하면 사망에 이를 수 있다.

감전사고를 예방하려면?
- 젖은 손으로 전기기기를 만지지 않는다.
- 누전차단기를 설치한다.
- 문어발식 배선을 하지 않는다.
- 자동개폐기 차단 테스트를 정기적으로 한다.
- 배선용 전선을 중간에 연결하거나 함부로 접속하지 않는다.
- 어린이나 애완동물이 노출된 전선을 직접 만지거나 장난치지 않도록

전선에 안전장치를 하고 멀티탭에 안전덮개를 씌운다.

감전 환자가 있을 때는?
- 환자를 바로 만지지 말고 고무장갑 등을 끼고 접근한다.
- 의식이 없다면 곧바로 119에 신고하고 심폐소생술로 응급처치를 한다.
- 감전의 경우 겉으로 보이는 화상보다 장기손상 등 내상이 클 수 있으므로 반드시 병원 치료를 받는다.

정전

우리 집만 정전이 됐다면?
- 즉시 플러그를 뽑고 스위치를 끈다.
- 옥내 주택용 분전반의 누전차단기 또는 개폐기의 이상 유무를 확인한다.
- 옥내 전기 설비에 이상이 있으면 전기공사업체에 수리를 의뢰한다.
- 옥내 전기설비에 특별한 이상이 없으면 한전에 연락한다.

이웃집도 같이 정전이 됐다면?
- 이웃집과 같이 정전된 경우는 한전의 선로 고장인 경우가 대부분이므로 신속히 복구될 수 있다.
- 아파트에서 동 혹은 단지 전체가 정전되었을 경우 단지 내 선로나 전기설비가 고장된 경우이므로 관리사무소에 연락한다.
- 사고 원인에 따라 시간이 소요될 수 있으므로 동요하지 않고 기다린다.

엘리베이터 안에서 정전이 됐다면?
- 갑자기 불이 꺼지고 정전이 되면 당황하지 말고 인터폰으로 구조요청한다.
- 무리한 탈출을 시도하지 않는다.

전기가 다시 공급된 후에는?
- 정전이 복구되면 시간 간격을 두고 가전제품 하나마다 플러그를 순서대로 꼽아 과전류를 예방한다.
- 냉장고의 냉동식품이 녹아 상했다면 재냉동하지 말고 버린다.

정전을 예방하려면?
- 전기기기(전열기, 난방기, 에어컨 등)를 동시에 사용할 경우 과부하가 되어 정전과 화재의 원인이 되므로 동시 사용을 자제한다.
- 경보기 등 정전을 감시할 수 있는 시설을 갖춰둔다.
- 컴퓨터 등 정밀 전기기기를 사용할 경우 무정전 전원공급장치(UPS)를 설치하면 피해 예방에 도움이 된다.
- 정전이 길어질 경우를 대비해 손전등, 비상식량, 휴대용 라디오 등을 준비하고 점검한다.

전기 관련 신고

한국전기안전공사 ☎1588-7500 : 감전 위험, 누전 등 이상 징후가 보일 때
한국전력공사 콜센터 ☎(국번없이)123 : 정전 신고, 전기 상담, 전기 고장

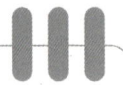

> **Tip** 전기요금이 갑자기 많이 나왔다면?
>
> → 한국전력공사에 문의하여 부당청구 여부 확인
>
> - 확인 요령 : 내부 차단기 전원을 내리고 10분간 대기 → 계량기가 움직일 경우, 다른 집에서 우리 집 전기를 끌어다 쓰고 있거나 계량기가 다른 집과 바뀐 것임.
> - 한국전력공사에 문의하면 확인할 수 있다.
> - 계량기 오류나 검침 오류로 전기요금이 더 청구되었다면? → 차액만큼 한국전력공사에서 차감해 준다.

알려주세요

장마철 감전사고 및 전기사고 예방 수칙

장마철의 호우로 침수된 지역과 가옥은 감전사고 및 전기사고 위험이 매우 크다. 침수 피해를 복구하기 전 반드시 전기 안전 여부를 먼저 확인한다.

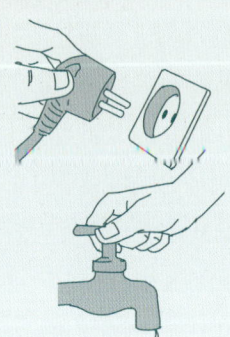

집이나 지역이 침수되었다면?
- 늘어진 전선에 접근하거나 만지지 않는다.
- 전신주와 가로등 등 전기시설물이 넘어지거나 파손되었다면 접근하지 말고 한국전력(123)에 신고한다.
- 절대 물 묻은 손으로 전기제품을 다루지 않는다.

집이 침수되어 물을 퍼내야 한다면?
→ 집이나 지하실에 들어가기 전 배전반 전원스위치부터 내린다.
: 침수되었을 경우 전기기기 등을 통해 전기가 흐르고 있을 가능성이 높으므로 들어가기 전 각별히 주의하고, 전문가의 점검을 먼저 받는다.

호우, 태풍이 오기 전이라면?

→ 전기 점검을 하고 차단당치 작동 여부를 확인한다.
: 차단장치가 고장 났다면 침수 시 감전사고 위험이 높아지므로 평소 작동 여부를 미리 확인해 두고 보수할 부분은 보수한다.

비바람이 몰아치고 천둥, 번개가 친다면?
→ 끊어진 전선을 만지거나 근처에 접근하지 않는다.

번개가 칠 때 컴퓨터 파손을 예방하려면?
→ 플러그를 미리 뽑는다.
: 컴퓨터 등의 전기 및 전자기기는 낙뢰 시 전기선 및 안테나를 통해 손상을 입을 수 있으므로 전자기기 플러그를 미리 뽑아 둔다.

누전 혹은 합선 되었다면?
→ 반드시 전기안전공사에 연락한다.
: 비바람이 쳤을 경우 가정의 철제 대문에 연결된 개폐기나 전선의 손상으로 인해 누전이나 합선 가능성이 높으므로 전기안전공사에 문의하고 보수를 받는다.

알려주세요

전기를 아껴 현금을 받는 탄소포인트 제도가 있다

탄소포인트 제도란?
- 전기, 가스, 수도 사용량을 줄여 온실가스를 감축한 경우 실적에 따라 포인트를 주는 제도. (2009년부터 시행)

산정하는 방법은?
- 참여 시점으로부터 과거 2년간 월 평균 사용량 대비 금월 사용량을 확인하여 감축률에 따라 포인트를 부여함.

이사 등으로 과거 2년간의 사용량을 설정할 수 없을 때는?
- 표준사용량 추정식을 적용하여 산출함.

포인트 받는 방식은?
- 그린카드 포인트 적립, 재래시장 상품권 지급, 종량제 쓰레기봉투 지급, 지자체에 따라 현금 지급 가능.
- 연 2회 : 상반기는 12월, 하반기는 다음 해 6월에 지급.

참여하려면?
- 탄소포인트 제도 홈페이지(www.cpoint.or.kr) 가입 혹은 관할 시, 군, 구 주민센터에 방문하여 가입.
- 서울시 거주자는 서울특별시 에코마일리지 홈페이지 (http://ecomileage.seoul.go.kr)에서 가입.

그린카드를 발급 받으려면?
- 에코머니 홈페이지(www.ecomoney.co.kr)에서 가입.
- 가입할 때 탄소포인트제 병행 신청을 하면 추후에 포인트를 적립 받을 수 있음.

가스사고

가스 누출은 소량으로도 폭발 및 화재사고 등 대형 참사의 원인이 될 수 있으며 일산화탄소 중독이나 질식 등 인체에 상해를 입힐 수 있다. 평소 가스 이용 시 점검을 철저히 하고 가스 누출을 예방하는 것이 중요하다.

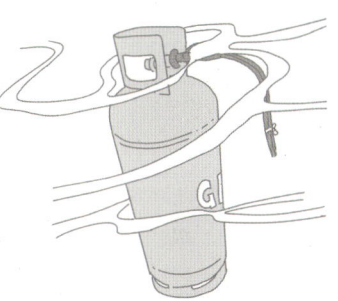

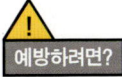

가정집 가스사고의 주요 원인 장소는 주방

- 주방의 가스레인지 주변에는 가연성 물질(스프레이, 빨래 등)을 두지 않는다.
- 가스 불을 켤 때 불이 붙지 않은 상태에서 점화 코크가 열리면 가스가 누출될 수 있으므로 유의한다.
- 가스 불을 켤 때 파란 불꽃이 되도록 공기조절기를 조절한다.
- 조리 시 국물이 넘치거나 바람에 불이 꺼지지 않도록 확인한다.
- 연소 기구를 수시로 청소하여 불꽃이 나오는 구멍에 음식찌꺼기가 끼

어있지 않게 한다.
- 가스 불이 꺼지면 자동으로 가스가 차단되는 제품을 사용한다.
- 장마철에는 가스 호스와 배관 등 연결부분이 잘 조여져 있는지 확인한다.
- 배관 등이 낡았다면 전문가에게 의뢰해 교체한다.
- 가스기기 사용 뒤, 외출 전, 취침 전에 코크와 밸브를 반드시 잠근다.
- 정기 점검을 반드시 받고, 평소 주방용 액체세제와 물을 1:1의 비율로 섞어 거품을 내어 배관, 호스 등 연결부분에 발라 가스 누출 여부를 관찰한다.

➡️ 위급상황 행동요령

가스 종류에 따른 대처법

- 창문과 출입문을 열고 환기 시킨다.
- 가스밸브, 가전제품 전원, 두꺼비집 스위치을 내린다.

LNG(액화천연가스, 도시가스) → 자세를 낮춘다.
- 가스가 공기보다 가벼워 천장으로 올라간다.
- 독성은 없지만 흡입하면 질식할 수 있다.
- 가연성이라 폭발 위험이 크다.

LPG(액화석유가스) → 허리를 펴고 선다.
- 바닥에 고인 가스를 방석이나 빗자루로 쓸어 내보낸다.

- 가스가 공기보다 무거워 바닥부터 고인다.
- 독성은 없지만 흡입하면 질식할 수 있다.
- 약간의 누출만으로도 연소된다.

가스가 샜다면?

- 평소와 다른 냄새가 나거나 두통과 현기증이 느껴진다면 가스가 누출되었을 수 있으므로 주의한다.
- 즉시 창문을 열어 실내를 환기 시킨다.
- 코크와 밸브를 잠근다.
- 라이터 등 화기를 켜지 않는다.
- 전기기구 스위치를 즉시 끈다.
- 도시가스 관리소나 가스판매소에 연락한다.
- 장마나 홍수로 집이 침수되었다면 가스시설을 다시 사용하기 전에 이물질을 제거한 뒤 완전히 건조시키고, 가스보일러는 보일러사의 서비스 점검을 받는다.

가스 중독 환자가 발생했다면?

- 통풍이 잘 되고 맑은 공기가 있는 장소로 환자를 옮기고 119에 신고한다.
- 몸을 조이는 넥타이, 허리띠, 속옷 등을 느슨하게 풀어준다.
- 의식, 호흡, 맥박 확인 후, 턱을 들어 기도를 유지시키고, 호흡이 정지

했을 경우 인공호흡을 한다.

- 마비와 경련 증세를 보인다면?

➜ 담요 등으로 몸을 덮어 보온을 해주고 반드시 병원 치료를 받는다.

✓ 이것만은 꼭 알아두자

휴대용 버너(부탄가스)를 쓸 때는 이렇게

- 밀폐된 장소, 실내, 텐트 안에서 사용하지 않는다.
- 실내 사용 후 환기를 하지 않으면 일산화탄소 중독이나 질식에 이를 수 있다.
- 용기를 접촉시킬 때는 완전히 결합되었는지 확인한다.
- 사용 도중 가스 누출 위험이 있으면 즉시 연결레버를 위로 올리고 용기를 분리시킨다.
- 그릇의 바닥이 삼발이보다 넓거나 두 대를 나란히 놓고 넓은 불판을 올릴 경우, 화기가 가스용기를 가열시켜 폭발사고를 유발하므로, 삼발이보다 넓은 그릇을 사용하지 않는다.
- 다 쓴 부탄가스 용기에는 구멍을 내어 잔류가스를 제거한 후 화기가 없는 지정된 장소에 폐기한다.

 Point 절대 금물! 위험을 초래하는 행동

- 전기, 촛불, 환풍기 등을 켜지 않는다.

- 침수된 집은 가스보일러 안전점검을 반드시 받는다.
- 가스 공급업체에서 시행하는 정기 가스점검을 건너뛰지 않는다. 점검 담당자가 부재중에 왔을 경우에도 연락처를 남기고 가므로 반드시 일정을 조정해 점검을 받는다.

가스 관련 신고

소방서 ☎119

한국가스안전공사 ☎1544-4500

가스 공급자 (LPG 판매업소, 도시가스사 등)

Tip 가스중독 사고 후 동치미 국물이나 무즙을 마시는 이유는?

무의 유황 성분이 해독을 도와 두통과 현기증 완화에 도움을 주고, 달고 맵고 따뜻한 성질이 폐와 위의 기능을 좋게 한다.

알려 주세요

천연가스버스가 폭발하는 이유는?

최근 천연가스(CNG)버스의 폭발사고가 종종 일어나고 있으며, 2010년 서울시 성동구에서 발생한 시내버스 폭발사고의 경우 여러 명의 중경상자가 발생하고 그중 여성 1명은 발목이 절단되는 중상을 입은 바 있다.
현재 서울시 및 전국에서 운행되는 시내버스의 상당수가 압축천연가스를 연료로 쓰는 CNG(Compressed Natural Gas) 버스로 2002년부터 운행되었다. 가스가 고압으로 압축되어 있어 연료 탱크의 내부 압력이 LPG(액화석유가스)보다 훨씬 크므로 폭발 시 대규모 인명피해를 유발할 수 있다.

천연가스는 공기보다 가벼워 가스 누출 시 위로 올라가는 특성이 있다. 그런데 저상버스의 경우 연료통이 지붕 위에 올라가 있는 반면, 일반적인 버스의 경우 연료통이 버스 하단에 위치해 있다.

따라서 일반버스에서 연료통의 가스가 소량이라도 누출될 경우에는 버스 내부로 흘러들어올 수 있다. 버스 부품이 노후해 연결 부위가 부식된 경우, 혹은 겨울철 제설작업 때 도로에 뿌린 염화칼슘으로 인해 금속 부분이 부식된 경우 연료통에서 가스가 샐 가능성이 있다. 일단 가스가 누출되어 버스 내부로 들어오면 약간의 스파크만으로도 폭발사고를 유발한다.

천연가스가 누출되면 양파가 썩는 듯한 특유의 냄새가 나므로 버스 안에서 비정상적인 냄새가 날 경우 승객은 즉시 운전기사에게 알리고 전원이 버스 밖으로 대피해야 한다.

집에 불이 났을 때

주택이나 아파트 등 가정집에서 화재가 발생했을 경우에는 최대한 신속하게 화재신고를 하는 동시에 가옥 밖으로 탈출해야 한다. 여러 세대가 거주하는 아파트나 다세대 밀집지역의 경우 이웃으로 쉽게 불이 번져 인명피해를 키울 수 있으므로 평소 탈출 요령을 숙지한다.

◻️ 위급상황 행동요령

주방에서 불이 났다면?

- 불을 끄고 가스 밸브를 잠근다.
- 큰 냄비 뚜껑이나 담요 등으로 불 난 곳을 덮고 완전히 꺼질 때까지 기다린다.
- 가정에 비치한 소화기가 있을 경우 불을 끄는 것을 시도한다.

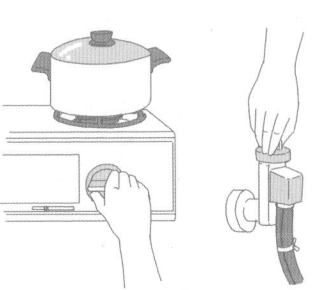

집에 소화기가 없다면?

- 불 난 곳에 담요, 이불 등을 덮어 불이 번지는 것을 막는다.
- 전기기구 화재 : 코드를 뽑고 전원을 끈 후 물을 끼얹는다.
- 석유난로 화재 : 스위치를 끄고, 담요나 이불 등을 덮고, 물을 끼얹어 완전히 끈다.

절대 물을 뿌리지 말아야 할 경우는?

➜ **기름(식용유, 튀김유 등)에 불이 붙었을 때**
- 기름으로 인한 불에 물을 부으면 불길이 치솟으므로 절대 물을 붓지 않는다.

- 주방장갑을 끼고 화분흙이나 마요네즈를 뿌리면 산소를 차단해 불 끄는 데 도움 된다.

불이 번지기 시작했다면?

- 119에 신고하고, 큰 소리로 "불이야!" 라고 외쳐 이웃에 알리며 신속하게 집 안에서 밖으로 탈출한다.
- 건물 아래층으로 대피를 시도한다.
- 아래층으로 대피가 어려울 때는 옥상으로 올라간다.
- 대피할 때는 물에 적신 수건으로 코와 입을 막고 자세를 낮춘다.
- 문을 열기 전 손등으로 문손잡이의 온도를 확인하여 뜨거우면 절대 문을 열지 않는다.
- 아파트 통로로 대피가 어려우면 베란다에 설치된 비상탈출구 혹은 경량칸막이를 파괴한 후 옆집으로 대피한다.

10층 이하 건물에서 완강기로 탈출하려면?

: 10층 이하의 건물이나 아파트, 오피스텔, 빌라, 숙박시설에는 창문 쪽에 완강기 설치가 의무화되어 있으므로, 창가 박스에 비치된 완강기를 찾는다.

① 박스에서 꺼낸 완강기 지지대 고정시키기
② 지지대에 고리를 걸고 나사 조이기
③ 벨트를 착용하고 몸에 맞게 조이기
④ 창밖에 사람이 없는지 확인 후, 로프를 감은 릴을 창문 밖으로 던지기
⑤ 손으로 건물 벽을 짚고, 몸을 건물 쪽을 향하면서 천천히 하강하기

완강기의 종류

- 간이 완강기 : 주로 모텔이나 여관 등 숙박시설에 설치되어 있고, 1회용이라 한 번만 사용할 수 있다. 가슴띠가 1개다.
- 완강기 : 일반적인 10층 이하 건물에 설치되어 있고, 1명씩 교대로 여러 번 사용할 수 있다. 가슴띠가 2개다.

※ 완강기는 한 번에 100kg의 무게까지만 지탱할 수 있으므로 성인 2명이 동시에 타지 않는다.

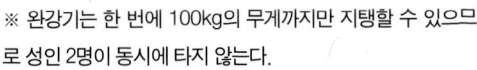

미처 밖으로 대피하지 못했다면?

- 119 구조대에 자신의 위치를 알린다.
- 창문이 있는 방에서 자세를 낮추고 물에 적신 수건으로 코와 입을 막고 구조를 기다린다.
- 대피하고 있는 방에 연기가 들어오지 못하도록 적신 수건, 담요 등으로 틈새를 막는다.

- 건물 통로에서 연기가 위로 올라가고 있다면?
→ 위쪽에 신선한 공기가 있는 것이므로 위로 올라간다.
- 건물 통로에서 연기가 아래로 내려오고 있다면?
→ 위쪽에서 불이 나고 있는 것이므로 올라가지 않는다.
- 옷에 불이 붙었다면?
→ 손으로 눈과 입을 가리고 바닥에서 뒹굴어 불을 끈다.

엘리베이터

엘리베이터 사고로 인해 갇혔다 구출되는 건수가 한 해 평균 7000여 건이 넘을 정도로 빈번하게 일어나는 안전사고다. 점검 소홀, 부품 노후 등으로 인한 기계 오작동 및 이용자의 부주의로 인한 사고인 경우가 많다.

- 엘리베이터 고장의 주요 원인은 내부에서의 장난이므로, 버튼을 불필

요하게 누르거나 발을 구르며 뛰지 않기
- 문에 기대지 않기
- 문틈에 이물질 버리지 않기
- 탑승 정원 및 적재 하중 지키기
- 관리자는 정기 점검 철저히 하기

➡️ 위급상황 행동요령

- 엘리베이터가 갑자기 멈추거나 정전이 일어난 경우, 곧바로 인터폰으로 관리실에 연락하거나 119에 신고한다.
- 엘리베이터 안에서 비정상적인 진동이 느껴지거나 굉음이 들리면 즉시 인터폰으로 연락한다.
- 엘리베이터가 중간에 멈췄다가 갑자기 아래로 움직일 경우, 서 있으면 부상 위험이 크므로 몸을 바닥과 벽 쪽에 붙여 자세를 낮춘다.

✅ 이것만은 꼭 알아두자

- 엘리베이터 내부는 밀폐되어 있지 않아 질식 위험이 없으므로 당황하지 않는다.
- 사고로 인해 엘리베이터의 로프가 끊어진다 하더라도 엘리베이터 자체가 곧바로 추락하는 경우는 극히 드물다. 로프가 끊어져도 안전장치에 의해 2미터 이상 움직이지 않도록 설치되어 있으므로 사고가 났을 때는 밖으로의 무리한 탈출을 시도하기보다는 침착하게 구조를 기다린다.

Point 절대 금물! 위험을 초래하는 행동

- 탈출을 위해 출입문을 강제로 개방하는 것은 더 위험한 상황을 불러일으킬 수 있다.
- 천장의 비상환기구를 강제로 열고 탈출을 시도하는 것은 매우 위험하다.
- 문에 몸을 기대 체중을 싣거나 문을 세게 밀 경우 문이 열리면서 큰 사고가 일어날 수 있다.
- 엘리베이터를 잡기 위해 닫히기 시작한 문 사이에 손발이나 물건을 집어넣는 행위는 고장의 주요 원인이자 부상 등 안전사고를 유발할 수 있다.
- 엘리베이터 안에서 담배를 피울 경우 화재로 이어질 수 있으니 금한다.
- 건물에 화재가 발생했을 경우 절대로 엘리베이터를 타지 않는다.

 알려주세요

승강기 안전사고, 누구에게나 일어날 수 있다

승강기라고 하면 엘리베이터뿐만 아니라 에스컬레이터, 수평보행기(무빙워크), 장애인 휠체어 리프트 등 건물에서 사람과 화물을 위아래로 이동시키기 위해 만든 장치를 아우르는 말이다. 현대 도시인에게는 필수적이고도 일상적으로 사용되는 기계장치이나, 설치율과 이용률이 증가하는 만큼 사고 건수도 늘어나고 있다.
한국승강기안전관리원과 안전행정부의 통계자료에 따르면 엘리베이터의 경우 2013년도에 전국적으로 50만 대를 넘어섰을 정도로 설치 대수가 더욱 늘어났는데 이에 따라 엘리베이터 관련 사고도 최근 10년 사이에 3배 이상 증가한 것으로 나타났다. 승강기 안전사고로 인한 사망자도 매년 평균 10명 이상에 이르고 있다.

엘리베이터의 경우 갑작스러운 기계결함 등으로 인해 운행 중 갑자기 멈춰 승객들이 갇히는 사고가 가장 흔하며, 이로 인해 119 구조대가 출동한 건수도 2012년을 기준으로 1만 건을 넘어섰다. 에스컬레이터의 경우에도 2013년 분당의 한 지하철역 출구 에스컬레이터가 갑자기 역주행을 하면서 퇴근하던 시민 39명이 중경상을 입는 사고가 발생하는 등 최근 들어 기계 결함 등의 원인으로 갑자기 역주행하는 사고가 빈발하고 있다. 승강기 관련 사고는 매년 1만 건 이상 발생하고 그중 100건 이상이 인명피해로 이어지고 있는 만큼 기본적인 안전수칙을 반드시 지키는 것이 중요하다.

에스컬레이터

에스컬레이터 안전사고가 주로 발생하는 곳은 유동인구가 많은 지하철, 백화점 등이다. 기계 오작동이나 노후로 인해 운행 중 갑자기 멈추거나 역주행하는 경우 큰 부상을 유발하는 안전사고로 이어진다. 신발이나 옷이 끼거나 넘어지는 사고, 탑승 도중 뛰거나 거꾸로 뛰는 장난으로 인한 안전사고가 가장 빈번하게 일어난다.

예방하려면?

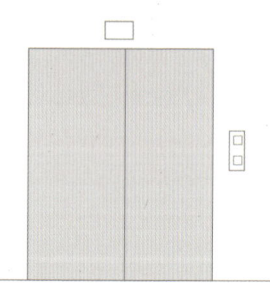

- 탑승 중 핸드레일을 잘 붙잡고, 계단 바닥에 표시된 안전선 안쪽에 바로 서는 것만으로도 사고를 예방할 수 있다.
- 치마, 스카프, 외투 등 긴 옷자락이 틈새에 끼어 빨려 들어가지 않도록 탑승 전 주의한다.
- 안전선을 밟고 서 있을 경우 신발이 틈새로 빨려 들어갈 수 있으므로 주의한다.
- 어린이들이 장난을 치다 안전사고로 이어지는 경우가 많으므로 장난을 치거나 뛰지 않도록 지도한다.
- 유아와 어린이, 노약자, 애완동물을 보호한다.
- 에스컬레이터 출구와 입구에 있는 비상정지버튼의 위치를 알아둔다.

위급상황 행동요령

- 큰 소리로 외쳐 사고를 알리고, 부상자가 있을 경우 119로 신고한다.
- 에스컬레이터가 갑자기 멈추거나 역주행하는 등의 오작동 사고를 목격했다면, 출구와 입구 아래에 위치한 비상정지버튼을 누른다.
- 탑승 도중 오작동 사고가 발생하면 에스컬레이터 근처에 있는 사람들에게 외쳐 정지버튼을 눌러달라고 부탁한다.
- 핸드레일을 잘 붙잡아 중심을 잃고 넘어지지 않도록 한다.

☑ 이것만은 꼭 알아두자

에스컬레이터 한 줄 타기 va 두 줄 타기?

두 줄로 타자

에스컬레이터 한 줄 타기 운동은 2002년 한일 월드컵 무렵 확산시킨 문화로서 빠른 이동을 원하는 사람들을 위해 에스컬레이터 탑승 중에도 걷거나 뛰는 습관을 보편화시켰다. 그러나 그 결과 에스컬레이터 안전사고가 빈발할 뿐만 아니라, 무게중심이 한쪽으로만 쏠리면서 기계의 잦은 오작동을 유발시키고 수명을 단축시켰다. 현재는 한 줄 타기가 아닌 두 줄로 탈 것을 권장하며 탑승 중 걷거나 뛰는 것을 금하고 있다.

✏ Point 절대 금물! 위험을 초래하는 행동

- 화물을 계단에 싣고 타지 않는다.
- 유모차는 반드시 접어서 들고 탄다. (요즘 대부분의 에스컬레이터에는 유모차 진입을 아예 막는 장치를 설치해 놓았으므로 지키도록 한다.)
- 에스컬레이터 위에서 걷거나 뛰지 않는다.
- 핸드레일 밖으로 머리나 팔 등 신체 일부를 내미는 장난을 칠 경우, 위층 바닥과 수평 보행기 핸드레일 사이에 목이나 팔이 끼면서 복합골절

이나 분쇄골절 등 심각한 중상으로 이어질 수 있다.
- 주행 방향을 거슬러 반대로 서 있거나 역주행하여 걷거나 뛰는 장난을 칠 경우 중심을 잃고 넘어지면서 큰 부상으로 이어질 수 있다.
- 탑승 도중 동전이나 열쇠 등 작은 금속성 물체를 떨어뜨릴 경우 기계 사이에 끼면서 고장과 오작동의 원인이 될 수 있으므로 소지품을 잘 단속한다.
- 움직이는 계단 위에 앉아있거나 신발을 벗을 경우 신체 부위가 빨려 들어가며 큰 사고로 이어질 수 있다.

알려주세요

무빙워크에서의 안전사고를 예방하려면?

대형마트나 복합 쇼핑몰을 비롯한 상업 건물 및 지하철 환승 통로 등에 무빙워크(수평보행기) 설치 비율이 높아지면서 무빙워크에서의 안전사고 건수도 꾸준히 가하고 있다. 최근에는 한 주부가 대형마트에 장을 보러 갔다가 발판이 빠진 무빙워크에 다리가 빠져 허벅지가 찢어지는 중상을 입은 바 있고, 어린이가 무빙워크에서 이동 중 바닥에 떨어진 장난감을 줍다 틈새에 손가락이 끼어 손가락이 절단되는 사고를 입은 사례도 있다. 무빙워크에서의 안전사고 유형에는 다음과 같은 것들이 있다.

- 눈비 오는 날 바닥에 물기가 있는 경사 진 무빙워크에서 미끄러지는 사고
- 어린이가 무빙워크 위에서 뛰거나 장난치다 넘어지는 사고
- 움직이는 무빙워크 위에 떨어진 물건을 줍다 넘어지거나 손발 골절상을 입는 사고
- 노약자가 무빙워크에서 중심을 잃고 넘어지는 사고
- 고무 재질의 신발, 슬리퍼 등이 기계 틈새에 끼는 사고
- 카트를 밀고 이동 중 충돌하거나 넘어지는 사고
- 옷자락, 신발 끈, 가방 끈 등이 틈새에 말려들어가는 사고

편리한 이동을 돕는 무빙워크이지만 조금만 부주의해도 위와 같은 안전사고가 일어날 수 있다. 특히 움직이는 무빙워크에서는 어린이나 노약자뿐만 아니라 건강한 성인이라 하더라도 순간적으로 중심을 잃고 넘어질 수 있고, 대형 마트에서는 카트나 무거운 물건을 지니고 탑승하는 도중에 각종 사고가 일어날 수 있으므로 조심해야 한다. 한국승강기안전관리원에서는 무빙워크를 탈 때 다음과 같은 안전수칙을 반드시 지키도록 권장한다.

- 무빙워크 위에서 뛰거나 걷지 않는다.
- 어린이나 노약자는 반드시 손을 잡고 탑승한다.
- 옆에 있는 손잡이(핸드레일)를 잡는다.
- 옷이나 가방의 끈이 틈새에 끼지 않도록 주의한다.

차량사고

차량 관련 사고에는 일반적인 교통사고 외에도 차량 결함이나 운전 미숙, 부품 오작동으로 인한 사고, 차량털이 범죄 등 다양한 사고가 있다. 졸음운전이나 음주운전 금지 등 안전운전 수칙을 지키는 것은 물론, 차

량 고장과 만약의 사고에 대비해 둔다.

고장과 사고에 대비해 차량에 비치할 용품

- 사계절 : 발광 삼각표시판, 발광 지시봉, 경광등, 야광 조끼, 차량용 소화기, 손전등, 생수(식수 및 냉각수 용도), 사계절용 워셔액, 여분의 연료, 담요, 방수 깔개, 점프선, 우비, 응급처치 도구
- 겨울 : 타이어체인, 모래주머니, 삽

▶ 위급상황 행동요령

차량에 문제가 생겨 차를 세워야 한다면?

- 갓길 혹은 도로 가장자리에 차를 세운다.
- 보험회사에 연락하고, 분쟁 발생 시 112에, 사상자 발생 시 119에 신고한다.
- 2차 사고를 방지하기 위하여 차량 100미터 뒤에 발광 삼각표시판을 세워놓은 후 가드레일 밖으로 피신해 구조를 기다린다.
- 차량 뒤에 삼각표시판을 세우러 갈 때는 경광등을 켜고 야광 조끼를 입거나 발광 지시봉을 들어 다른 운전자들의 눈에 잘 띄게 한다.
- 부상자가 있을 경우, 안전한 곳으로 옮겨 기도가 막히지 않도록 목을 고정시키고, 출혈 부위는 천으로 묶어 지혈하고, 구조대원을 기다린다.

☑ 이것만은 **꼭** 알아두자

이럴 때는 비상등을 반드시 켜자

: 자동차의 비상등 버튼을 누르면 계기판 양쪽 방향지시등이 함께 깜빡이고, 차량 외부에서도 마찬가지로 깜빡인다. 다음과 같은 경우 반드시 비상등을 켜서 운전매너를 지키고 나 자신의 안전과 다른 운전자에 대한 배려를 돕도록 한다.

1. 비상상황 발생시
위기상황에서 다른 사람에게 자신의 위험을 알리고 상대방도 보호한다.

2. 다른 운전자에게 고마움과 미안함 표현하기
2~3회 깜빡이는 표시를 하면 실수로 다른 운전자에게 피해를 주었을 경우 미안함을, 다른 운전자가 양보나 배려를 해주었을 때 고마움을 표할 수 있다.

3. 주차 혹은 후진할 때
건물이나 마트의 주차장에 진입했을 때, 차량이 많을 때 비상등을 켜 사고 위험을 줄일 수 있다.

4. 악천후로 시야확보가 어려울 때
눈, 비, 안개 등으로 시계 확보가 어려울 경우 비상등을 켜면 안전운전에 도움이 된다.

5. 구급 차량에 견인 될 때

차량 주정차 시 차량털이 범죄를 예방하려면?

차량 유리창을 벽돌 등으로 깨기, 만능키로 문 열기, 창문이 열린 차량을 골라 귀중품 약탈하기, 잠시 정차하여 시동 열쇠가 꽂혀있는 차량 훔치기 등 다양한 수법이 있으므로 평소 주정차 시 만약의 범죄에 대비한다.

- 차에 가방, 지갑, 현금, 귀중품, 고가의 내비게이션, 노트북 등을 두고 내리지 않는다.
- 주차할 때 창문을 끝까지 올리고 문이 제대로 잠겼는지 다시 확인한다.
- 잠시 정차하더라도 반드시 시동을 끄고, 문을 잠그고, 경보장치를 작동시킨다.

사고 후에는

- 교통사고 등 차량 관련 사고 발생 시 카메라나 휴대전화로 현장을 즉시 촬영해두면 사후 처리나 원인 규명에 도움이 된다.
- 주변에 가게나 인근 주민, 행인이 있을 경우 연락처를 받아두면 목격자 확보나 원인 규명에 도움 된다.
- 사고를 낸 당사자끼리 이름, 연락처, 차량번호 등을 교환하고 기록해둔다.
- 가해자와 피해자 간의 다툼이 심하거나 차량 파손이 심한 경우 경찰의 조치를 받는다.

차량 관련 신고 혹은 운전 정보를 얻을 수 있는 곳

경찰청 교통민원 ☎1566-0112

국가교통정보센터 ☎1333 (휴대폰 이용시 : 지역번호+1333)

한국도로공사 (교통상황) ☎1588-2504

교통정보안내 '길눈이 콜' ☎1644-5000

> **정부 보장을 받을 수 있는 교통사고는?**
>
> 다음의 경우 피해자가 청구 시, 정부보장사업 제도에 의해 손해를 보상하는 기부금을 지급 받을 수 있다.
>
> - 차량보유자 불명인 뺑소니 교통사고
> - 도난차량에 의한 사고
> - 가해차량이 배상책임보험에 가입되지 않았거나 기한이 만료된 경우
>
> **청구하는 방법은?**
> - 각 손해보험회사 및 농협 창구에서 청구를 대행해 준다.
> - 청구권 시효 : 사고 다음 날부터 2년까지
> - 지불되기까지는 6개월~1년이 소요되며, 지불되기 전까지의 치료비는 개인 혹은 가해자가 부담해야 한다.

알려주세요

교차로 운전 필수상식

■ **교차로에서 자주 발생하는 사고 best5**
1. 우회전 중 좌회전 혹은 직진하는 차량과 충돌사고
2. 좌회전이나 우회전 중 횡단보도 보행자와 사고
3. 앞차 정지로 인한 추돌사고
4. 직진, 교차로 통과 직후 유턴 차량이나 횡단보도 보행자와 사고
5. 직진 차량과 좌회전 차량의 충돌사고

■ **교차로 사고 예방수칙 best5**
1. 황색신호는 녹색신호의 연장이 아니라 적색 신호의 시작!
2. 녹색신호라도 교통정체 상황이거나 주변 진행차량을 방해할 우려가 있을 때에는 교차로 진입하지 않기 (정지선 넘으면 도로교통법상 교차로 통행법 위반이 됨)
3. 신호가 없거나 좌우 확인이 어려울 때는 일시 정지!
4. 교차로 부근에서는 안전거리를 충분히 유지하고 2~3대 앞차 상황까지 예의주시하기
5. 좌·우회전의 경우 뒷바퀴가 앞바퀴보다 안쪽으로 돌게 되므로, 뒷바퀴에 자전거나 보행자가 치지 않도록 주의하기

■ **교차로 통행 우선순위는?**
- 긴급자동차(구급차, 소방차 등)
- 먼저 진입한 차
- 넓은 도로에서 진입한 차
- 좌회전할 때 : 직진 및 우회전 차량
- 직진 또는 우회전할 때 : 이미 좌회전하고 있는 차량
- 일시정지 또는 양보 표지가 없는 쪽의 통행 차량

차량화재

엔진이 과열되거나 전선이 합선되는 경우 갑자기 불이 나 큰 사고로 이어질 수 있다. 특히 여름에 엔진의 온도가 300도까지 올라간 상태에서 엔진오일이 새면 차량화재 위험이 커진다. 화재를 초기에 진압하지 못할 경우 차량 내부의 가스와 오일 때문에 대형 폭발사고로 이어질 수 있으므로 엔진 과열과 전기배선에 항상 주의해야 한다.

예방하려면?

- 평소 차량정비를 철저히 하는 것만으로도 예방할 수 있다.
- 엔진 부분의 전기배선 불량이나 합선 여부, 엔진 과열 여부를 항상 유의한다.

▶ 위급상황 행동요령

차에 불이 났을 때 상황별 대처요령

- 운전 도중 불이 나기 시작했다면?

→ 갓길에 차를 세우고 동승자를 차 밖으로 대피시킨 후, 보닛을 열고 소화기로 불을 끈다.

- 작은 불이라면?

→ 담요로 덮거나 차량용 소화기로 진화한다.

- 불길이 커졌다면?

→ 차를 포기하고 탈출한 후 119와 보험회사에 연락한다.

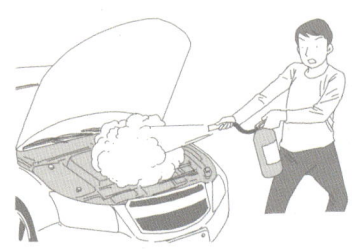

- 보닛에서 흰색 연기가 난다면?

→ 차를 세우고 냉각수를 채운다.

- 보닛에서 검은색 연기가 난다면?

→ 차를 세우고 보닛을 열어 소화기로 불을 끈다. 절대로 물을 끼얹지 않는다.

☑ 이것만은 **꼭** 알아두자

차량에는 반드시 차량용 소화기를 비치

- 7인용 이상 승합차 및 화물차는 차량용 소화기 비치가 의무화되어 있으나, 승용차의 경우 의무사항이 아니라는 이유로 소화기를 상비하지 않은 경우가 많다. 일반 소형 승용차라 하더라도 반드시 차량용 소화기를 2개씩 상비해두고 사용법을 미리 익혀둔다.

 사고 후에는

- 차량에서 탈출한 후에는 최대한 멀리 대피한다.
- 차량 뒤쪽 100미터 정도 위치에 삼각표시판을 세워놓아 사고차량이 있음을 다른 운전자에게 알린다.
- 삼각표시판을 세우러 갈 때는 야광 조끼를 입거나 발광지시봉을 들어 다른 운전자들의 눈에 잘 띄게 한다.

 Point 절대 금물! 위험을 초래하는 행동

- 운전 중 차량 내부에서의 흡연은 안전상으로도 위험하고 담배꽁초가 화재의 원인인 경우가 많으므로 운전 중 흡연을 삼간다.
- 차 안에 일회용 라이터나 스프레이를 두면 폭발 및 화재의 원인이 될 수 있으므로 평소 차 안에 두지 않는다.

 Tip **장마철 침수된 자동차는 차량화재 위험이 높다**

차량화재의 원인에는 여러 가지가 있지만 장마철에 침수된 적이 있는 자동차라면 특히 주의해야 한다. 장마철 폭우로 인해 지상에서 12cm 이상의 물에 차량이 잠긴 적이 있거나 잠긴 지역을 운행한 적이 있을 경우, 차량 내부에 습기가 차거나 범퍼 아래 차올랐던 물기 일부가 전선을 타고 내부로 스며들면 누전을 일으킬 수 있다. 또한 침수된 물에 포함되어 있던 각종 이물질이 엔진룸에 조금이라도 섞여 들어간 상태에서 엔진의 열기가 더해질 경우 화재로 이어질 수 있다. 따라서 여름철에 조금이라도 침수되었거나 침수 지역 운행 경력이 있는 차량이라면 반드시 정비소에서 차량 안전점검을 받아야 한다.

선박과 항공기 관련 대형사고, 열차와 지하철 등 누구나 이용하는 운송수단 관련 사고가 끊임없이 이어지면서 안전에 대한 경각심이 높아지고 있다. 운송수단의 사고나 건물붕괴, 방사능사고, 산불 등의 경우 대부분의 원인은 인재인 경우가 많으며 많은 인명피해를 유발하는 참사로 이어질 수 있다. 위급한 상황이라 할지라도 안전에 대한 수칙을 떠올리고 침착하게 대응할수록 생존율을 높일 수 있다.

Part 5

대형 사고에서 살아남는 행동요령과 예방법

항공기

항공기 사고는 통계적으로 자동차 사고보다 발생 비율이 낮고 추락사고 생존율도 95% 이상일 정도로 자동차 사고의 경우보다 높지만, 한 번 발생 시 대형 참사로 이어질 수 있다. 비상사태 발생 시 승무원의 안내에 따라 침착하게 대처할수록 생존율을 높일 수 있다.

예방하려면?

탑승 전에는?

- 국제항공운송협회(IATA) 항공운송 표준평가제도인 'IOSA' 인증이 있는 항공사인지 확인한다.

* IOSA(IATA Operation Safety Audit) : 안전, 운항, 정비, 객실, 운송, 보안 등 8개 부문 940여개 항목을 평가해 통과한 항공사에만 부여. (국내 항공사 중에는 대한항공, 아시아나, 제주항공, 진에어 등이 이 인증을 취득한 것으로 알려져 있음)

- 기내 수화물 규정 규격 지키기
- 합성소재보다 면과 천연소재 의복 입기(화재 대비)
- 지병이나 질병이 있는 노약자, 환자의 경우 탑승 전 승무원에게 미리

알리기

탑승 직후에는?

- 자신의 좌석에서 가장 가까운 비상구 위치 확인하기
- 난기류 등을 만나면 기체가 심하게 흔들릴 수 있으므로 좌석에 있을 때는 반드시 안전벨트 착용하기

유아 동반 승객은?

- 유아는 좌석벨트를 맬 수 없으므로 유아 전용 아기띠를 사용하기 (항공사 예약 시 미리 확인한다.)

➡ 위급상황 행동요령

승무원의 안내와 지시를 숙지하는 것이 관건

- 비상 상황 시 반드시 승무원의 안내에 따른다.
- 충돌, 불시착 시 : 등받이를 세우고 좌석벨트를 착용한 후 충격방지자세를 취한다.
- 충격방지자세 : 양손으로 앞좌석을 잡

고 머리와 상체를 숙인다.

- 비상용 산소마스크가 내려오면 : 보호자가 먼저 착용 후 어린이와 노약자를 돕는다.
- 비상탈출 시 : 일행을 챙기는 데 급급하면 다른 승객의 탈출을 방해하고 혼란을 유발할 수 있으므로, 탈출을 먼저 한 후 일행을 챙긴다.
- 비상탈출용 슬라이드 이용 시 : 슬라이드가 찢어지지 않도록 하이힐, 날카로운 장신구를 벗어두고 탈출한다.
- 화재 발생 시 : 연기를 마시지 않도록 몸을 낮추고 호흡기를 막는다.
- 탈출 시 기내 담요를 보온용으로 활용할 수 있다.

✓ 이것만은 꼭 알아두자

- 비상 상황 시 반드시 승무원의 안내를 따른다.
: 비상착륙 등 위급한 상황일수록 개인행동을 자제하고 승무원의 안내를 믿고 질서 있게 따라야 생존 확률을 높일 수 있다.

- 항공기 사고의 80%는 공중보다 이착륙 시(이륙 후 3분 내, 착륙 전 8분 내)에 가장 많이 일어난다.
: 이착륙시 신발을 벗거나, 안내방송을 듣지 않거나, 잠을 자는 등 개별 행동을 하지 않도록 유의한다.

 사고 후에는

비행기가 바다나 강 위에 추락했다면?

- 물에 추락했을 경우 구명조끼는 비행기 밖으로 탈출한 후 부풀린다.
- 탈출 직후에는 침몰하는 기체에 휩쓸리지 않도록 최대한 비행기에서 멀리 떨어진다.
- 구명보트가 완전히 펴지고 난 후 물에 뛰어든다.

Point 절대 금물! 위험을 초래하는 행동

- 배정된 좌석을 임의로 변경하지 않는다.
- 비상사태를 대비해 기내에서 과음하지 않는다.
- 비상상황 시 승무원의 안내에 따르지 않고 개별행동을 하거나 통로에 엎드려 있을 경우 진로를 방해하거나 사람들에게 밟힐 수 있다.

선박

관광용 선박인 '유선', 화물 운송 선박인 '도선'의 운행 중 5명 이상이 사망한 인명사고, 1천 톤 이상 선박의 침몰 사고, 해양환경 관리법에 따른 오염 사고, 언론과 사회적 관심이 예상되는 사고 등을 통틀어 대규모 선박사고라 한다. 충돌, 침몰, 화재 등이 있으며, 해양 선박사고의 절반 이상은 운항 과실 및 정원 초과 승선 등의 요인으로 발생한다.

배에 탑승한 직후에는?

- 구명장비(구명동의, 구명줄) 보관 위치와 사용요령 알아두기
- 비상구 및 탈출로 확인하기
- 소화기 및 유리창 깨는 망치의 위치 확인하기

위급상황 행동요령

화재, 침몰 등 비상상황이라면?

- 즉시 큰소리로 외치거나 경보기를 눌러 최대한 많은 사람들에게 알린다.
- 구명조끼를 착용하고 단단히 조인다. 수영을 못하더라도 구명조끼를 입으면 저절로 물에 뜨게 되므로 당황하지 않는다.
- 물속에서 탈출해야 할 경우 신발을 벗고 움직이는 것이 좋다.
- 출입문이 열리지 않을 경우 선내에 비치된 망치로 유리창을 깨고 탈출한다.

헬기 구조대가 왔다면?

- 헬리콥터 엔진에 손상을 주지 않도록 구명 신호탄을 헬리콥터 방향으로 발사하지 않는다.
- 헬리콥터에서 내려뜨린 줄은 구조대원이 내려온 후 건드리고, 구명정에 묶지 않는다.

침몰 중인 선박에서 탈출해야 한다면?

- 구명정 위치를 파악한다.

- 구명조끼를 착용하되 배를 떠나기 전까지는 조끼에 바람을 넣지 않는다.
- 침몰 전까지 몇 분의 여유라도 있다면 비상물품을 챙겨둔다.

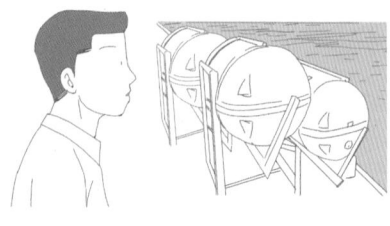

(식수, 비상식량, 구명부환, 스티로폼 박스, 응급의약품, 라디오, 손전등, 신호탄, 국제조난용 신호기 등)
- 구명정을 타지 못했다면 : 다리를 쭉 펴고 한 손은 몸 옆에, 다른 손은 입과 코를 막고 물속으로 뛰어든다.
- 침몰 중인 배에서 뛰어내릴 경우 배가 만들어내는 강력한 흡입력으로 인해 물속으로 빨려 들어갈 수 있으므로, 최대한 멀리 뛰어내린다.
- 노 젓듯이 손을 뒤로 저어 구명정이나 구조선 방향으로 헤엄쳐 간다.

구명정을 타고 표류해야 한다면?

- 배가 항해 가능한 상태라면 최대한 배에 머무르고, 더 이상 배에 머무를 수 없는 상황일 때 최후의 수단으로 구명정을 사용해 탈출한다.
- 구명정에는 구급상자, 신호탄, 낚싯줄, 식수, 손전등, 구명부이와 밧줄 등 안전장비가 갖춰져 있어야 한다.
- 구명정에 타기 전에 조난신호탄, 통신장비, 식량, 식수 등을 챙긴다.
- 구명정은 물에 던져 넣으면 부풀어 오르게 되어 있다.
- 모든 사람들이 탑승한 후 구명정과 배를 연결하는 밧줄을 끊는다.
- 연막으로 조난신호를 보낼 때 연기에 휩싸이지 않도록 바람이 부는 방

향 쪽에서 신호탄을 놓는다.

구명정 없이 표류해야 한다면?

- 물속에서 열 손실을 줄이는 자세를 취한다.
: 팔을 옆구리에 붙이기 + 다리를 꼬아 모으고 무릎을 가슴까지 끌어올리기

- 섭씨 20도 이하의 물에서 7시간까지는 견딜 수 있고, 섭씨 5도의 차가운 물에서는 평균 1시간 정도까지는 의식을 잃지 않고 견딜 수 있다.

✓ 이것만은 꼭 알아두자

선박 사업자, 선장, 선원의 출발 전 의무

- 승선자 전원이 사용할 수 있는 구명동의 확보하기
- 구조요원 배치하기

- 구조대와 긴급 연락할 수 있는 장비 갖추기
- 정원 초과 승선 금지하기
- 구명줄, 소화기 위치 확인하기

 **사고 후에는**

- 물속으로 탈출 후 육지에 도달했다면 거적이나 낙엽, 조난자들끼리의 체열로 체온을 유지할 수 있도록 한다.

 Point 절대 금물! 위험을 초래하는 행동

- 소형 선박(모터보트 등) 탑승 시 구명조끼 착용은 필수적이다.
- 선박 내에서 뛰거나 난동을 부리거나 지나친 음주가무 등 물의를 일으키는 행동을 하면 안전운행에 지장을 줄 수 있으므로 삼간다.

알려주세요

최악의 참사, 전 세계 대형 선박사고의 역사

20세기의 주요 선박사고
- 1904년. 미국 유람선 '제너럴 슬로컴' 호에 화재 발생. 1,000여명 사망.
- 1912년. '타이타닉' 호가 북대서양에서 빙산에 부딪혀 침몰. 1,517명 사망, 706명 생존.
- 1914년. 캐나다 퀘벡 인근에서 '임프레스 오브 아일랜드' 호 침몰. 1,012명 사망.
- 1917년. 캐나다 노바스코셔 항구에서 프랑스 선적 '몽블랑' 호 폭발. 2,000여명 사망.
- 1945년. 2차 세계대전 당시 독일 여객선 '빌헬름 구스틀로프' 호, 피난민 싣고 가던 중 소련 어뢰에 의해 발트해에서 침몰. 9,400여명 사망 추정.

- 1948년. 중국 여객선 '지앙야' 호 어뢰 폭발 침몰. 2,750~3,920명 사망 추정.
- 1954년. 일본 페리선 '토야 마루' 호 태풍에 침몰. 1,153명 사망.
- 1981년. 인도네시아 자바 해역에서 여객선 '탐포나스2호' 화재로 침몰. 580여명 사망.
- 1986년. 방글라데시 메그나 강에서 여객선 침몰. 600여명 사망.
- 1987년. 필리핀 페리선 '도냐 파즈' 호, 유조선과 충돌. 4,386명 사망, 24명 생존.

1990년대 이후의 해외 주요 선박사고

- 1993년 2월. 아이티 포르토프랭에서 과적 여객선 침몰. 700여명 사망.
- 1994년 11월. 핀란드 발트해에서 여객선 '에스토니아' 호 침몰. 852명 사망.
- 1996년 5월. 아프리카 빅토리아 호수에서 과적 여객선 침몰. 800여명 사망.
- 1999년 11월. 중국 황해에서 여객선 화재로 침몰. 280여명 사망.
- 1999년 12월. 필리핀 해상에서 '아시아 사우스코리아' 호 암초 충돌. 250여 명 사망.
- 2000년 6월. 인도네시아 동북부 해안에서 여객선 '차하야 바하리' 호 침몰. 470여명 사망.
- 2002년 5월. 방글라데시 메그나 강에서 여객선 '살라후딘-2호' 침몰. 469명 사망.
- 2002년 9월. 잠비아 해안에서 '르 줄라' 호 폭풍우로 침몰. 1,863명 이상 사망.
- 2003년 7월. 방글라데시 남부에서 여객선 '나스린-1호' 침몰. 150명 사망, 수백 명 실종.
- 2004년 1월. 아프리카 콩고강에서 여객선 침몰. 200여명 사망, 실종.
- 2005년 7월. 인도네시아 동부 해상에서 페리 여객선 침몰. 200여명 사망.
- 2006년 2월. 홍해에서 이집트 여객선 '앗살람 보카치오98' 호 침몰. 1,028 명 사망.
- 2006년 12월. 인도네시아 연안에서 '세노파티 누산타라' 호 침몰. 400여명 사망.
- 2008년 6월. 필리핀 '프린세스 오브 더 스타' 호 태풍으로 침몰. 800여명 사망, 실종.
- 2009년 1월. 인도네시아 앞바다에서 여객선 '트라타이 프리마' 호. 235명 이상 사망.
- 2011년 9월. 탄자니아에서 출발한 여객선 '스파이스 아일랜더' 호 전복. 200여명 사망.
- 2012년 1월. 이탈리아 크루즈선 '코스타 콩코르디아 호 좌초. 32명 사망.
- 2012년 4월. 인도에서 페리 여객선 침몰. 203명 사망, 실종.
- 2012년 7월. 탄자니아 근처에서 페리 여객선 '스카지트' 호 침몰. 144명 사망.
- 2013년 8월. 필리핀 세부 인근에서 페리 여객선 '토머스 아퀴나스' 호 침몰. 71명 사망. 49명 실종.

고속철도

'고속열차'란 여객 운송을 목적으로 운행하는 고속차량으로 편성된 열차를, '고속철도'란 주요구간을 시속 200㎞ 이상으로 주행하는 철도를 뜻한다. '고속철도 대형사고'는 고속열차 운행 중의 대규모 재난상황으로서 10명 이상의 사망자가 발생하거나 24시간 이상 열차운행 중단, 50억 원 이상의 재산피해가 발생한 사고 등을 지칭한다. KTX와 같은 초고속 열차의 상용화와 함께 사고 위험이 높아지고 있으며, 사고 종류에는 객차 화재, 탈선 및 충돌, 테러(독가스 등), 방화 등이 있다.

▶ 위급상황 행동요령

- 차량 출입문 옆의 인터폰으로 승무원에게 연락하기
- 객차에 비치된 소화기를 이용하여 불을 초기에 끄기
- 화재 발생 시 코와 입을 수건, 티슈, 옷소매 등으로 막고 다른 객차로 이동하기
- 부상자, 노약자, 임산부 돕기
- 승강문이 열리지 않으면 비상용 망치로 창문을 깨고 탈출하기

☑ 이것만은 **꼭** 알아두자

승강문 수동으로 열기

① 승강문 왼쪽 상단에 있는 에어제거 버튼을 내린다.
② 공기 빠지는 소리와 함께 승강문 쇄정버튼이 밖으로 나오면 버튼을 잡아당긴다.
③ 승강문이 밖으로 튀어나가면 손잡이를 옆으로 잡아당겨 문을 연다.

- 터널 내에서는 자세를 낮추고 비상 유도등을 따라 가까운 터널 입구 혹은 비상대피소로 이동한다.
- 안전한 장소에 도착 후 침착하게 구급차, 구원열차, 연계 수송 교통수단을 기다린다.

⊘ Point 절대 금물! 위험을 초래하는 행동

- 열차에서 탈출 후 반대선 선로에 머물 경우 더 큰 인명사고를 초래할 수 있으므로, 선로에 머무르지 않는다.

지하철

최근 빈번하게 발생하고 있는 지하철에서의 안전사고에는 열차끼리의 충돌이나 추돌로 인한 사고, 기계 노후로 인한 오작동, 객차 화재 사고, 정전으로 열차가 멈추는 사고, 방화로 인한 사고, 운행 부주의로 인한 사고 등이 있다.

➡ 위급상황 행동요령

- 노약자·장애인석 옆에 있는 비상버튼을 눌러 승무원에게 연락한다.
- 열차가 멈춘 후 출입문이 자동으로 열리지 않을 경우 수동으로 문을 연다.
- 문이 안 열릴 경우 비상용 망치나 소화기로 유리창을 깬다.
- 스크린도어(PSD)가 열리지 않을 경우 스크린도어에 설치된 빨간색 바를 밀고 나간다.
- 화재 발생 시 객차의 노약자 및 장애인석 아래에 비치된 소화기로 불을 끈다.

- 유독가스를 마시지 않도록 코와 입을 수건, 티슈, 옷소매 등으로 막고 비상구로 신속히 대피한다.
- 비닐봉지를 입으로 불어 부풀린 후 코와 입을 대고 호흡하면 방독면 대용으로 사용할 수 있다.
- 정전 시에는 비상 대피 유도등을 따라 출구나 가까운 터널 입구로 나간다.
- 유도등이 보이지 않으면 시각장애인 안내용 보도블록을 따라 나간다.
- 지상으로 대피하지 못했다면 전동차 진행방향 터널로 대피하여 승강장 인근 환기구로 나간다.

✓ 이것만은 꼭 알아두자

출입문 수동으로 열기

① 출입문 쪽 의자 아래 또는 벽면에 있는 뚜껑을 연다.
② 뚜껑 속 비상 코크를 잡아당기거나, 빨간색 비상 핸들을 시계방향으로 90도 돌린다.
③ 공기 빠지는 소리가 멈출 때까지 3~10초간 기다린다.
④ 출입문을 양쪽으로 밀어서 연다.
- 열차가 달리고 있을 때는 절대로 수동으로 문을 열지 않는다.

Point 절대 금물! 위험을 초래하는 행동

- 반대선 열차 운행 선로로 대피하거나 머무르면 반대쪽에서 들어오는

열차에 치이는 등 더 큰 사고를 불러일으킬 수 있으므로 매우 위험하다.

- 선로로 탈출 시 단번에 뛰어내리면 부상을 입을 수 있으므로 자세를 낮춰 손으로 바닥을 짚으면서 안전하게 뛰어내린다.

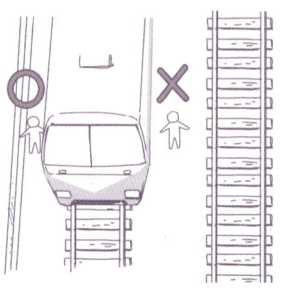

알려주세요

최근 지하철 사고가 늘고 있는 이유는?

최근 들어 지하철 충돌 및 추돌 사고가 잦아지면서 전문 안전요원의 안내를 받지 못한 사고 차량 승객들이 스스로 열차 밖으로 탈출하거나 선로 위로 탈출하여 이동해야 하는 아찔한 상황이 반복되었다.

전문가들에 의하면 최근 빈발하는 우리나라 열차 사고의 원인은 명백한 인재로서, 열차 노후화 및 부품 고장 방치와 폭넓은 안전 불감증에서 비롯되었다. 열차 추돌 사고의 경우, 앞서 가는 열차와의 추돌을 자동으로 방지해주는 자동정지시스템에 오류가 발생할 경우 각종 사고가 발생할 수 있는데 이 순간 열차 기관사가 앞서 가는 열차를 육안으로 확인하여 비상 제동 조치를 취하는 순발력과 판단력을 발휘하는 포인트를 조금이라도 놓칠 경우 대형 참사로 이어질 수 있다.

또한 25년 가까이 운행되는 동안 노후화된 전동차 차량 자체가 내구성이 떨어져 각종 예기치 못한 문제를 야기하는 것도 주요 원인이다. 그럼에도 불구하고 지난 정권 당시 철도 차량의 내구 연한을 폐지했던 방침이 최근의 각종 철도사고의 원인으로 작용하기에 이르렀다. 안전관리보다 적자 해소와 비용 절감에 초점을 맞추고 있는 현재의 철도 및 지하철 시스템, 효율성만을 따져 철도 전문 인력을 계속해서 감축하고 구조 조정하는 것, 인건비 절감을 위해 전문 기관사 인력을 줄이고 자동화를 이유로 역무원 인력을 줄이는 방침, 안전 전문 훈련을 받은 역무원을 역사와 승강장에 충분히 배치하지 않는 것, 전문 분야들을 무리하게 외주업체에 맡김으로써 특히 안전문제에 있어 책임소재가 불분명해지고 전문성이 떨어지는 것, 그리고 업체 간의 뿌리 깊은 커넥션에 의해 불량한 부품을 유통시키는 것 등 복합적인 원인들을 해결하지 않는다면 지하철 사고는 앞으로도 끊이지 않을 것이다.

알려주세요

지하철 선로로 추락했다면?

■ **내가 떨어졌다면?**
- 열차가 들어오고 있다면 승강장 위로 기어오르려 하지 않는다.
- 옷을 흔들고 소리를 질러 도움을 청한다.
- 승강장 아래 공간, 열차와 벽 사이 공간, 상하행선 분리 기둥 사이 등으로 피한다.
- 옷가지나 가방이 열차에 휩쓸려 2차 사고가 나지 않도록 몸에서 떼어둔다.
- 기어가지 말고 신체가 레일에 직접 닿지 않도록 서서 간다.
- 열차가 들어오지 않고 배차 시간이 충분할 경우 승강장 위로 올라오기를 시도하되, 혼자서 올라오려 하지 말고 큰 소리로 도움을 요청한다.
- 지하철공사 직원의 안내를 받는다.

■ **다른 사람이 떨어졌다면?**
- 큰 소리로 주변에 도움을 요청하고 역무원에게 알린다.
- 근처에 비상통화장치가 보이면 비상통화로 역무원에게 알린다.
- 구하기 위해 섣불리 선로로 뛰어 내려가지 않는다.
- 배차 시간이 길고 열차가 전 전 역에 도착하지 않았을 경우, 몸을 낮춰 무게중심을 승강장 위에 둔 채 도구를 사용하여 끌어올린다.
- 혼자 끌어올리지 말고 여러 명의 힘을 합친다.

화재

화재의 가장 큰 요인은 부주의로서 평상시 불이나 전기 사용 시 주의하고 대비하는 것만으로도 화재사고의 상당수를 줄일 수 있다. 소방시설 점검과 전기 및 가스 사용 후 전원이나 밸브 차단을 습관화한다.

불조심 체크리스트

화재 예방 습관이 되어 있는가?
- 평상시 피난방법 및 대피로(2가지 이상) 알아두기
- 취침 전 및 외출 전 화기 및 전기의 전원과 밸브를 점검하는 습관 들이기
- 소방훈련 참가하기
- 아이들이 불장난을 하지 않도록 지도하고, 라이터나 성냥은 안 보이는 곳에 보관하기
- 흡연구역을 지키고, 담뱃불이 완전히 꺼진 후 버리기

- 건물 비상구에 빈 박스, 쓰레기 등 탈 수 있는 물건 두지 않기

전기와 가스를 안전하게 사용하는가?
- 조리기구 사용 후 중간밸브 잠그기
- 가전제품, 전열기 사용 후 전원 차단하기
- 전기기구 고장이나 이상한 냄새가 나면 즉시 전기 차단하기
- 전열기, 난로 주변 1m 이내에 커튼, 침구류, 종이, 비닐 두지 않기
- 전기코드가 끊어지거나 피복이 벗겨진 경우 즉시 교체하기
- 전기 용량에 맞는 전선 사용하기
- 문어발식 콘센트 사용하지 않기
- 조리 도중 가스불을 켜 놓은 채 자리를 비우지 않기

소화용구 및 방재 장비가 갖춰져 있는가?
- 일반 가정에도 세대별로 소화기 비치하기
- 소화기는 월 1회 이상 점검하기
- 화재경보기, 화재감지기, 가스누설경보기, 누전차단기 설치하기
- 소방시설, 방화셔터, 스프링쿨러 정기 점검하기
- 뿌리면 방염 효과를 볼 수 있는 방염 스프레이를 마련해 두기
- 유류 위험물은 안전한 장소에서, 가연성 가스는 안전관리자의 참여 하에 취급하기

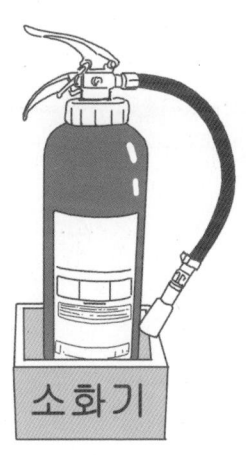

- 아파트 베란다의 비상탈출구 앞에 피난에 장애가 될 물건 쌓아놓지 않기

▶ 위급상황 행동요령

화재신고는 이렇게

- 큰 소리 및 경보기로 주변에 신속하게 알린다.
- 119로 전화하여 화재 내용과 위치, 주소, 주변의 눈에 띄는 건물 등을 설명한다.
- 신고자의 전화번호를 알려준다.
- 소방서에서 알았다고 할 때까지 전화를 끊지 않는다.
- 공중전화는 빨간색 긴급통화 버튼을 누르면 긴급신고(119, 112) 통화를 할 수 있다. 개통 전의 휴대전화로도 긴급신고가 가능하다.

초기 소화는 이렇게

- 전기 스위치를 끄고, 가스 밸브를 잠근다.
- 소화기나 물을 이용하여 불을 끄되 전기 화재, 기름 화재는 절대 물을 사용하지 않는다.
- 가스 화재는 폭발 위험이 있으므로 갑자기 문을 열거나 전기기기를 만지지 않는다.

대피 요령

- 발견 즉시 '불이야' 하고 큰소리로 외치고 화재경보 비상벨을 누른다.
- 열린 문을 닫으면서 대피하여 확산을 지연시킨다.
- 건물 아래층으로 대피가 불가능한 때에는 옥상으로 대피한다.
- 자세를 낮추고 물에 적신 담요나 수건으로 몸과 얼굴을 감싸고 코와 입을 막는다.
- 방문이나 출입문을 열기 전에 손등으로 문손잡이의 온도를 확인하고, 손잡이가 뜨거우면 절대 문을 열지 말고 다른 비상통로를 찾는다.
- 아파트 통로 계단으로 대피가 어려우면 베란다에 설치된 비상탈출구 혹은 경량칸막이를 파괴한 후 옆집으로 대피한다.

밖으로 대피하지 못했다면?

- 휴대전화로 119에 전화를 걸어 자신의 위치를 알린다.
- 창문이 있는 방에서 자세를 낮추고 물에 적신 수건으로 코와 입을 막고 구조를 기다린다.
- 연기가 들어오지 못하도록 문틈을 옷, 담요 등을 적셔 막는다.

옷에 불이 붙었다면?

- 손으로 눈과 입을 가리고 바닥에서 뒹굴면 불을 끌 수 있다.

연기가 난다면?

- 코와 입을 젖은 수건으로 막아 연기가 폐에 들어가지 않게 한다.
- 몸을 낮춰 팔과 무릎으로 기어서 이동한다.
- 이동할 때는 자세를 낮추고 기어가듯 벽을 따라 간다.
: 화재 시 위쪽보다 아래쪽에 공기가 남아 있다.
- 계단 바닥에는 공기가 남아 있어 약간의 공기를 마실 수 있다.
- 통로에서 연기가 위로 올라간다면
: 위쪽에 신선한 공기가 있는 것이므로 위로 올라간다.
- 통로에서 연기가 내려오고 있다면
: 위쪽으로 올라가지 않는다.

밀폐 공공장소(찜질방, 사우나 등)에서 불이 났다면?

- 직원에게 바로 알리고, 물에 적신 찜질복이나 수건으로 코와 입을 가리고 대피한다.
- 자세를 낮추고 벽을 따라가며 비상구로 이동한다.
- 탈출이 불가능한 경우 목욕탕으로 대피해 사방에 물을 뿌리면서 구조를 기다린다.

✓ 이것만은 **꼭** 알아두자

소화기 사용법

① 손잡이 부분의 안전핀을 뽑는다.

② 바람을 등지고 서서 호스를 불쪽으로 향하게 한다.
③ 손잡이를 움켜쥐고 빗자루로 쓸듯이 뿌린다.

사고 후에는

건물 밖으로 빠져나왔다면?

- 건물 밖으로 탈출했다면 건물에서 멀리 떨어진 안전한 장소로 이동한다.
- 건물 밖으로 나온 뒤에는 다시 들어가지 않는다.
- 바람이 불어오는 쪽에서 구조를 기다린다.

소방구조대 도착 전이라면?

- 부상자나 의식 잃은 환자가 있다면 응급처치(의식, 호흡, 맥박 확인 후 심폐소생술 및 화상에 대한 처치)를 한다.
- 전화를 통해 구급대원의 지시에 따른다.

소방구조대가 도착했다면?

- 대피하지 못한 사람이 있을 경우 소방관에게 인원수와 최종 확인 위치를 알린다.
- 불 난 진원지, 원인, 불이 나고 있는 형태 등 자신이 아는 정보를 전달한다.

Point 절대 금물! 위험을 초래하는 행동

- 119 장난전화는 처벌의 대상이다.
- 절대로 엘리베이터를 타지 않는다.
: 엘리베이터 통로는 화재 시 가스가 올라오는 통로이므로 엘리베이터 탑승은 매우 위험하다.
- 아래층에서 연기가 올라온다면 더 이상 내려가지 말고 옥상으로 대피한다.

 Tip 코에 그을음이 묻었다면? → 기도화상 위험!

얼굴 쪽에 화상을 입었거나 코 끝에 검은 그을음이 묻은 경우 기도화상을 입었을 수 있으므로 최대한 신속히 병원 치료를 받는다.

화학물질 유출

화학물질 유출로 인한 사고는 주로 공장이나 산업체에서 발생하지만 유출 규모가 크다면 인근의 광범위한 지역에서도 큰 피해를 입을 수 있다.

▶ 위급상황 행동요령

야외에 있다면?

- 피부는 우의나 비닐로 감싸 공기 노출을 막고, 호흡기는 수건이나 마스크로 감싸고, 오염되지 않은 지역으로 대피한다.
- 대피할 때는 바람을 안고 바람이 불어오는 방향으로 이동하고, 대피하려는 방향으로부터 가스가 날아온다면 불어오는 바람의 직각 방향으로 이동한다.

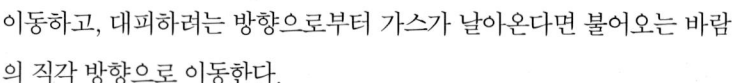

실내에 있다면?

- 창문과 출입문을 닫고 외부 공기와 통하는 에어컨, 환풍기 작동을 중지시킨다.

응급환자가 발생했다면?

- 신선한 공기가 있는 곳에 눕히고, 깨끗한 옷으로 갈아입히고 담요를 덮어 체온을 유지한다.
- 호흡 곤란이 심할 경우 산소호흡을, 호흡이 정지된 경우 인공호흡을

실시한다.

☑ **이것만은 꼭 알아두자**

- 화학 유독 가스는 대개 공기보다 무거우므로 고지대로 대피하는 것이 안전하다.

대피 후에는 이렇게

- 안전지대로 대피한 후에는 비눗물로 샤워한 후 깨끗한 옷으로 갈아입는다.
- 즉시 병원으로 가서 진찰을 받는다.

Point 절대 금물! 위험을 초래하는 행동

- 오염된 지역 내의 식수나 음식물을 함부로 먹지 않는다.

방사성물질 유출

한국은 23개의 원전을 보유한 세계 다섯 번째 원전 보유국으로 사고 위험이 도사리고 있다. 원자력발전소가 있는 지역뿐만 아니라 전국 각지의 방사능 연구소, 산업체, 병원 등에서 방사성 물질이 사용되고 있으며 산업용 및 의료용 핵종이 200여 종이 넘는 실정이다. 방사성 물질 누출 및 피폭사고가 발생할 수 있음을 인지하고 만약의 사태에 대비해야 한다.

➡ 위급상황 행동요령

- 지하나 건물 중앙으로 대피한다.
- 방사능이 콘크리트 벽을 통과하지 못하므로 가급적 실내에 대피하고, 창문과 출입문을 닫아 공기의 유입을 최대한 막는다.
- 건물 내 방사능 유출 경고가 있으면 방진마스크, 방독면을 쓰거나 코와 입을 손수건으로 막고 오염되지 않은 건물로 대피한다.

- 대피할 때는 전기와 가스를 끄고 수도꼭지를 잠근다.
- 오염지역에서 탈출할 때는 때는 바람을 등에 맞는 방향으로, 사고 지점에서 반경 20km 밖으로, 72시간 내에 대피한다.

☑ 이것만은 **꼭** 알아두자

대피 표시는 이렇게

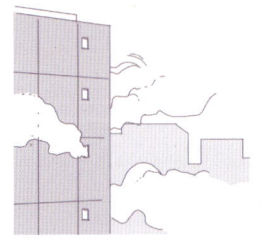

- 건물 안에 대피 중이라면
: 노란 천을 걸어둔다.
- 건물을 비우고 탈출한다면
: 출입문을 잠그고 흰 천을 눈에 띄는 곳에 걸어둔다.

농수산물 방사능 오염이 우려된다면?

- 2011년 후쿠시마 원전 사고로 유출된 방사능물질은 세슘, 요오드 등이다.
- 현재 우리나라의 경우 농산물을 씻어내고 먹으면 안전한 수치다.
- 수산물의 경우 일본 열도가 해류의 방파제 역할을 하여 우리나라 바다의 직접적인 방사능 오염은 미비하다.
- 식품 허용 방사능 기준치는 한국이 미국, 일본보다 엄격한 편이다.

미국 : 세슘 1200Bq(베크렐) / 요오드 170Bq (식품 1kg 혹은 1리터 당)
EU(유럽연합) : 600Bq / 500-2000Bq
일본 : 500Bq / 2000Bq   한국 : 370Bq / 300Bq

내가 사는 곳의 방사선 수치가 궁금하다면?

- 국가환경 방사선 자동감시망(iernet.kins.re.kr)에서 국내 방사선량 수치를 실시간으로 확인할 수 있다.

- 안전지역으로 판명되지 않은 곳에 접근하지 않는다.
- 방사능 낙진이나 방사능 비를 대비해 외출 시 우산을 쓰고 비옷을 입는다.
- 사용한 비옷, 오염된 옷, 장갑 등은 비닐봉지에 넣어 따로 폐기한다.
- 귀가 즉시 몸을 씻고 옷을 세탁한다.
- 방사능 피폭으로 인한 인체 피해 증상은 급성(수 주 이내 나타남)과 만성(수 개월에서 수 년 후 나타남)이 있다. 구토, 위장 장애, 혈소판과 백혈구 감소, 면역기능 문제, 백혈병이나 암 발병 등의 위험이 있으므로 정기적인 검진을 받는다.
- 미역, 다시마 등 요오드가 풍부한 해조류, 천일염이나 죽염, 전통발효음식, 통곡물, 신선한 채소 등이 도움 된다.

Point 절대 금물! 위험을 초래하는 행동

- 자녀가 학교에 있는 동안 사고가 발생했다면 찾아가지 않는다. 학교에서 자체적으로 대피 조치를 취하므로 부모 자신도 안전한 곳으로 대피하여 피폭되지 않는 것이 먼저다.

- 방사능에 노출된 옷 등을 소각할 경우 방사성물질이 공기 중으로 퍼질 수 있으므로 소각하지 말고 물로 씻거나 봉투에 담아 버린다.

알려주세요

우리나라 아파트에서 방사능이 검출되고 있다?

지난 2011년 서울의 한 골목길 아스팔트에서 방사능이 기준치 이상 검출되어 큰 파장을 불러일으킨 후, 우리나라 아스팔트의 방사능 안전성에 대해 끊임없이 문제가 제기되고 있다. 이 아스팔트에서 검출된 방사능 수치는 2011년 원전사고가 일어난 일본 후쿠시마 주변 마을에서 측정된 수치와 크게 차이가 나지 않을 정도이다.

더 심각한 것은 우리나라 국민 상당수의 거주 형태인 아파트의 시멘트에서 방사능이 검출되고 있다는 사실이다. 우리나라 주택의 방사능 안전 수치인 0.3 $\mu Sv/h$(밀리시버트)를 몇 배나 초과하는 높은 수치의 방사능이 실제 주민이 거주 중인 아파트 실내에서 검출된 바 있다. 즉 국내 아파트에 거주하는 누구라도 방사능에 피폭되고 있을 가능성이 있다는 뜻이다.

전문가들은 아파트 시멘트의 방사능 검출 원인으로 시멘트 및 철근이 방사능이 오염된 채로 유입되었기 때문이라고 지적하고 있다. 국내 제철소에서 사용하는 고철 중 상당수를 일본에서 수입하는데 이 과정에서 방사능 검사를 거치지 않은 채 들여오는 수가 막대하고, 이 고철을 아스팔트에 섞어 쓰고 시멘트 제조에도 사용한다. 우리나라에서 주택 건설에 사용하는 시멘트의 경우 석회석과 각종 산업 폐기물, 고철을 섞어 제조하기 때문에, 방사능에 오염된 고철이 혼합된 시멘트로 지은 집에서는 방사능이 검출될 수밖에 없다. 어느 주택에서 어느 정도의 방사능이 검출되고 있는지를 공식적으로 밝히지 않고 있으므로 방사능 피폭 위험은 현재진행형이라 할 수 있다.

건물 붕괴

건물이나 교량 등이 갑자기 무너지는 원인은 여러 가지가 있지만, 우리나라의 경우에는 과거 성수대교나 삼풍백화점 붕괴사고의 경우처럼 부실공사, 화재 등 인재가 원인인 경우가 많다. 평소 이상 징후가 발견되면 즉시 대피하고 정밀 점검을 실시해야 한다.

건물 붕괴를 예고하는 주요 징후

- 건물 바닥이 갈라지거나 함몰됨
- 창이나 문이 뒤틀리거나 여닫기가 어려워짐
- 기둥이 휘거나 마감재가 떨어져 나감
- 기둥에 균열이 생기거나 바닥이 급격하게 처짐
- 지반이 침하되거나 석축 옹벽의 균열이 시작됨
- 벽이나 바닥에서 얼음이 깨지는 듯한 균열음이 들림

- 철거 중인 구조물에 화재가 발생하거나 철강재가 화염에 노출되었음

➡️ 위급상황 행동요령

대피할 때는?

- 가방, 방석 등으로 머리부터 보호한다.
- 건물 구조를 잘 아는 건장한 성인이 앞장선다.
- 출구로 한꺼번에 몰릴 경우 압사 사고가 일어날 수 있으므로 질서를 지킨다.
- 계단통로 등 견디는 힘이 강한 벽체 쪽으로 이동한다.
- 완강기, 로프 등 탈출에 필요한 물품을 이용한다.
- 이동 중 장애물을 치울 때는 추가 붕괴 위험을 주의한다.
- 건물 밖으로 나오자마자 최대한 멀리 대피한다.

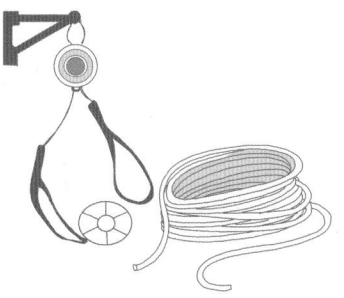

대피하다 잔해에 깔리거나 고립됐다면?

- 휴대전화로 112, 119에 구조를 요청한다.
- 휴대폰 불통 구역이라도 전원을 일정 주기로 켜놓는다.
- 공기가 들어오는 창가, 선반이 없는 벽, 낙하물을 막아줄 수 있는

단단한 탁자 아래 등에서 자세를 낮추고 구조를 기다린다.
- 손전등을 비추거나, 소리를 지르거나, 파이프 등을 규칙적으로 두드려 구조대의 주의를 끈다. 단, 불필요하게 체력을 소모하지 않는다.
- 담요, 박스 등으로 머리부터 보호한다.
- 근처에 깨끗한 물을 찾아보고, 한꺼번에 마시지 않고 입 안을 조금씩 축인다.
- 잔해에 신체 일부가 깔렸을 경우 혈액순환을 위해 수시로 손가락과 발가락을 움직인다.
- 부러진 곳이 있으면 되도록 움직이지 않는다.
- 옷이나 천으로 코와 입을 덮고 있으면 수분 손실을 줄일 수 있다.
- 출혈이 심하지 않고 최소한의 식수가 존재할 경우 사람은 3주 이상 생존할 수 있으므로 포기하지 않고 구조를 기다린다.

Point 절대 금물! 위험을 초래하는 행동

- 가스 누출 시 폭발할 수 있으므로 성냥, 라이터를 켜지 않는다.
- 극심한 갈증과 탈수증이 극에 달해 소변을 마실 경우 탈수 상태를 더욱 악화시킨다.

초고층 건물 안전사고

2010년 부산 해운대의 38층 주상복합건물 화재사고처럼, 초고층건물이나 지하연계복합건축물에서 화재 등 안전사고가 날 경우 큰 사고로 이어질 수 있다. 우리나라의 경우 11층 이상의 아파트와 고층 건물이 8만여 곳 이상이며, 11층 이상의 높이는 화재가 나도 고가사다리를 이용한 진화나 대피가 어렵다. 또한 초고층건물의 경우 계단이나 비상용 승강기 규정 외에 별도의 대피시설이나 관련 제도 및 재난관리 시스템이 미흡하여 대규모 재난으로 확산될 수 있다.

- 초고층건물은 대피 동선이 길고 인파가 많으므로 평소 대피 통로를 알아둔다.
- 초고층건물 거주자나 사업자는 소화기 위치를 확인하고 사용법을 익혀둔다.
- 가스와 전기 관리에 각별히 신경 쓴다.
- 사고 발생 시 건물 관리자의 신속한 신고, 안내방송, 대피 유도 안내 등 초기대응활동이 중요하다.

➡ 위급상황 행동요령

- 많은 인원이 당황하여 한 곳으로 몰릴 경우 압사사고 등 2차 피해를 유발할 수 있으므로 대피 과정에서 밀거나 당기는 행동을 자제하고 질서를 지킨다.
- 지상으로 대피하지 못했을 경우 옥상으로 대피하여 구조대를 기다린다.
- 화재 시 창밖을 보았을 때 연기가 위로 올라가면 아래층에서 불이 난 것이므로 옥상으로 대피하고, 연기가 보이지 않으면 위층에서 불이 난 것이므로 아래층으로 대피한다.

- 대피 도중 고립되었을 경우 계단실 등 강한 벽체가 있는 곳으로 피신한 후 휴대전화 등으로 외부에 구조를 요청한다.
- 미처 대피하지 못했다면 창문을 열고 눈에 잘 띄는 천을 흔들어 자신의 위치를 알린다.

✓ 이것만은 꼭 알아두자

- 손등을 문이나 손잡이에 댔을 때 열기가 느껴지거나 연기가 문틈으로 들어오면 지금 있는 층에서 화재가 나고 있는 것이므로 문을 열지 않고 다른 통로를 찾는다.

Point 절대 금물! 위험을 초래하는 행동

- 엘리베이터는 화재 발생 시 전원이 차단되고 유독가스가 고이므로 절대 타지 않는다.
- 2차 화재 및 폭발을 예방하기 위해 성냥, 라이터 등은 절대 켜지 않는다.

알려주세요

국내 초고층건물 사고, 기술력보다 안전불감증이 원인!

초고층건물이란 건축법상 50층 이상 혹은 높이 200m 이상의 건물을 뜻하고, 30층에서 49층의 건물은 준초고층건물이라 일컫는다.

국내 30층 이상 건축물은 지난 2010년 국토교통부의 통계에서 이미 전국 963개가 넘은 실정이다. 그리고 50층 이상 초고층건물은 서울에만 18곳, 그중 69층 타워팰리스가 강남 지역에 6개동, 영등포에도 63빌딩 등 50층 이상 건물이 들어서 있다. 송파구 롯데월드타워는 국내 최고인 지상 123층, 555m에 달한다.

그러나 2010년 부산 해운대 38층 아파트의 화재 사고, 2013년 서울 삼성동 46층 아이파크 아파트의 헬기 충돌사고, 시공 중이던 롯데월드타워의 화재사고 등 국내 초고층건물의 사고가 늘어나면서 안전대책에 대한 논란이 계속되고 있다. 초고층건물을 건설하는 기술력은 세계 최고 수준이나 안전에 대한 대비책은 거의 없는 만큼 미국이나 일본처럼 안전 전문 인력을 양성하고 배치해야 한다. 국내 초고층건물이 안전문제에 취약한 이유는 다음과 같다.

- 초고층 및 준초고층 건물에 피난안전구역 설치를 의무화한 건축 법안이 2012년 3월에 시행되었다. 즉 그 이전에 지어진 준초고층 이상 건물에는 피난안전구역이 제대로 마련되지 않은 곳이 많다.

- 건물별 및 층별로 재난관리를 하는 전문 인력이 배치되어 있지 않거나 매우 부족하다.
- 높은 건물일수록 화재 발생 시 강풍의 영향 및 건물구조로 인해 불이 급격히 확산된다.
- 화재 발생 시 소방차 접근이 어렵다.
- 소방차가 화재를 진압할 수 있는 최고 높이는 15층, 고가사다리가 닿을 수 있는 높이는 18층까지다. 부산소방본부에는 24층 높이까지 닿을 수 있는 국내 최고인 72m 높이의 사다리차를 2대 보유하고 있다. 그 외의 지역에서는 고가사다리 장비가 부족하거나 없으므로 초고층건물의 중간층 이상의 경우 화재 진압이 거의 불가능하다고 할 수 있다.
- 헬기로 화재를 진압하거나 인명을 구조하는 것은 절대적인 한계가 있다. 특히 초고층건물의 경우 건물 주변의 안개 및 불안정한 바람(와류) 등 기상 문제로 인해 접근에 한계가 있으며 충돌사고 위험이 크다.
- 초고층건물 정상이나 옥상에 헬기 착륙장이 마련되어 있어야 하나, 최근 지어진 초고층건물 중에는 헬기 착륙장 대신 전망대를 만들거나 첨탑 형태로 지어진 곳도 많다.
- 초고층건물에는 상주인구 자체가 많아 대피과정에서 2차사고가 일어날 수 있다.

산불

우리나라에서는 연간 500여 건이 넘는 산불이 발생하고 있다. 한국의 경우 자연적인 원인보다 사람에 의해 발생한 산불이 대부분이므로 산행을 하거나 산 주변에서 취사를 할 경우 각별히 주의한다. 산불 유발 위험 행위로는 논이나 밭두렁 태우기, 담뱃불, 쓰레기 소각, 성묘객 실수, 불장난 등이 있다.

예방하려면?

산불 예방 기본상식

- 산에 갈 때 성냥, 담배 등 인화성 물질 소지하지 않기
- 입산 통제 구역으로 가지 않기
- 야영이나 성묘할 때 절대 불씨를 다루지 않기
- 담배를 피우거나 담배꽁초를 버리지 않기

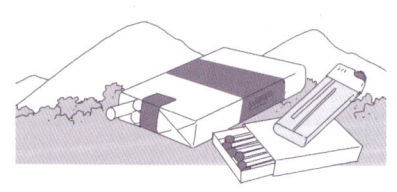

- 소각 행위는 면사무소, 시·군 산림부서 등에 사전 허가를 받기
- 산행에서 내려와 쓰레기를 태우는 행위 하지 않기

➡ 위급상황 행동요령

산불을 발견했다면?

- 119, 112, 산림청 등에 즉시 신고한다.
- 초기의 작은 불은 외투 등을 덮거나 두드려 진화한다.
- 산불에서 멀리 떨어진 논, 밭, 공터 등으로 대피한다.
- 불길이 가까워도 침착하게 주위를 살펴 불이 약한 곳으로 이동한다.

산불을 피해 대피할 때는?

- 산불은 바람이 불어가는 쪽으로 번지므로 바람 방향을 살핀다.
- 산불은 낮은 곳에서 높은 곳으로 올라가므로 불 난 곳보다 아래쪽으로 대피한다.
- 불에 타는 것이 적은 바위, 흙, 도로, 계곡, 수풀 없는 지역으로 피한다.
- 미처 대피하지 못했다면 낙엽이나 나뭇가지가 적은 지대를 찾아 몸을 낮추고 얼굴을 가리고 구조를 기다린다.

주택가로 산불이 확산되려 할 때는?

- 집 주변에 물을 뿌리고, 문과 창문을 닫고, 가스통이나 가연물질은 치운다.
- 산과 연결된 민가 주민은 산에서 멀리 떨어진 논, 밭, 학교, 공터, 마을 회관 등으로 즉시 대피한다.

- 거동이 불편한 노약자나 장애인이 남아 있지 않은지 이웃집을 확인한다.
- 가축은 안전한 장소로 즉시 옮긴다.

산불 진화에 참여할 때는?

- 산림 인근 거주민은 진화 도구(곡괭이, 갈퀴, 안전복, 안전모 등)를 평소에 갖춘다.
- 현장 지휘권자의 지시에 따라 진화활동을 수행한다.
- 낙엽, 나뭇가지 등을 미리 태워 불길의 번짐을 막는다.
- 불길이 넘지 않을 지역에 진화선을 설치한다. (예: 연료량이 없는 장소, 도로 · 하천 · 능선 등 자연경계 지역 등)

☑ 이것만은 **꼭** 알아두자

- 산불 원인에 대한 정보를 알고 있거나, 산불을 유발하는 행위를 하는 자에게 주의를 요청했을 때 거부하는 경우 즉시 산림청, 112, 시 · 도 · 군 · 구 산림부서, 국유림관리소 등에 신고한다.
- 산불 관련 법령을 알아둔다.
: 과실로 산불을 낸 경우 3년 이하 징역 또는 1500만 원 이하의 벌금, 방화의 경우 7년 이상의 징역, 자기 소유의 산림이나 타인 소유의 산림에 불을 내면 10년 이하의 징역, 산림 인접 지역에 허가 없이 불을 놓으면 과태료 100만원, 화기나 발화물질을 갖고 산에 들어가면 과태료 30만 원 등에 처한다.

 사고 후에는

- 큰 불이 꺼졌어도 작은 불씨가 있으면 바람이 불 때 다시 불길이 일어날 수 있으므로 불씨를 완전히 제거한다.
- 잔불까지 끈 후에도 풍향을 살펴 최소 24시간 이상 감시한다.

 Point 절대 금물! 위험을 초래하는 행동

- 산불의 주요 원인인 논두렁이나 밭두렁 태우는 행위를 절대 하지 않는다.
- 성묘할 때 신위 태우는 행위를 금하고, 불씨를 사용해야 한다면 반드시 향로를 준비하여 불씨가 향로 밖으로 나가지 않도록 한다.

댐 붕괴

지진이나 홍수, 전쟁 등으로 인해 댐이 붕괴될 경우 대규모 침수와 2차 피해가 발생한다. 댐 붕괴의 징후가 발생할 경우에는 댐 관리기관 및 지자체, 정부에서 댐 붕괴에 관한 경고방송 및 재난방송을 실시하므로 TV, 라디오, 인터넷 등을 통해 상황을 확인하고 대피에 참여한다.

댐 붕괴 경고가 내려졌다면?

- 대피 전에는 침수에 대비하여 가스를 잠그고 전기제품 전원을 끄고, 중요 물건을 높은 곳으로 치우거나 고정시켜 둔다.
- 주민 간의 비상연락체계를 유지하고, 지역 재난안전대책본부 및 경찰서, 소방서의 통제와 안내에 따른다.
- 지역 대피장소, 대피 동선과 방법을 확인한 후 지정된 장소로 즉시 이동한다.

➡️ 위급상황 행동요령

- 대피장소 등 안전지대에 도달한 후에는 별도의 안내가 있을 때까지 무단 이동이나 개인행동을 하지 않고 대기한다.
- 다른 가족들과 연락이 되지 않을 경우 재난안전대책본부 등을 통해 확인한다.
- 지정된 대피장소로 미처 이동하지 못했을 경우, 주변의 고지대로 비상대피 후 소방서, 경찰서, 재난안전대책본부에 구조 요청한다.
- 붕괴 상황이나 강우 시간이 길어지면 신속한 피해복구 및 물자지원까지 시간이 걸릴 수 있으므로 상황을 살피고 물자를 아끼며 협력한다.

사고 후에는

붕괴 상황이 종료되고 침수가 끝났다면?

- 지반과 도로가 약해져 추가 붕괴위험이 있으므로 재난안전본부 등의 안전이 확인된 후 이동한다.
- 집에 들어가기 전에는 붕괴 위험을 점검한다.
- 추가적으로 비가 오면 수위가 다시 급격히 상승할 수 있으므로 기상예보를 실시간으로 확인한다.
- 가옥이 파손되었다면 재난관리기관에 복구지원을 요청하고 임시대피소로 이동한다.

 Point 절대 금물! 위험을 초래하는 행동

- 댐 붕괴 및 댐 붕괴로 인한 홍수 후에는 파손된 구조물, 토석류들이 한꺼번에 쓸려 내려와 대단히 위험한 상태이므로 댐 하류의 하천 근처에 절대 가지 않는다.
- 댐 붕괴 후 추가 피해가 언제든 발생할 수 있으므로 제방이나 부서진 건물 근처에 절대 가지 않는다.

알려주세요

신종 도시 재난 '싱크홀' 어떻게 대비할까?

최근 우리나라 도시 한가운데에서 싱크홀(sink hole : 땅 꺼짐) 현상이 자주 발생해 새로운 형태의 재난이 되고 있다. 땅이 내려앉는 싱크홀은 깊이가 수 미터에서 수십 미터로 규모가 다양하며, 아무 예고 없이 갑자기 발생해 사고 위험이 크다.

최근 도심지에서 자주 발생
- 도심의 도로나 아파트단지의 인도가 갑자기 꺼지며 깊이 2~3m의 싱크홀이 생겨 행인이 다치거나 차량사고 발생
- 지하 공사장 인근의 도로가 갑자기 내려앉아 안전사고 발생
- 초고층건물 공사 중인 주변 도로에서 싱크홀 자주 발생
- 지하철 공사장 인근 도로에서 20m가 넘는 싱크홀이 생겨 행인 사망사고 발생
- 광산 인근의 논바닥이 갑자기 꺼지며 깊이 30m에 이르는 대형 싱크홀 발생

싱크홀 현상의 특징은?
- 주로 대도시(고층건물, 지하철, 도로, 상하수도관이 지상과 지하에 복잡하게 얽힌 곳)에서 발생한다.
- 주변의 광산에서 무분별하게 채굴을 반복할 경우 발생한다.
- 전조증상이 전혀 없이 갑자기 땅이 꺼진다.

왜 땅이 꺼지는가?

- 지하공사로 인해 지반이 침하되고, 지반을 지탱하던 지하수가 유출 혹은 고갈되어 빈 공간이 발생하면서 땅이 꺼짐
- 지하철이나 고층건물 건설 등 지하공사가 잦아짐
- 지하수 과다 사용으로 지반이 침하됨
- 상하수도관 균열 및 노후로 땅 밑에 물길이 생기고 쓸려나가며 땅이 무너짐
- 정화조가 터짐
- 과도한 광산 채굴
- 호우 등으로 산성화되어 있던 지하수가 지하의 암석을 용해시켜 땅이 꺼짐

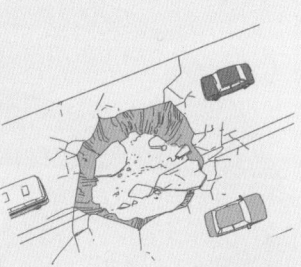

외국의 초대형 싱크홀 현상은?

- 미국, 남미, 중국 등의 대도시, 주택가, 공장지역에서 깊이 수십~100m에 이르는 초대형 싱크홀이 자주 발생해 건물과 주택이 순식간에 사라지는 등 사고가 이어지고 있다.
- 과테말라에서 발생한 깊이 100m 짜리 싱크홀(가옥 20여 채가 빨려들어감)과 깊이 60m 짜리 싱크홀(건물 3채가 빨려들어감), 미국 각지의 대도시와 주택가에서 발생한 크고 작은 싱크홀(3층짜리 리조트 건물 붕괴, 주택 수십 채 붕괴, 차량사고, 사망사고 등), 2013년 중국 허베이 성에서 발생한 깊이 20m의 싱크홀(건물 붕괴 및 건설근로자 16명 사망) 등 규모와 파괴력이 큰 것이 특징이다.

대비하려면?

- 무분별한 지하 공사를 억제해야 한다.
- 무분별한 지하수 개발을 줄여야 한다.
- 지하 공사 및 대규모 건물 공사를 할 때는 지반 조사, 상하수관 정보 조사, 공사지역의 지하 암석 성분 조사 등 철저한 사전조사를 선행해야 한다.
- 외국의 경우 지하수 보충(빠져나간 지하수를 다시 채워넣음) 등의 조치를 시도하고 있으나, 우리나라의 경우 지하수 오염 문제 등으로 아직 제도화되어 있지 않다.

인류는 태풍, 호우, 대설, 지진 등의 자연 재난을 항상 겪으며 생존해 왔다. 대규모 자연 재난 앞에서는 아무리 문명과 기술이 발달했다 하더라도 속수무책일 수 있으나, 최근 지구온난화와 기상이변의 영향으로 자연 재난의 양상도 과거와는 사뭇 달라지고 점점 더 예측 불가능한 현상들이 벌어지게 되었다. 자연재해라 할지라도 평소 어떻게 대비하느냐에 따라 인재로 인한 피해를 줄일 수 있을 것이다.

Part 6

자연 재난에서 살아남는 유형별 행동요령

태풍

태풍은 북태평양 남서해상에서 발생하는 열대성 저기압 중에서 중심 최대 풍속이 1초당 17m 이상의 폭풍우를 동반하는 기상현상을 말한다. 북서태평양에서는 태풍, 대서양에서는 허리케인, 인도양과 남태평양에서는 사이클론이라 부른다. 2002년 '루사', 2003년 '매미', 2010년 '곤파스' 등 우리나라에서 매년 큰 피해를 일으키는 대표적인 자연재해다.

태풍 오기 전 체크리스트

- 비상시 주민 대피장소 알아두기
- 실시간 기상예보 파악하기
- 가족 및 이웃 간 비상연락방법 정해두기
- 손전등, 식수, 비상식량, 응급약품 준비
- 하수구와 배수구의 막힌 곳 미리 뚫어놓기
- 하천 근처에 주차된 자동차 이동시키기
- 대피 전 수도와 가스밸브를 잠그고 전기차단기 내리기

- 모래주머니를 쌓아두어 저지대 건물 및 농경지 침수 예방하기
- 간판, 자전거, 지붕, 외부에 내놓은 가구와 기물 등 바람에 날아갈 위험이 있는 것은 단단히 고정시키기
- 농어촌 : 배수로, 농기계, 가축, 비닐하우스 점검하기, 어구 및 선박 고정해놓기

고지대, 고층건물이라면?

유리창에 테이프를 X자로 붙이는 것보다 유리와 창틀 이음새를 붙이는 방법이 더 효과적이었다. 창문 틈새로 들어오는 바람을 막으면 창이 덜 흔들리기 때문이다.

- 가전제품의 전원을 내리고 가스 밸브를 잠근다.
- 창가에 커튼을 치고 창문에서 멀리 떨어진다.
- 강풍에 부서지거나 추락할 위험이 있는 간판이 있을 경우 119에 신고하여 철거할 수 있다.

저지대, 반지하라면?

- 전기 차단기를 내리고 전기 플러그를 뽑고 가스 밸브를 잠근다.
- 대문과 창문 앞에 모래주머니를 쌓는다.
- 하수도와 배수구 청소를 한다.

- 구청에서 배포하는 지하수 역류방지장치를 설치해둔다.

➡️ 위급상황 행동요령

태풍주의보 및 태풍경보가 내려졌을 때 행동요령

- 건물 안으로 대피한다.
- 창문 및 출입문은 단단히 잠근다.
- 운전 중인 차량 안에 있을 경우 속도를 줄인다.
- 침수 위험이 있는 건물 지하공간에 주차하지 않는다.
- 간판 및 위험시설 주변에 접근하지 않는다.
- 교량을 건너기 전에 안전한지 확인한다.
- 건물 근처를 지날 때 바람에 추락하는 간판을 주의한다.

✅ 이것만은 꼭 알아두자

한국의 토네이도, '용오름' 현상이란?

토네이도는 따뜻한 공기와 찬 공기가 만날 때 풍향이 바뀌며 뇌우가 발생하는 동안 만들어지는 자연현상이다. 시속 48km에서 90km의 속도로 지면을 이동할 정도로 속도와 위력이 파괴적이다. 외국의 경우 북반구의 미국과 캐나다, 남반구의 남미와 호주 등에서 주로 사막 지역에서 발생하고, 우리나라의 경우 주로 바다에서 발생하며 이를 '용오름'이라 부른다. 최근 육지에서 발생하는 이변을 보인 바 있다.
토네이도 혹은 용오름 발생 시 건물이나 시설물이 파괴될 수 있고, 강력한 바람에 날아다니는 파편 등으로 사상자가 발생할 수 있다. 용오름 현상이 있을 때는 다음과 같이 대피한다.

- 실내에 있다면?
➡ 지하로 대피하거나 창문 없는 작은 공간으로 대피한다. 실내에서는 유리창에서 최대한 멀리 떨어지고, 튼튼한 탁자 아래에서 머리와 목을 감싸 보호한다.

- 실외에 있다면?
➡ 자세를 낮게 유지하고, 주변의 고정된 물체를 붙잡고, 도랑 등 푹 파인 곳으로 대피한다. 자동차를 뒤집거나 빨아들여 내던질 수 있으므로 자동차 안에 있는 것은 위험하며 차에서 내려 대피한다.

태풍이 지나간 후에는 이렇게

- 파손된 상하수도나 도로가 있을 경우 시·군·구청 및 동사무소에 연락한다.
- 오염위험이 있으므로 물은 반드시 끓여먹는다.
- 침수된 집에 들어가기 전 가스가 차 있을 수 있으므로 환기를 시킨다.
- 전기, 가스, 수도시설에 섣불리 손대지 말고 전문 수리업체에 연락한다.
- 사유시설 보수·복구 전에 사진을 찍어둔다.
- 경작지 배수로 점검, 논둑 점검, 어업활동이나 선박을 묶거나 어로시설을 고정하는 행위는 태풍 상황이 완전히 종료된 후에 한다.

- 태풍 직후에는 유실된 지뢰의 폭발사고 위험이 높으므로 농지와 하천 등에서 의심되는 물건이 보이면 접근하지 않고 즉시 신고한다.

 Point 절대 금물! 위험을 초래하는 행동

- 공사장 근처, 전신주, 땅에 떨어진 고압전선, 가로등, 넘어진 철탑 근처에 가지 않는다.
- 젖은 전기제품을 만지지 않는다.
- 정전이 되었을 경우 화재 예방을 위해 촛불이나 라이터가 아닌 손전등을 켠다.
- 지하실, 맨홀 근처, 건물 옥상에 가지 않는다.
- 노약자, 어린이는 밖에 나가지 않는다.
- 뚝, 제방 근처에 가지 않는다.
- 산사태 위험이 있는 비탈면에 가지 않는다.
- 해안도로를 운전하거나 해변에 가지 않는다.

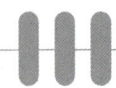

 16층 이상 아파트는 의무적으로 풍수해 특약 가입

16층 이상의 고층아파트 거주 시, 아파트의 풍수해 특약 가입 여부를 확인하고(관리사무소에서 확인할 수 있음) 태풍으로 인한 피해 발생 시 (예: 강풍으로 베란다 창문이나 타일이 부서진 경우) 보상 범위를 확인하여 보상받을 수 있다.

알려주세요

여름태풍보다 위험한 가을 슈퍼태풍의 원인은?

일반적으로 호우와 태풍으로 인한 인명피해와 재산피해는 여름철에 집중된다고 하는 것이 상식이지만, 기상 전문가들은 늦여름을 지나 가을철에 발생하는 태풍이 점점 잦아질 것이라고 예측하고 있다.

실제로 2002년 인명피해 246명과 재산피해 5조 1,000억 원 이상을 낸 태풍 루사가 9월, 이듬해 2003년 인명피해 131명과 재산피해 4조 2,000억 원 이상을 낸 태풍 매미도 9월에 발생한 가을 태풍이었다. 2013년 필리핀을 강타해 1만 명 이상의 사망자와 430만 명의 이재민을 낸 슈퍼태풍 하이옌의 경우 11월에 발생한 태풍이며, 1970년 방글라데시에서 발생해 역대 최대 인명피해를 낸 태풍도 11월의 태풍이었다. 우리나라도 8월 다음으로 9월의 태풍이 잦았으며 10월에 영향을 준 태풍도 있었다. 재산상 피해로 볼 때 더욱 강력한 위력을 발휘한 것은 여름 태풍보다 오히려 9월 이후의 가을 태풍이다.

앞으로 가을 태풍의 시기가 더욱 늦어지고 위력이 강력해질 것이라고 예측하는 가장 큰 이유는 기후 변화, 즉 온난화 때문이다. 이미 한반도는 아열대 기후로 바뀌고 있는 중인데, 지구온난화로 해수 온도가 상승할수록 북상하는 태풍의 세력이 커지고 대기불안정은 심해진다. 특히 한반도와 일본 주변의 해수 온도 상승률이 지구 전체의 평균 상승률보다 높은 까닭에 우리나라는 가을 태풍의 직접적인 영향권에 들고 있다. 이로 인해 초가을은 물론이고 과거 동남아시아처럼 겨울 직전까지 태풍이 북상할 수 있다는 예측이 가능하다.

호우

짧은 시간에 많은 양의 비가 내리는 현상을 호우라 하며, 12시간에 110mm 이상 내릴 경우 호우주의보, 180mm 이상 내릴 경우 호우경보를 발령한다. 매년 여름 호우로 인한 피해가 발생하며 특히 최근에는 예측이 어려운 국지성 호우가 자주 발생하는 경향이 있다.

호우예보 발령 시 체크리스트

- 하수구와 배수구 점검하기
- 응급 약품, 손전등, 식수, 비상식량 준비해두기
- 대형공사장, 비탈면 등의 안전 상태 확인하기
- 차량은 하천 근처에서 멀리 떨어진 곳에 주차하기
- 모래주머니를 쌓아 침수 예방하기
- 농어촌 : 논둑, 물꼬, 농작물, 용·배수로, 농기계, 가축, 비닐하우스, 재배시설, 어망과 어구, 선박 등을 미리 점검하기

위급상황 행동요령

호우주의보 및 경보가 내려졌다면?

- 건물 창문 및 출입문을 닫는다.
- 저지대, 상습침수지역, 산사태 위험지역 주민은 지정된 대피장소로의 대피를 준비한다.
- 대피 전 수도와 가스 밸브를 잠그고 전기차단기를 내려둔다.
- 천둥 · 번개가 치면 건물 안이나 낮은 지역으로 대피한다.
- 산사태가 일어날 수 있는 비탈면에 접근하지 않는다.
- 호우로 인한 물살에서는 15cm 정도의 얕은 깊이에서도 휩쓸려 갈 수 있으므로 물 근처에서 멀리 대피한다.

- 라디오, TV, 인터넷을 통해 호우상황을 실시간으로 알아둔다.
- 산이나 계곡에서 야영하다 호우를 만났을 경우 하천변에서 최대한 멀리 피하고 높은 지대로 대피한다.

☑ 이것만은 **꼭** 알아두자

- 관할지역의 주민센터에서 모래주머니를 무료로 지급해준다.
: 집이 침수될 가능성이 있다면 주민센터에서 나눠주는 모래주머니를 지급받을 수 있다.
- 상습 침수 지역을 119에 신고하면 배수를 지원받을 수 있다.
- 송전철탑이 넘어졌을 때는 절대 접근하지 말고 119나 한전에 연락한다.

호우가 지나간 후에는 이렇게

- 대피 후 귀가했다면 바로 들어가지 않고 붕괴 위험 여부를 점검한다.
- 파손된 상하수도나 축대·도로가 있으면 시·군·구청, 읍·면·동사무소에 연락한다.
- 침수되었던 가옥 내부에 가스가 차 있을 수 있으므로 들어가기 전 환기 먼저 한다.
- 가스 및 전기 차단기가 내려져 있는지 확인하고 기술자의 안전조사가 끝난 후 사용한다.
- 침수된 곳의 식수, 음식을 먹지 않는다.
- 홍수로 인해 밀려온 물은 오염되었으므로 몸이 젖은 경우 깨끗이 씻는다.

Point 절대 금물! 위험을 초래하는 행동

- 침수된 도로로 지나가지 않는다.
- 지하실에 내려가거나 하수도 맨홀 가까이 가지 않는다.
- 가로등, 신호등, 고압전선 근처에 가지 않는다.
- 공사장 근처에 가지 않는다.
- 육지의 물이 바다로 빠져나가는 장소 근처에 가까이 가지 않는다.
- 침수 위험이 있는 지하공간에 주차하지 않는다.
- 집 안팎의 전기수리를 하지 않는다.

Tip 과거에 침수된 적 있는 집인지 알 수 있는 '침수흔적확인서'

2013년부터 주택침수내역을 일반에 공개하여, 구청 및 주민센터를 통해 자신이 앞으로 이사할 집, 살게 될 집, 지금 살고 있는 집의 과거 침수 여부를 확인할 수 있다.

알려주세요

장마철 침수차량 보상받으려면?

장마철이나 호우로 인해 차량이 침수되어 피해를 입었다면 자동차보험 중 자기차량손해담보(자차담보)를 통해 보상(수리비 전액, 자기부담금 부분 제외)을 받을 수 있다. 단, 다음과 같은 경우는 보상받지 못하거나 할증이 붙는다.
- 자동차 내부, 트렁크에 물건을 둔 경우
- 창문이나 선루프를 열어놓아 피해 입은 경우
- 불법주차, 상습 정체구역, 상습 침수구역, 침수 예고지역에 주차하여 피해를 입은 경우 보상을 받더라도 보험료가 할증된다.
- 호우, 홍수 등으로 이미 물이 불어난 지역을 지나다 침수된 경우 보험료가 할증된다.
- 차량 구입 당시의 가격보다 수리비가 더 나오는 경우 전액을 보상받지 못한다.

※ 보험개발원의 전손침수사고 조회서비스 이용하기
자동차 수리비용이 보험회사에서 적정하다고 인정한 차량가액을 초과했거나, 수리하더라도 자동차 기능이 불가능해져 자동차보험에서 보상처리를 받은 사고를 전손이라 하는데, 보험개발원 카히스토리(www.CarHistory.or.kr)의 '전손침수사고 조회서비스'로 침수사고 유무를 확인할 수 있다. 2011년 9월 이후 침수로 보상 접수된 차량 유무를 조회할 수 있으므로, 중고차 구입 시 반드시 확인하도록 한다.

알려주세요

장마·호우 시 빗길 안전운전수칙 best12

교통안전공단의 통계에 의하면 빗길 교통사고가 제일 빈번한 시기는 6월~8월 사이의 장마철이다. 최근에는 장마기간이 아니더라도 예고 없는 국지성 호우가 잦아지고 있으므로 빗길 운전에 항상 주의해야 한다. 비 오는 날에 반드시 지켜야 할 안전운전수칙은 다음과 같다.

1. 20~50% 감속운전하기

빗길을 운전할 때 커브길에서 도로이탈이나 수막현상으로 인한 전복사고 위험이 크다. 폭우 등 악천후에는 50%까지 감속운전하는 것이 좋다.

2. 차간 거리 확보하기

빗길에서는 노면 마찰력이 감소하여 잘 미끄러지기 때문에 평소보다 2배 이상 차간 안전거리를 확보한다.

3. 안전점검 생활화하기

수막현상 방지를 위한 타이어 공기압, 오래된 와이퍼, 워셔액, 전조등 배터리 점검 등 안전점검을 미리 해둔다.

4. 습기방지 클리너로 실내 유리 닦기

비 오는 날은 높은 습도로 인해 차량 내부에 습기가 발생하므로, 습기방지 클리너로 닦아 실내 유리를 청결하게 유지한다.

5. 낮에도 전조등 켜기

비 오는 날에는 평소보다 어둡기 때문에 주간에도 전조등을 켜고 운행한다.

6. 도로 상태 살피며 운전하기

움푹 파인 포트홀(pot hole), 물웅덩이 등 도로면의 위험 요인을 주의한다.

7. 물벼락 주의하기

도로교통법 제49조 1항에 따르면 '물이 고인 곳을 운행할 때 고인 물을 튀게 하여 다른 사람에게 피해를 주는 일이 없도록 할 것'이라 되어 있으며, 이 조항을 어길 경우 20만 원 이하의 과태료를 부과할 수 있다. 물벼락 뺑소니는 다른 차선 차량의 시야확보에 치명적인 영향을 끼치므로 물웅덩이가 있는 곳은 속도를 낮추고 한 번에 지나가 물벼락 위험을 최소한으로 한다.

8. 1차선 주행 피하기

1차선 도로로 주행할 경우 반대편에서 오는 차량이 갑자기 물을 튀기고 갈 때 시야 확보가 안 되어 사고로 이어질 위험이 크므로 비 오는 날에는 되도록 2차선 도로로 주행하여 주의운전을 한다.

9. 방어운전하기

폭우로 인한 지형 변화가 언제 어디서나 발생했을 가능성이 있음을 염두에 두고, 특히 낙석 주의 구간에서 주의하거나 다른 길로 돌아간다.

10. 보행자 안전에 유의하기

비오는 날은 평소보다 어두울 뿐만 아니라 빗줄기가 굵거나 보행자가 어두운 색상의 옷을 입었다면 더더욱 잘 안 보이므로, 언제 어디서든 보행자가 나타날 수 있다는 생각으로 운전에 유의한다.

11. 도로정보와 기상정보 파악하기

침수된 도로, 폭우 지역, 기상정보 등을 교통방송 등으로 수시로 파악하며 운전한다.

12. 하천 근처 주차장에 주차하지 않기

장마철에 하천 근처에 주차할 경우 집중호우에 차량이 침수되거나 떠내려갈 수 있으므로 높은 지대에 주차한다. 부득이한 경우 출구 주변에 차 앞부분을 출구 방향으로 주차해 놓는다.

대설

눈은 상층의 찬 공기와 하층의 따뜻한 공기가 충돌할 때 내리지만 온도 차가 크고 수증기 양이 많으면 폭설로 변한다. 최근 지구온난화와 기상이변으로 북극 상공의 기온이 올라가고 찬 공기가 비정상적으로 남하하면서 예측 불가능한 폭설이 발생한다. 24시간 신적설량이 5cm 이상 예상될 때 대설주의보, 24시간 신적설량이 20cm 이상(산지는 30cm 이상) 예상될 때 대설경보를 내린다.

- 낡은 가옥은 눈으로 인한 붕괴 사고에 취약하므로 미리 점검하기
- 자가용보다 대중교통(지하철, 버스)을 이용하기
- 고립 지역 거주민은 비상연락체계를 유지하기
- 노후주택에 거주하는 주민은 이웃이나 대피소로 미리 대피하기
- 농촌 : 눈이 20cm 이상 쌓일 경우 비닐하우스 붕괴를 대비해 받침대 보강, 차광막 제거, 비닐 찢기 혹은 걷어내기 등의 조치 취하기
- 어촌 : 수산물 양식 시설의 보온 점검, 선박 결박, 입출항 통제
- 차량에 스노우체인, 모래주머니, 삽, 담요, 양초, 간단한 식음료 등 안전장비 비치하기

- 외출을 자제하고 라디오, TV 등으로 적설량과 기상상황 파악하기

➡ 위급상황 행동요령

대설주의보 및 경보가 내려졌다면?

- 가급적 외출을 자제하되 외출 시에는 미끄럼 혹은 낙상사고 예방을 위해 등산화 등을 착용하고, 주머니에 손을 넣고 걷지 않는다.
- 계단을 오르내릴 때 반드시 난간을 붙잡는다.
- 자동차 운전 시 저속운행을 하고, 결빙 도로를 지나갈 때에는 가속기를 서서히 밟고, 커브 길에서는 미리 속도를 줄이고 기어변속을 하지 않는다.

☑ 이것만은 꼭 알아두자

운전 중 폭설을 만나거나 차량이 고립되었다면?

- 체인이 없는 차는 고속도로 진입이 통제되는 경우가 있으므로 바퀴에 체인을 장착한다.
- 눈길에서는 제동거리가 길어지므로, 결빙구간, 커브 길, 교차로에서 서행운전한다.
- 고속도로보다 국도를 이용한다.
- 운전할 때는 차간 안전거리를 확보하고 브레이크 사용을 자제하며 브

레이크 사용 시에는 엔진브레이크를 사용한다.
- 차량이 고립되었을 경우 휴대전화로 가족 및 지인에게 연락하고, 경찰이나 도로관리기관, 경찰서, 소방서 등에 연락한다.
- 남은 연료 양을 확인하여, 히터를 얼마나 더 틀 수 있는지 가늠한다.
- 가능한 한 차량 안에서 대기하되, 가까운 곳에 휴게소나 가옥이 있으면 노약자와 환자부터 대피시킨다.
- 차량을 떠날 때는 연락처와 키를 꽂아두고 대피한다.
- 휴게소나 대피소 거리가 2km가 넘을 경우 노약자는 차 안에 대기하고, 신체 건강한 남성만 휴게소에 가서 식음료를 챙겨온다. 2km 이상을 걸어야 할 경우 포기한다.
- 차 안에서 대기할 때는 담요 등을 걸치고 계속 조금씩 움직여 체온을 유지하고, 히터 작동 시에는 창문을 자주 열어 환기시킨다.
- 오랜 시간 정차 시 사이드 브레이크를 잡고 기어는 중립(N)에 놓는다.
- 출발 가능할 때 바로 출발하기 위해 배기관이 막히지 않도록 수시로 차량 주변의 눈을 치운다.
- 고립된 채 밤을 지새워야 하는 경우 동승자들과 교대로 잠을 청하여 주변을 살핀다.

폭설이 그쳤다면?

- 차량, 지붕, 옥상에 쌓인 눈을 바로 치워 붕괴 사고를 방지한다.
- 집 앞이나 주변의 눈을 바로 치운다.

- 염화칼슘이나 모래를 뿌려 사고를 예방한다.

 Point 절대 금물! 위험을 초래하는 행동

- 보행자가 차도로 나와 걷거나 승차하지 않는다.
- 적설량이 많을 때 야간에 외출하지 않는다.
- 차량에 안전장비를 장착하지 않은 채 도로나 해안도로를 달리지 않는다.
- 차량을 주·정차한 채 대피할 때 제설차량이나 구급차의 진행을 방해하지 않도록 주의한다.

해일

연안 지역에서 발생하는 대표적인 자연재해. 주로 기압 변화, 강풍, 해양 순환 등의 원인으로 해류에 급격한 변화가 일어나 범람을 일으키는 기상현상이다. 최근 해변에서 갑작스러운 이안류와 너울성 파도로 인한 사상자가 빈번하게 발생하고 있다.

 **예방하려면?**

- 태풍이 발생할 때 해일을 동반하는 경우가 많으므로 태풍 행동요령 숙지하기
- 해안 저지대 주민은 식수, 비상식품, 손전등, 라디오 등을 준비해 두고 지정된 대피장소로 대피 준비하기
- 해안에서 진동이 느껴지거나 지진해일 경보를 들으면 즉시 높은 곳으로 대피하기
- 집 주변의 물건은 고정해 두고, 하수구가 막혀 있지 않도록 하기
- 현관 문턱, 개구멍 등 물이 침투할 만한 곳을 미리 막아두기
- 침수에 대비하여 집안의 중요한 물건은 높은 곳으로 올려두기

➡ **위급상황 행동요령**

- 되도록 높은 건물의 위층이나 지붕으로 이동한다.
- 최대한 해안에서 멀리 떨어진 곳, 급경사가 없고 지형이 높은 곳으로 이동한다.
- 목조주택은 떠내려갈 수 있으므로 벽돌이나 콘크리트 건물에서 대피한다.

☑ 이것만은 **꼭** 알아두자

이안류(역파도) 대비하기

■ **이안류란?**

파도가 해안 쪽으로가 아니라 먼 바다 쪽으로 초속 2m 이상의 빠른 속도로 갑자기 되돌아가는 해류현상, 즉 파도가 반대로 치는 현상. 사리 기간의 밀물과 썰물 차이 혹은 해저 바닥에 고인 바닷물이 갑자기 밀려나가면서 순식간에 발생하며 유속이 매우 빨라 해수욕장 익사 사고의 큰 원인이 된다.

■ **해수욕 중 이안류를 만났을 때 대처요령**

① 수영할 수 있다면?
→ 해변 방향으로 수영하지 말고(해변을 향해 헤엄치면 결국 제자리로 돌아오고 체력을 낭비하게 되므로), 해류 방향에서 45도 각도 방향으로 수영한다. 실제 이안류의 폭은 10~30m 정도이므로 금방 벗어날 수 있다.

② 수영하기 어렵다면?
→ 떠 있거나 입영(선헤엄)을 하며 구조를 기다린다.

③ 튜브를 타고 있다면?
→ 튜브를 놓치지 말고 손을 흔들어 구조를 요청한다.

너울성 파도 대비하기

■ **너울성 파도란?**

먼 바다의 기상현상으로 인해 전파되어, 수심이 얕은 연안에 가까워지면서 해저 지형과의 마찰력에 의해 순식간에 유속과 파고가 커진 파도. 해안에 도달하는 동안 분산효과에 의해서 300m 이상의 긴 파장을 갖기도 하며, 보통의 파도보다 바닷물 양도 많고 속도도 빠르다. 파도와 달리 바람보다 먼저 도달하며, 먼 바다에서부터 전파되기 때문에 맑은 날 바람이 없을 때도 갑자기 발생하는 등 예측하기가 어렵다.

■ **너울성 파도 대비 요령**
- 주로 방파제 근처에서 인명피해가 크므로 근처에 가지 않는다.
- 풍랑 특보가 내려졌을 때 해안에 가지 않는다.
- 해안의 축대나 시설물을 미리 점검한다.

Point 절대 금물! 위험을 초래하는 행동

- 해일의 위험이 있을 때는 수영, 물놀이, 레저활동, 낚시, 야영 등을 계속 하지 않는다.
- 공사장이 해안 근처에 있을 경우 작업을 즉시 중단하고 대피한다.

지진해일(쓰나미)

해저의 지진, 산사태, 화산분화 등으로 인해 해수면이 변화하면서 발생하는 긴 주기의 해양파. 속도가 빠르고 파괴력이 강력하여 막대한 피해를 입힌다. 해안에 접근할수록 지형과 상호작용을 일으켜 파고가 높아진다.

예방하려면?

- 지진해일 특보가 확인되는 즉시 모든 통신수단을 동원하여 주민과 주변 사람들에게 신속히 알리고 대피한다.
- 선박은 미리 고정시키거나 항 외로 이동시킨다.
- 부유 물건, 유류탱크 등이 육지로 밀려와 충돌, 폭발하지 않도록 미리 이동시킨다.
- 주변 고지대로 가는 지름길을 미리 확인해 둔다.
- 지진해일이 밀려올 때 파의 골 부분부터 해안에 도착하여 해안의 물이 바다 쪽으로 일시적으로 빨려나갔다

가 밀려들어오는 현상을 보이기도 하므로, 해변의 물이 갑자기 빠지면 최대한 빨리 대피한다.

➡ 위급상황 행동요령

- 근해에서 지진이 발생해 해변에서 강한 진동이 느껴질 경우 3분 이내에 지진해일이 밀려올 수 있으므로 즉시 해안을 벗어나 높은 지대로 이동한다.
- 일본 서해상에서 규모 7.0 이상의 지진이 발생할 경우 1~2시간 이내에 우리나라 동해안 전역에 지진해일이 도달할 수 있으므로 특보를 항상 확인한다.
- 특보가 내려질 경우 모든 해안 작업을 즉시 중단하고 신속히 고지대로 대피한다.

✓ 이것만은 꼭 알아두자

- 지진해일은 여러 번에 걸쳐 도달하는 경우가 많고, 1파보다 2, 3파의 크기가 더 클 수 있으므로 주의한다.
- 지진해일 내습 속도는 사람의 움직임보다 훨씬 빠르며, 약 1m의 해일로도 건물이 파괴될 수 있다.
(2004년 20만 명의 사상자를 냈던 인도네시아 수마트라-안다만의 쓰나미의 경우, 600km 속도의 지진해일이 해안을 덮치며 파고가 10m에 이르렀다.)
- 지진해일 내습 시 바다와 연결된 하천으로 역류하거나 방파제 안쪽으로 넘어올 수 있다.
- 해안의 동물들이 이상행동을 보이거나, 평소 볼 수 없던 새나

물고기가 출몰할 경우 지진이나 쓰나미가 원인일 수 있으므로 예의주시한다.

Point 절대 금물! 위험을 초래하는 행동

- 바다 위 선박에 있을 때 지진해일 내습 경보를 들었을 경우 절대로 항구로 돌아오지 않는다. 정박 중이거나 조업 중이라면 수심이 깊은 먼 바다 쪽으로 이동해 대피한다.
- 지진해일이 밀려올 때 급한 마음에 작은 나무 위로 오르거나 부실한 철제 구조물로 기어 올라갈 경우 쓰나미와 함께 휩쓸려갈 수 있으므로 주의한다.

알려주세요

이안류 위험을 예측해주는 '이안류 감시시스템' 이란?

우리나라의 이안류 현상은 부산 해운대 및 송정, 광안리 해수욕장, 동해안 낙산 해수욕장, 서해안 대천 해수욕장, 완도와 신안 지역, 제주도 서귀포의 중문 해수욕장 등 동, 서, 남해안에서 고루, 그리고 점점 자주 일어나고 있다. 이안류 피해가 가장 큰 해운대의 경우 2007년 1명 사망, 2008년 55명 구조, 2009년 106명 구조, 2010년 141명 구조, 2013년 546명 구조 등 해마다 증가하고 있다. 서해안 대천 해수욕장에서도 2010년 2명이 사망했다. 국립해양조사원은 해운대와 대천 앞바다에 파고계를 이용해 이안류 위험을 예측하는 이안류 감시시스템을 운영하고 있다. 파고와 주기를 분석하여 위험 지수를 산정한 후, '관심(희박)', '주의(가능)', '경계(농후)' '위험(대피)'의 4단계로 정보를 제공하는 것으로, 이안류 위험성을 현장 구조대원에게 실시간으로 알려준다. 해운대 해수욕장의 경우 감시시스템으로 이안류를 감시한 결과 인명피해를 줄이는 데 큰 효과를 보고 있어 우리나라 전 해역으로 확대 계획 중이다.

지진

한반도는 환태평양 지진대에 속한 나라들에 비해 지진 위험에서 비교적 안전한 것으로 여겨졌으나 최근 지진 발생 빈도가 높아지고 있다. 삼국, 고려, 조선시대에 지진 발생 기록이 있어 왔으며, 20세기 지진관측을 시작한 1978년부터 현재까지 연평균 27회 정도의 지진이 발생하고 있고 사람이 체감할 수 있는 규모 3.0 이상의 지진도 증가하고 있다.

예방하려면?

- 떨어질 수 있는 높은 곳의 물건 치워두기
- 비상식품, 약품 준비하기
- 가족 및 지인들과 비상시 대피했다가 다시 만날 장소 미리 정해두기
- 대피할 때는 최소한의 소지품만 가지고, 차량보다는 걸어서 이동하기
- 여진으로 인한 화재 방지를 위해 가스, 전기, 수도 차단방법을 미리 알아두기

▶ 위급상황 행동요령

실내에 있다면?

- 튼튼한 책상이나 가구 밑에 몸을 피한다.

- 출입구 벽 쪽(철제 구조물로 인해 나중에 붕괴됨)으로 간다.
- 머리와 몸을 보호하기 위해 가방, 방석 등을 뒤집어쓴다.
- 미리 문을 열어둔다.
: 건물이 틀어져 문이 열리지 않을 경우를 대비
- 불이 난 곳은 끈다.

밖에 있다면?

- 유리창 파편이나 간판 추락에 주의하여 가방과 손으로 머리부터 보호한다.
- 건물 근처에서 떨어져 사방이 트여있는 공터나 넓은 장소로 대피한다.
- 담, 전신주, 자동판매기 등 고정되지 않은 물건, 전봇대, 고압전선 근처에서 떨어진다.

공공장소(백화점, 극장, 상가)에 있다면?

- 인파로 인한 압사사고를 막기 위해 안내자의 지시에 따라 침착하게 질서를 유지한다.
- 문틈이 틀어져 문이 열리지 않을 경우를 대비해 문을 열고 대피로를

확보한다.

- 화재 발생 시 연기를 마시지 않도록 호흡기를 가리고 자세를 낮춘다.

엘리베이터 안에 있다면?

- 모든 층의 버튼을 눌러 가장 가까운 층에서 내린다.
- 갇혔을 경우 인터폰으로 구조를 요청한다.
- 추락 위험이 있을 경우 바닥에 자세를 낮추고 바짝 엎드려 머리를 손으로 감싼다.

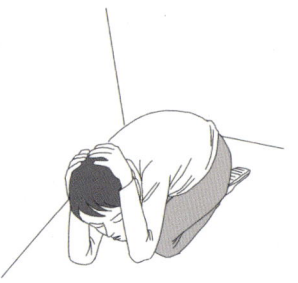

전철 안에 있다면?

- 고정된 손잡이나 선반 등을 붙잡는다.
- 전철 운행이 정지되었어도 곧바로 나가면 위험할 수 있으므로 안내에 따라 행동한다.

차량 운전 중이라면?

- 타이어가 펑크 난 듯한 상태가 되어 핸들이 불안정해지는 현상에 주의한다.
- 교차로, 건물, 나무, 고가도로, 전선 아래를 피해 차를 멈춘 후 밖으로 탈출한다.
- 도로 중앙을 비워 구급차량의 통행을 방해하지 않는다.

- 차량을 버리고 탈출할 때는 자동차 키를 꽂아 둔 채 문을 잠그지 말고 대피한다.

산, 해안에 있다면?

- 산사태 및 붕괴 위험이 큰 산 아래 및 급경사지로부터 평지 쪽으로 대피한다.
- 해안에서 지진해일 발생 우려가 있으므로 해안에서 떨어진 곳으로 대피한다.

☑ 이것만은 **꼭** 알아두자

작은 불은 초기 진화하기

지진 발생 시 화재 발생 위험이 높으나, 소방차가 곧바로 오지 못할 수 있다. 소화기를 사용해 초기에 진화하면 피해를 줄이는 데 큰 도움이 된다.
- 가스레인지나 난로 등에 불이 켜져 있으면 즉시 끈다.
- 큰 흔들림이 멈추는 틈을 타 소화기로 불을 끈다.

사고 후에는

- 지진이 끝난 후 여진으로 인한 더 큰 사고에 주의한다.
- 이동할 때 가급적 자동차로 가지 말고 걸어간다.
- 양초, 성냥, 라이터 등은 가스 폭발 위험이 있으므로 절대 사용하지 않고 손전등을 사용한다.
- 수도관 밸브를 잠그고, 하수관 파괴에 대비해 수세식 화장실을 사용하

지 않는다.
- 전선, 건물, 축대, 교량 근처에 가지 않는다.
- 부상자는 신속히 응급처치(기도확보, 심폐소생술)부터 한다.

🚫 Point 절대 금물! 위험을 초래하는 행동

- 밖으로의 탈출이나 이동은 진동이 멈췄을 때 한다.
: 진동 중에 건물 밖으로 나가면 간판이나 유리창 파편으로 인해 매우 위험하므로, 진동이 완전히 멈춘 후 대피한다.
- 담장, 대문 기둥, 자동판매기 등 고정되지 않은 물건 근처는 위험하므로 접근하지 않는다.
- 재난 발생 시에는 불확실한 유언비어에 동요할수록 더 큰 혼란을 야기하므로, 시·군·구청, 경찰, 소방기관, 방재기관의 정보에 따라 침착하게 행동한다.

Tip 지진 규모 및 진도에 따른 현상

규모	진도	내용
2.9 미만	1	극소수의 사람을 제외하고는 전혀 느낄 수 없음.
3.0~3.9	2	소수의 사람들(특히 건물 위층)만 느낌. 섬세하게 매달린 물체 진동.
	3	실내에서 현저하게 느끼나, 많은 사람들이 지진이라고 인식하지 못함. 정지하고 있는 차는 약간 흔들림. 트럭이 지나가는 것과 같은 진동.
4.0~4.9	4	실내에 서 있는 많은 사람들이 느낄 수 있으나 옥외에서는 거의 느낄 수 없음. 그릇, 창문, 문 등이 소란하며 벽이 갈라지는 소리를 냄. 대형 트럭이 벽을 받는 느낌. 정지하고 있는 자동차의 움직임이 뚜렷함.
	5	거의 모든 사람들이 느낌. 많은 사람들이 잠에서 깸. 그릇과 창문이 깨지며, 불안정한 물체는 뒤집어짐. 나무, 전신주 등 높은 물체 교란.
5.0~5.9	6	모든 사람들이 느낌. 많은 사람들이 놀라 밖으로 뛰어 나감. 무거운 가구가 움직임. 석고가 떨어지고 굴뚝에 피해 발생.
	7	모든 사람들이 밖으로 뛰어 나옴. 건축물에 약간의 피해, 부실한 건축물에는 큰 피해 발생. 운전자가 느낄 수 있음.
6.0~6.9	8	잘 설계된 구조물에 약간 피해, 보통 건축물에는 부분적인 붕괴와 상당한 피해, 부실한 건축물에는 심하게 피해 발생. 굴뚝, 기둥, 벽이 무너짐. 무거운 가구가 넘어짐. 모래와 진흙이 솟아남. 우물 수면이 변하고 운전자가 방해를 받음.
	9	특별 설계 구조물에 상당한 피해를 줌. 구조물이 기울어지고 부분적으로 붕괴됨. 건물이 기초에서 벗어남. 땅이 갈라지며 지하 파이프도 구부러짐.
7.0 이상	10	잘 지어진 목조 구조물이 파괴됨. 대부분의 석조건물과 구조물이 기초와 함께 무너짐. 땅이 심하게 갈라지고 철도가 휘어짐. 강둑이나 경사면에서 산사태가 생기며 모래와 진흙이 이동됨. 둑이 붕괴됨.
	11	남아있는 석조 구조물이 거의 없음. 교량이 부서지고 땅에 균열 발생. 지하 파이프가 완전히 파괴됨. 연약한 땅이 꺼지고 지층이 어긋나며, 기차 선로가 심하게 휘어짐.
	12	지표면에 파동. 시야와 수평면이 뒤틀리고 물체가 하늘로 던져짐.

산사태

폭우, 지진 등으로 산 중턱의 바윗돌이나 흙이 갑자기 무너져 내리는 현상. 우리나라는 산지 경사가 급한 곳이 많아 장마철 집중호우 때 산사태 발생 위험이 높다. 기습적인 폭우 직후, 해빙기 눈이 갑자기 녹으면서 산사태가 발생한다. 풍화암이나 마사토로 이루어진 산지, 화강암이나 편마암으로 이뤄진 지역에서 암석 표면이 갈라진 부위, 서로 다른 토양층이 있는 지역이 특히 위험하다.

산사태가 일어날 조짐은?

- 시간당 30mm 이상의 폭우가 내리거나, 폭설 후 갑자기 눈이 녹았을 때
- 산의 경사면에서 갑자기 많은 양의 물이 샘솟을 때 : 과포화 된 지하수가 있다는 증거일 수 있다.
- 평소 잘 나오던 샘물이나 지하수가 갑자기 멈출 때 : 지하수가 통과하는 토양층에 이상이 발생한 징후일 수 있다.

- 산허리에 갑자기 금이 가거나 내려앉을 때
- 땅이나 포장도로에 갑자기 균열이 생길 때
- 수도관이 균열되거나 전신주 등이 기울어질 때
- 바람이 불지 않는데도 나무가 흔들리거나 땅울림이 들릴 때 : 이미 산사태가 시작된 것이므로 즉시 대피한다.

▶ 위급상황 행동요령

- 위험징후가 발견되면 즉시 대피하고 산림청 등 행정기관에 신고한다.
- 산사태 반대방향의 고지대로 대피한다.
- 대피 도중 산사태가 발생하면 논이나 밭 등의 개활지 혹은 근처 높은 곳으로 이동한다.
- 산사태에 빨려들었다면 머리를 손으로 보호하면서 몸을 웅크린다.
- 실내에 있을 때는 책상 밑으로 피신한다.

✓ 이것만은 꼭 알아두자

- 급경사보다 오히려 중간 정도 경사의 산지에서 주로 발생한다. 오목한 지형, 경사면 길이가 긴 지형, 뿌리가 얕은 침엽수림 산지, 골짜기 길이가 긴 곳, 위쪽은 넓고 아래쪽으로 가면서 좁아지는 지형이 위험하다.
- 산림청에서 산사태 위험지 관리 시스템(sansatai.forest.go.kr)을 기상청의 기상정보와 연계해 예보를 발령하고 있으므로 장마철이나 폭우 시 반드시 예보를 확인한다.

 사고 후에는

- 주변이나 이웃에 갇힌 사람이나 부상자가 있는지 확인한다.
- 건물 안에 들어갈 때는 주변의 무너진 곳이나 피해 상황을 점검한 후 들어간다.

 Point 절대 금물! 위험을 초래하는 행동

- 장마철, 집중호우, 폭우, 태풍이 예보되었을 때는 절대 산행에 나서지 않는다.

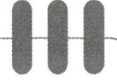

> **Tip** 산사태 예방에 효과적인 '사방댐'은 무엇일까?
>
> 사방댐이란 급류가 흐르는 계곡 등에 높이 4m, 폭 30m 안팎의 비교적 작은 규모로 건설하는 댐을 가리킨다. 사방댐을 설치할 경우 장마나 태풍, 집중호우 시 급격히 늘어난 계곡물과 급류를 타고 상류에서부터 내려오는 토석, 나뭇가지, 돌 등 각종 위험 물질을 차단해주는 역할을 한다.
> 이로 인해 급류 아래에 있는 경작지, 농경지, 주거지, 주택, 시설물을 보호하여 산사태로 인한 2차 피해를 예방하는 데 크게 기여한다. 장마 때는 불어난 물과 모래더미를 아래로 흘려보내주면서, 가뭄 때는 모아뒀던 계곡물을 농경지에 공급해줄 수 있으므로 사계절 효용성이 크다.
> 최근 집중호우 피해가 컸던 남부지방 중 사방댐을 설치했던 부산 기장군 등지에서 산사태 예방 효과가 컸던 것으로 드러나면서 정부와 산림청에서 전국 주요 계곡에 사방댐을 늘리는 계획을 세우고 있다. 산사태를 예방하기 위한 가장 근본적이고 장기적인 해결책은 숲을 잘 가꿔 토양 지지능력을 키우는 것이지만, 단기적인 대책과 예방을 위해서는 사방댐 건설이 큰 역할을 할 것으로 보고 있다.

황사

중국, 몽골 등 아시아 대륙 중심부 사막 지대의 모래, 황토가 대기권 상층의 바람을 타고 멀리까지 날아가 떨어지는 현상. 최근에는 마그네슘, 규소, 알루미늄, 철 등 중금속 성분 산화물과 오염물질이 섞인 미세먼지가 날아오고, 봄철뿐만 아니라 사계절 내내 미세먼지 농도가 높아져 천식 등 호흡기 질환에 악영향을 끼치고 있다.

- 기상청에서 발표하는 황사 및 미세먼지 농도 예보 확인하기
- 농도가 높은 날에는 환기를 자제하고 창문 닫기
- 공기정화기, 가습기 등으로 실내 습도 40~50%로 조절하기
- 외출 시 황사방지용 특수마스크, 긴소매 의복, 보호용 안경 착용하기
- 농촌 : 동력분무기 등 황사세척용 장비 점검, 비닐하우스나 온실 등 시설물의 출입문과 환기창 닫기, 노출된 물건에 포장 덮기, 가축은 축사 안으로 대피시키기

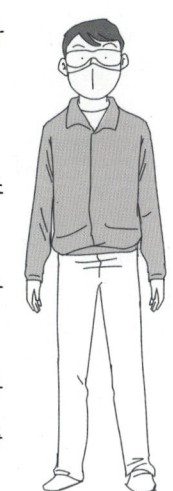

위급상황 행동요령

- 어린이와 노약자, 호흡기 질환 환자는 실외활동을 금한다.
- 외출에서 돌아오면 손발을 깨끗이 씻고 양치질을 한다.
- 물을 자주 마셔 체내 수분을 보충하여 몸속에 들어온 먼지를 배출시킨다.
- 각종 실외학습, 실외활동, 운동경기 등을 중단한다.

이것만은 꼭 알아두자

- 공기청정기 자체가 미세먼지를 제거해주는 것은 아니다. 습도 조절을 반드시 해야 미세먼지가 습기를 머금고 떨어질 수 있다.

사고 후에는

- 황사에 노출되었던 물건, 채소, 과일 등을 충분히 세척한다.
- 외부에 두었던 각종 시설물과 기구를 세척하고 소독한다.

Point 절대 금물! 위험을 초래하는 행동

- 외출할 때 콘택트렌즈를 착용할 경우 렌즈와 각막 사이에 미세먼지가 들어가면 각막 표면에 상처가 나거나 안질환이 발생할 수 있으므로 가급적 안경을 착용한다.

알려주세요

지구온난화·기상이변으로 인한 한파 및 폭염 대처하기

■ **한파 대비는 이렇게**
- 노약자, 영유아, 환자가 있는 가정에서 난방에 유의한다.
- 혈압, 심혈관, 호흡기, 신경계통 지병이 있는 환자는 겨울철 기온 저하에 유의한다.
- 수도계량기 동파 방지를 위해 보호함 내부에 헌옷이나 담요 등을 채우고 외부는 테이프로 붙이고 보일러의 노출된 배관을 헌옷 등으로 싸서 보온한다.
- 장기간 외출 시 수도꼭지를 조금 열어 두어 수도 동파를 예방하고, 보일러는 끄지 말고 외출 기능으로 맞춘다.
- 배관이 얼었다면 헤어드라이어 등으로 서서히 녹인다.
- 농촌: 온실에 보온벽, 단열재, 보온덮개 등을 설치하고 난방기를 준비한다.
- 어촌: 어장에 월동장을 설치하고, 양식장에는 보온 장비를 마련하며 수위를 높인다.

■ **폭염 대비는 이렇게**
- 노약자는 야외활동을 삼간다. 건설 현장, 농업 등 야외 작업 종사자는 장시간 작업을 단축하고, 정오~오후 4시 사이에는 되도록 휴식을 취한다.
- 야외 근무 시 시원한 그늘에서 휴식을 자주 취한다.
- 실내외 온도 차이를 5도 내외로 유지하고, 냉방 온도를 섭씨 26도 이상으로 조절하며, 한 시간에 한 번씩 환기하여 냉방병을 방지한다.
- 취침 전 에어컨이나 선풍기를 예약 혹은 취침 모드로 설정하여 일정 시간 후 꺼지도록 한다.
- 찬물보다 미지근한 물로 샤워하고, 규칙적인 생활과 식습관으로 건강을 관리한다.
- 농촌: 축사 및 비닐하우스에 차양, 단열재, 물 분무장치를 설치하고 환기에 유의한다.
- 어촌: 어장의 환수량을 늘리고 액화산소를 공급하고 사육밀도는 줄인다.

알려주세요

자연재해로 집이 파괴됐다면? 재난지원금을 받을 수 있다

태풍, 호우, 폭설, 산사태 등 자연재난으로 집이 파괴, 유실, 침수되는 등 피해를 입었을 경우 국가로부터 지원금을 받을 수 있다.

재난지원금이란?
- 자연재난으로 주택, 농·축산시설 등 사유재산에 피해가 발생했을 경우 국가 또는 지자체가 피해 세대에 복구비용을 지원한다.

직접지원과 간접지원
- 직접지원 : 자연재난으로 인해 사망자, 부상자, 실종자가 발생했을 때 구호금, 집이 파괴됐을 때 생계지원비 및 주택 복구비용, 농업이나 임업시설 피해 복구비 등을 지원
- 간접지원 : 국세, 지방세의 납세를 유예하거나 감면, 피해 복구 시 융자금 지원, 중소기업이나 소상공인의 긴급경영안정자금 융자 지원 등

신청하려면?
- 재난 종료일(피해 발생일)부터 10일 이내에 관할지역 주민센터에 신고한다.

어느 정도의 지원을 받나?

집주인이라면?
→ 집이 침수되면 100만원 ~ 전파 혹은 유실되면 900만원까지 지원 가능

세입자라면?

→ 집이 침수, 파손, 유실된 경우 최고 300만원(임대료 6개월분)까지 지원

지역 전체가 파괴되었다면?
→ 홍수, 산사태 등으로 한 지역 전체가 파괴 혹은 매몰되어 이웃집에도 거주가 불가능할 경우 피해 정도와 상황을 고려해 임시주거시설 제공

보상을 못 받는 경우는?
→ 1가구 2주택 소유자 등은 보상 대상에서 제외되는 등 경우에 따라 대상에 해당되지 않을 수도 있다.

주택 파괴의 기준은?
침수 : 주거용 집의 방바닥 이상이 침수되어 수리하지 않고는 사용할 수 없는 경우
유실 : 침수, 산사태 등으로 집의 형태가 없어진 경우
전파 : 집의 기둥, 벽, 지붕 등 구조부가 파손되어 개축해야 하는 경우
반파 : 집의 기둥, 벽, 지붕 등 주요 구조부가 반 이상 파손되어 수리해야 하는 경우

　대한민국은 아직까지 분단국가로서 공습과 전쟁의 위험이 항상 도사리고 했다고 해도 과언이 아니다. 뿐만 아니라 전 세계적으로 크고 작은 전쟁과 분쟁이 끊이지 않고 있는 가운데 곳곳에 테러 및 폭발물사고 위험이 높아지고 있으며, 해외여행 인구가 늘어나면서 외국에서의 테러나 납치 등의 빈도수도 증가하고 있다. 다양한 형태의 테러와 공격이 나와 상관 없는 일이 아님을 알아두고 만약의 상황에 침착하게 대처해야 한다.

Part 7

전쟁과 테러 이것만 알면 안전

테러

'테러리즘'이란 '조직적인 폭력의 사용'이라는 뜻으로서, 국가 안보 및 공공의 안전을 위태롭게 할 목적으로 자행되는 현대의 대표적인 전쟁 유형이다. 특정 개인이나 집단이 자신의 주장을 알리기 위해 극단적인 수단, 즉 살인, 납치, 협박, 시설파괴 등 비합법적 폭력을 행사하여 사회적 공포와 불안을 야기한다.

테러의 유형

폭발물 테러
현대의 가장 대표적인 테러 유형으로, 편지·소포·가방 등 소형부터 자동차 폭탄 등 대형 폭발물까지 다양하며 성능과 파괴력이 더욱 흉포화되고 있다. 자폭(자살 폭탄) 테러의 경우 폭탄을 몸에 지닌 채 표적을 파괴하는 것으로 여성이나 어린이까지 동원되고 있다.

항공기 테러
항공기 납치(예: 2001년 911테러), 공중폭파(예: 1987년 대한항공 KAL 858기 공중폭파사건), 공항시설 및 이용객에 대한 공격(예: 1972년 이스라엘 로드 공항의 에어 프랑스 항공기 승객 공격), 미사일에 의한 비행기 격추 등이 있다.

생화학 테러
지하철, 극장, 백화점 등 다중이용시설에 화학물이나 독가스를 살포하여 대규모 인명피해 및 공황과 혼란을 유발한다. (예: 1995년 일본 옴 진리교 신도들의 사린가스 공격) 유독물을 폭발 및 살포하거나, 취수장 및 정수장에 주입하는 등 다양한 방법이 있다.

핵무기 테러
핵연료 운반차량, 핵발전소, 핵원자로, 핵폐기물 저장고 등을 파괴하거나, 핵무기로 공격하여 핵물질을 유출시킨다.

인질 납치, 요인 암살
인질 납치는 현재의 대표적인 테러 유형으로 인질을 볼모로 하여 정치적 및 물질적 목적을 달성하기 위해 사용한다. 특정 인물을 살해하는 요인 암살의 경우 역사적으로 가장 오래된 테러의 형태이다.

사이버테러
사이버공간에서 이루어지는 공격으로 직접적인 파괴행위는 아니나, 개인 해커 혹은 조직화된 해커 집단에 의해 자행되어 교통, 항공, 도시 기반 시설, 국방 기술, 무기 등 모든 분야에 치명적인 영향을 가할 수 있어 '정보전'이라 칭한다.

✓ 이것만은 꼭 알아두자

이런 사람은 테러범으로 의심할 수 있다

- 휴대전화 대신 공중전화, 신용카드 대신 현금을 사용한다.
- 거주하는 집 안에 가구가 별로 없고 실험용 도구나 무기가 있다.
- 늦은 시간대에 수상한 사람들의 출입이 잦다.
- 주택 거주 시 이웃과의 교류가 없거나, 호텔 투숙 시 청소부나 룸서비스를 거부한다.
- 수상한 행동 양상(공공기관이나 주요 시설 건물 앞에 차량을 세우고 건물 내외를 점검한 후 다시 차량으로 돌아가는 행동, 건물의 비상벨이 울린 후 대응 체계를 확인하는 행동, 공항이나 백화점 등 다중밀집지역에 가방 등을 내려놓고 급하게 떠나는 행동 등)을 보인다.

신고요령

- 112(경찰청), 111(국가정보원), 119(소방)에 신고한다.
- 공중전화기는 동전이나 카드 없이 빨간색 긴급버튼을 누른 후 신고번호를 입력한다.
- 자신의 이름, 소속(직업), 현 위치, 의심스러운 상황과 이유를 가급적 육하 원칙에 따라 자세히 신고한다.
- 거동이나 정체가 수상한 자를 신고할 경우 옷차림, 외견상 특이한 점, 평소 드러난 수상한 행동 등을 자세히 설명한다.

알려주세요

전 세계의 주요 테러 단체

알 카에다
- 1979년 소련군의 아프가니스탄 침공에 대항하여 만들어진 조직(지도자:알 자와히리)
- 1991년 걸프전 이후 반미, 이스라엘 무장투쟁 단체로 전환
- 미국, 아프가니스탄, 파키스탄 등에서 활동
- 소속 테러 분자에 의해 2001년 9.11 테러 발생.
- 2011년 미국의 오사마 빈 라덴 사살 이후 2인자인 알 자와히리가 지도자가 됨

탈레반
- 1994년 아프가니스탄 남부에서 학생들에 의해 결성된 수니파 무장 이슬람 조직 (지도자: 무함마드 오마르)
- 아프가니스탄의 95%를 지배
- 2001년 탈레반 정권 붕괴 후 파키스탄 접경 지역에서 세력 확장
- 1996년~2001년 빈 라덴에게 피난처 제공

알 샤바브
- 2006년 소말리아 남부에서 결성된 이슬람 극단주의 단체(지도자:무크타르 알리 주베이르)
- 1991년 소말리아 정부 붕괴 후, 2007년 과도연방정부 수립 및 AU(아프리카연합) 평화유지군이 주둔하자 반유엔, 반아프리카연합 투쟁 전개

아부니달 기구
- 1974년 온건파인 팔레스타인 해방기구(PLO)에서 분리된 강경 조직
- 별칭 : 파타혁명군, 아랍혁명평의회, 아랍혁명여단, 검은9월단, 무슬림 사회주의 혁명기구
- 뮌헨올림픽 이스라엘 선수촌 습격(1972년), 로마와 비엔나 공항 군중 총격(1985년), 팬암기 납치(1988년) 등 수많은 테러 자행

알려주세요

우리나라에서 일어난 대표적인 항공기 테러사건은?

우리나라는 6.25 전쟁 및 휴전 이후 지금까지 남북 대치상황으로서 항상 전쟁과 테러의 위험 하에 놓여있다. 휴전 직후부터 20세기의 대한민국은 언제 테러사건이 일어날지 모르는 일촉즉발의 상황이었다 해도 과언이 아니다. 다양한 종류의 테러리즘 중 1950~60년대에는 항공기 납치사건이, 1980년대에는 공항이나 비행기 폭파사건이 벌어진 것이 특징이다.

1958년 KNA기 창랑호 납북사건

1958년 2월 16일 부산 수영비행장을 이륙한 대한국민항공공사 소속의 쌍발여객기 창랑호가 승객 28명, 승무원 4명(미군중령 1명 포함)을 태운 채 납북되었다. 납치범은 3명으로 구성된 북한간첩으로 조종실 문에 총격을 가하여 부순 후 평양 순안비행장에 강제 착륙 시켰다. 이후 북한은 세계 여론에 굴복, 납북 18일 만에 승객과 승무원을 송환하였으나 기체는 돌려보내지 않았다.

1969년 KAL기 납북사건

1969년 12월 11일 강릉 공항 발 김포 행 대한항공 소속 YS-H 여객기가 승객과 승무원 51명을 태운 채 이륙 11분 후 북한 고정간첩에 의해 납북되었다. 북한은 국제사회 여론을 의식해 이듬해인 1970년 2월 14일 39명은 귀환시켰지만 나머지는 돌려보내지 않았다. 납북자 가족들은 현재까지도 지속적으로 송환을 촉구하고 있지만 이루어지지 않았다. 유엔은 이 사건을 포함한 북한의 모든 납북사건에 대해 해명과 인질 생사확인을 지속적으로 요구하고 있는 중이다.

1986년 김포국제공항 폭파사건

1986년 9월 14일 김포국제공항 구 국제선 제1청사(현 국내선 청사) 5~6번 출입문 사이의 쓰레기통에서 원인불명의 폭탄이 폭발하여 5명이 사망하고 32명이 중경상을 입었다. 이 사건은 86아시안게임 경기를 방해하기 위한 목적으로 북한의 사주에 의거해 폭탄 테러를 자행한 것으로 추정된다.

1987년 KAL기 폭파사건

1987년 11월 29일 바그다드 공항 발 서울행 대한항공 소속 858(B-707)이 (승객 95명, 승무원 20명 탑승) 이륙 후 경유지 아부다비에서 일본인으로 위장한 북한 대남 공작원 김승일과 김현희가 객실에 두고 내린 고성능 시한폭탄과 액체폭발물에 의해 오후 14:05에 미얀마 안다만 해역 상공에서 공중 폭파되어 탑승자 전원이 사망하였다. 공작원 체포 과정에서 김승일은 사망, 김현희는 혼수상태에 빠졌으나 의식을 되찾았고 이후 대한민국에 전향하였다.

(참조 - 네이버 지식백과 '한국민족문화대백과', '한국학중앙연구원', '한국근현대사사전', 위키백과)

알려주세요

이슬람 테러리스트의 납치, 그리고 김선일 피살사건

테러리즘의 유형 중 납치는 1960년대 초 남미에서 주로 사용한 후 테러리스트들이 항공기 납치만큼 자주 사용하는 유형이다. 아군 석방의 방편으로 혹은 인질을 볼모로 하여 정치적, 물질적 요구 및 선동 등의 목적으로 사용한다. 1960년대부터 빈발하기 시작하여 특히 1976년부터 1986년 사이에 전 세계적으로 약 2,500여 차례의 인질 납치사건이 발생할 정도였다. 우리나라의 경우에도 1986년 1월 주 레바논 대사관에 근무하던 도재승 서기관이 베이루트 시내에 있는 공관 앞에서 정체불명의 복면 무장괴한들에게 납치된 바 있고, 1996년 12월 페루 주재 일본대사관 점거 사건에서 이원형 대사가 인질로 억류되어 있다가 석방된 바 있다.

21세기 이후 벌어진 비극적인 피랍 사건 중 대표적인 것은 2004년 발생한 김선일 피살사건이다. 2004년 6월 이슬람 테러조직 '알카에다'의 2인자인 아부 무사브 알 자르카위가 이끌던 이라크 무장단체 JTJ(자맛 알 타위드 와알 지하드:Jama' at al-Tawhid wa' al-Jihad, 유일신과 성전)가 한국군의 이라크 추가 파병 철회를 요구하며 이라크 내 한국 군납업체 직원인 김선일을 납치했다가 3주 만인 6월 22일 참수했다.

그 후 10년 지난 2014년 '미국에 보내는 메시지'라는 제목으로 미국인 기자를 잔인하게 살해하는 영상을 유튜브에 공개해 전 세계인을 충격에 빠뜨린 테러 단체 IS(이슬람국가)의 전신이 바로 김선일을 살해한 JTJ이다. 조직 명칭과 우두머리만 몇 차례 바뀌었을 뿐 김선일 사건 때와 마찬가지로 외국인을 납치하고 살해하는 잔인한 테러 방식을 고수하고 있다. 김선일 살해를 주도한 우두머리 알 자르카위는 미군과 정보당국의 추적 끝에 2006년 제거되었으나, 뒤를 이어 조직이 수차례 개편되었고 2011년 미군 철수 이후 세력이 확장되어 오늘날에 이르고 있다.

자료 출처 - (네이버 시사상식사전 '김선일 피살사건' 항목

폭발물

폭발물에 의한 테러나 공격은 전 세계적으로 빈번하게 자행되고 있다. 우리나라의 경우에도 인터넷 사이트 등을 통해 사제폭발물 제조법과 정보를 누구나 쉽게 얻을 수 있어 폭발물에 의

한 비상사태 위험에 누구나 노출되어 있다.

▶ 위급상황 행동요령

건물에서 폭발물을 발견했다면?

- 주변 사람들에게 알리고, 발견 지점의 반대쪽 계단으로 대피한다.
- 엘리베이터를 절대 타지 않는다.
- 성냥이나 라이터 등 화기를 사용하지 않는다.
- 대피 시 유리창에서 최대한 멀리 떨어져 이동하여 파편에 유의한다.
- 계단 이용 시 우측통행하여 폭발물 처리반 및 구조대원이 신속히 이동할 수 있도록 협조한다.
- 휴대전화, 라디오, 무전기 등 기폭장치로 작동될 수 있는 기기를 사용하지 않는다.
- 건물 밖으로 나온 후에도 폭발 및 붕괴에 대비해 최대한 멀리 대피한다.

대피 도중 폭발음이 들린다면?

- 즉시 바닥에 낮게 엎드린다.
- 엎드릴 때는 팔꿈치를 옆구리에 붙여 몸통을 보호하고 머리를 손으로 감싸 머리 부분을 보호하고 귀를 막도록 한다.
- 폭발이 연쇄적으로 계속될 수 있으므로 더 이상 폭발음이 들리지 않을

때까지 이동하지 않는다.

- 폭발음이 들리지 않으면 엎드려 포복하는 자세로 이동하되 경계를 늦추지 않는다.
- 건물 로비, 대형 강당 등 붕괴 위험이 높은 곳에서 최대한 빨리 탈출한다.
- 유리 파편, 간판, 건축물 파편 등에 유의한다.
- 건물 붕괴로 매몰되었을 때는 휴대전화를 켜 놓아 자신의 위치가 알려질 수 있게 한다.
- 폭발 장소에서 최대한 멀리 대피하고, 큰길 한가운데 등 개활지 쪽으로 피신한다.

알려주세요

최근 국내외 폭발물 테러의 대표적인 사례

우리나라의 경우
- 2011년 서울역 1층 물품보관함 및 강남고속터미널 1층 물품보관함에서 사제폭발물 폭발에 의한 화재가 발생했다. 사회불안 조장을 목적으로 한 범인들에 의해 자행되었으며, 염소산칼륨+황을 발열시켜 기폭하고 부탄가스로 폭발효과를 증폭시켰다. 폭발물 제조방법은 인터넷 사제폭발물 제조 사이트를 통해 습득하였다고 주장했다.

최근 10년 간 해외 폭발물 테러의 경우
- 스페인 열차 폭탄 테러(2004년) : 스페인 마드리드 중심부의 3개 열차역에서 원격조종장치(핸드폰)로 13개 폭발물을 기폭. 테러 조직 알 카에다가 스페인 정부의 이라크전쟁 지원 및 파병에 대한 보복으로 자행. (사상자 1700여 명)

- 영국 런던 연쇄 폭탄 테러(2005년) : G8정상회의 개최 중 런던 킹스크로스역 등 지하철 및 버스에서 사제폭발물로 자살폭탄테러. (사망자 52명, 부상자 700여 명)
- 인도 뭄바이 동시다발 테러(2008년) : 뭄바이 철도역, 시장, 병원, 호텔 등에서 총격과 폭발물을 이용. 파키스탄 이슬람 과격단체인 라슈카르-에-타이바(LeT)에 의해 자행. (사망자 166명, 부상자 330여 명)
- 러시아 지하철 테러(2010년) : 모스크바 지하철 전동차에서 체첸 출신 '검은 미망인(Black Widows)'에 의한 자살폭탄 테러. (사상자 140여 명)

알려주세요

미사일 포격 시 행동요령

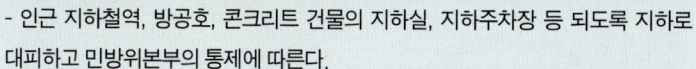

휴전 상태인 우리나라는 최근 연평도 포격 사건 등 북한의 공격이 발생할 가능성이 항상 존재한다. 휴전선 인근 지역은 물론이고 그 외 지역 거주자라 하더라도 포격 시의 비상 상황에 대비하고 대피 요령을 숙지해둘 필요가 있다.

- 인근 지하철역, 방공호, 콘크리트 건물의 지하실, 지하주차장 등 되도록 지하로 대피하고 민방위본부의 통제에 따른다.
- 지하철역의 경우 미사일 공격을 피할 수 있도록 견고하게 지어져 있으며 환승역 등 깊은 곳이 더 안전하다.
- 포격 도중 미처 대피를 못하여 밖에 있을 때는 건물 외벽이나 유리창 파편을 피해 머리를 감싸며 신속히 대피한다.
- 포격이 이어지는 동안에는 밖으로 나가지 않는다.
- 포탄이나 미사일 공격으로 대형건물이 파괴되거나 화재가 발생했을 경우, 신속하게 건물 밖으로 대피하되 건축물 파편 및 낙하물에 주의한다.

화생방무기

'화생방무기'란 화학무기, 생물학무기, 방사능무기 등 대량 무차별 살상무기를 총칭하는 약자다. 대개 무색무취하여 탐지하기 어려우며 해당 지역의 인명을 대량 살상하고 생물을 멸종시키는 등 파괴력이 크다.

✓ 이것만은 **꼭** 알아두자

화학무기의 경우

→ 질식, 구토, 신경 마비, 수포 발생, 혈액 변이 등 다양한 증상을 유발한다. 화학가스의 종류에 따라 해독제와 치료방법이 다르므로 신속히 병원 치료를 받아야 한다.

- 호흡곤란, 구토, 피부발진, 근육경련 등이 발생 시 화학무기 공격을 의심할 수 있다.
- 방독면, 마스크, 물수건, 손수건, 비닐봉지, 비옷 등으로 호흡기를 보호하고 피부 노출을 최소화시키며 대피한다.
- 오염지역에서 빠져나갈 때는 바람이 불어오는 방향으로 대피하고, 오염지역에서 수백 미터 떨어져

있다면 바람이 불어오는 방향의 직각 방향으로 대피한다.
- 실내에 있을 때는 실외로, 야외에 있을 때는 되도록 고지대나 고층건물 상층부로 대피한다.
- 실내에서 대피해야 할 경우에는 창문과 문을 닫고 창문 틈도 테이프 등으로 밀폐하여 오염된 외부 공기의 유입을 막는다.
- 에어컨, 환풍기 등의 작동을 중단시키고, 외부 연결기기 주변을 밀봉한다.
- 안전한 지역으로 도착하자마자 샤워를 하고 옷을 갈아입는다.
- 오염된 의복 등은 플라스틱 용기나 비닐 등에 밀봉한다.

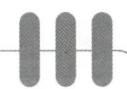

Tip 유독가스 종류에 따른 응급처치요령

- **염소 가스** : 물로 15분 이상 피부 세척, 눈 부위는 식염수로 세척, 소금물로 입가심, 버터를 넣은 커피 섭취
- **암모니아 가스** : 2% 농도의 붕산수로 10분마다 피부 세척, 레몬주스 혹은 0.5% 농도의 구연산수 섭취
- **신경에 작용하는 독가스** : 인공호흡 및 해독제 키트(아드로핀 주사, 옥심 주사)을 10분 간격으로 3번 주사
- **수포를 발생시키는 독가스** : 피부는 따뜻한 비눗물로 세척, 눈 부위는 깨끗한 물로 세척, 피부 제독 키트(KM258, KM258A1)로 제독
- **질식 및 혈액에 영향을 끼치는 독가스** : 인공호흡 및 체온 유지, 온수 섭취

생물학무기의 경우

➜ 탄저균, 페스트, 콜레라, 천연두 등 30여 종의 박테리아 및 생물학적 독소가 사용되며, 동물 등 매개체 전염, 물이나 음식을 통한 전염, 사람 간의 전염, 공중 살포 등 공격 방법이 다양하다. 탄저균 3kg을 공중 살포 시 한 번에 25만 명을 살상할 수 있는 등 소량으로도 대량 인명살상이 가능하다.

- 지역이나 계절에 맞지 않는 질병의 갑작스러운 발병, 비슷한 증세의 급성환자가 대규모 발생, 가축의 원인 모를 집단폐사 등이 있을 경우 생물학무기 공격을 의심할 수 있다.
- 의심물질을 실내에서 발견 시 창문과 문을 모두 밀폐하고 신속하게 건물에서 빠져나오되, 손수건이나 마스크 등으로 호흡기를 막고 대피한다.
- 안전 지역으로 대피 후에는 즉시 샤워하며, 입었던 옷과 신발 등은 소독 후 지정된 장소에 폐기처분한다.
- 구토, 복통, 설사, 피부 발진, 고열, 인후통 등의 증상이 나타날 경우 치료제, 백신 등으로 조기치료를 받고 보건당국의 지시에 따른다.

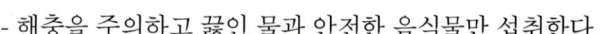

- 해충을 주의하고 끓인 물과 안전한 음식물만 섭취한다.
- 의심스러운 분말가루(탄저균 공격)가 나오는 우편물 등을 발견 시, 옷이나 비닐 등으로 덮고 격리된 곳에 보관하여 분말 확산을 최대한 막고, 즉시 보건소나 행정기관에 신고한다.

> **Tip** 대표적인 생물테러 병원체의 종류

- 탄저균 : 감염 후 6일 뒤 기침, 호흡곤란, 근육마비, 복통, 구토, 설사, 패혈증 등이 나타난다. 공기 중에서 폐로 흡입할 수 있고 피부와 구강을 통해서도 감염된다. 2일 내에 사망할 수 있다.
- 천연두 : 감염 후 2~3일 뒤 고열, 발진 등이 나타난다. 전염율, 치사율이 높아 생물테러 이용 가능성이 가장 높다. 2주 내 감염환자 30%가 사망한다.
- 페스트 : 감염 후 1~6일 뒤 고열, 호흡곤란, 두통, 기침 등이 나타난다. 공기 중에서 폐로 흡입할 수 있고, 기침을 통해 쉽게 전염된다. 2~4일 뒤 사망할 수 있다.
- 보툴리눔 : 감염 후 1~3일 뒤 호흡곤란, 근육마비 등이 나타난다. 피부와 폐로 흡수되며, 토양, 해수, 음식물 섭취 등으로도 전염된다. 1일 내 사망할 수 있다.
- 에볼라 : 아프리카 콩고의 에볼라 강에서 발견된 바이러스성 출혈열로, 혈관을 통해 장기로 번져 고열, 심한 출혈, 근육통, 설사 등이 나타난다. 일주일 내 90% 이상의 치사율을 나타낸다.

방사능무기의 경우

➡ 인간의 오감으로 감지할 수 없으므로 정부의 방사능누출 비상경보 및 지시에 따라야 하며, 가급적 지하대피소 및 콘크리트 건물의 실내로 대피하는 것이 안전하다.

- 외부보다 실내에 머무르되 창문과 출입문을 잠그고 문틈도 젖은 신문지 등으로 밀폐한다.
- 실내 중에서는 위층보다 지하실, 건물 가장자리나 창가보다는 중앙이

더 안전하다.
- 지하철, 터널, 동굴 등 지하대피시설로 대피한다.
- 대피할 때는 방독면, 손수건 등으로 호흡기를 막는다.
- 집이나 건물을 떠나 대피할 때는 흰 옷이나 수건을 눈에 잘 띄는 곳에 걸어두어 소개 완료를 표시하고 떠난다.
- 호흡이 빨라질수록 방사능물질의 체내 흡수가 빨라지므로 대피 시 뛰지 않는 것이 좋다.
- 핵공격(폭발의 섬광) 중에는 즉시 폭발 반대 방향으로 엎드리고 도랑 등 은폐물에 몸을 숨긴다.
- 방사능 물질의 종류에 따라 처방 및 치료법이 달라지므로 유언비어보다는 정확한 정보를 파악한다.
- 핵공격 이후 방사능 낙진을 최대한 피하기 위해 우의나 우산으로 몸을 보호한다.

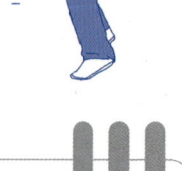

 방독면 착용 요령을 알아두자

일반방독면
: 전쟁용 독성화학 가스로부터 얼굴과 호흡기를 보호하기 위한 방독면
1. 정화통 보관함에서 포장지를 제거하고 방독면에 연결한다.
2. 숨을 크게 들이마신 후, 안경렌즈가 앞쪽에 오도록 착용한다.
3. 앞면 고무면체를 코, 입, 턱에 맞도록 밀착시킨다.
4. 머리끈을 조인다.

5. 숨을 내쉬고 정화통 바깥쪽 구멍을 막고 숨을 들이마셔 공기가 새는지 점검한다.

*정화통의 유통기간은 5년이며, 사용하거나 개봉한 정화통은 재사용할 수 없다.

국민방독면

: 독성화학 가스 오염지역 및 화재현장에서 안전하게 대피하기 위해 착용하는 방독면
1. 휴대주머니에서 방습포장제를 꺼낸다.
2. 방습포장을 개봉하여 방독면을 꺼낸다.
3. 렌즈를 아래쪽으로 향하게 한다.
4. 착용 후 머리끈을 조인다.
5. 숨을 내쉬고 정화통 바깥쪽 구멍을 막고 숨을 들이마셔 공기가 새는지 점검한다.

총격전 · 억류 · 납치

총기류 사건이 빈번한 외국에 비해 우리나라는 총격전이 흔하지 않으나, 은행이나 공공기관 등에서의 총격전, 납치, 억류나 감금 등 비상상황이 발생할 수 있다. 돌발행동을 자제하는 것이 관건이며, 경찰이나 진압부대의 진압 및 구출작전에 방해가 되지 않도록 한다.

☑ 이것만은 **꼭** 알아두자

실내에서 총격전이 벌어졌다면?

- 무조건 바닥에 엎드리거나 몸을 낮춘다.
- 큰 가구나 책상, 다른 방 등 숨을 수 있는 곳으로 이동한다.
- 총 쏘는 범인이 근처에 보이지 않는다면 화재경보기를 울리고 건물 밖으로 나오되, 범인이 보인다면 최대한 몸을 숨긴다.
- 경찰의 구조 및 대응사격에 방해가 되지 않도록 몸을 낮추고 지시에 따른다.

실외에서 총격전이 벌어졌다면?

- 땅에 엎드리거나 몸을 낮추고, 자동차 등 큰 물체 뒤에 바짝 붙어 숨는다.
- 주변에 거울이나 깨진 유리조각이 있다면 범인 위치를 확인하는 데 활용할 수 있다.
- 대응사격 및 진압작전을 하는 정복 경찰의 지시에 따른다.
- 갑자기 뛰거나 몸을 일으키거나 호주머니에서 뭔가를 꺼내는 등 시선을 끄는 행동을 하지 않는다.
- 이동해야 할 경우에는 일어나지 않고 낮은 포복 자세로 이동한다.

인질극이 벌어졌다면?

- 범인의 요구에 순순히 따른다.
- 공격적인 말이나 행동으로 범인을 자극하지 않는다.
- 범인의 이야기를 경청하고 침착한 태도를 유지한다.
- 다른 인질들과 대립하거나 언쟁을 벌이지 않는다.
- 범인에게 순종하되, 인질들이 수단이 아닌 인간임을 인식하게 한다.
- 확실하지 않는 한 절대 도망이나 탈출을 시도하지 않는다.

납치, 억류, 감금되었다면?

- 일단 저항하지 말고 순순히 따르며 돌발행동을 자제한다.
- 범인에게 우호적인 태도로 대응한다.
- 범인을 위협하거나 화를 내거나 튀는 언행을 하지 않는다.
- 확실하지 않는 한 절대 도망이나 탈출을 시도하지 않는다.
- 납치된 상태에서 눈이 가려졌을 경우 주변 소음, 냄새, 범인의 목소리 등을 기억해 둔다.
- 주변 상황을 파악하고 자제력과 이성을 잃지 않는다.
- 장기간 감금이 이어질 경우 건강 유지를 위해 계속 몸을 움직여 운동하고, 제공되는 음식을 먹고, 몸이 아플 때는 약을 요구한다.

해외여행 시 테러범에게 납치되었다면?

- 함부로 저항하지 말고 무리하게 도망을 시도하지 않는다.
- 범인을 자극하는 언행이나 대적하는 행동을 하지 않는다.
- 눈이 가려졌을 경우 주변의 소리, 냄새, 이동할 때 도로 상태의 느낌, 범인의 목소리와 억양 등을 기억해둔다.
- 몸값 요구를 위한 육성 녹음 등을 요구할 경우 순순히 응한다.
- 이성을 잃지 말고 침착하게 구출을 기다린다.

- 석방 시기가 임박한 경우라 할지라도 갑작스러운 태도 변화를 내비치지 않는다.
- 구출작전이 시작될 경우 즉시 낮게 엎드려 작전에 방해가 되지 않도록 한다.

알려주세요

꼭 알아둬야 할 전시 행동요령 5가지

전쟁 혹은 비상사태 발생 시 국민들이 지켜야 할 기본적인 행동요령은 다음과 같다.

1. 공습 등 비상사태가 발생했다면?
- 가급적 외출하지 않고 민방위 방송 등을 통해 정부의 안내에 따른다.
- 무작정 피난을 떠나거나 사재기를 하지 않는다.

- 공습이 예상될 경우 인근 지하대피소로 대피한다.
- 유언비어나 적의 거짓 선전에 동요하지 않는다.
- 전쟁 수행을 위한 차량을 제외하고 자동차 운행이 통제되므로 대중교통수단을 이용한다.
- 통화량 급증으로 통신망이 마비되지 않도록 불필요한 전화사용을 자제한다.
- 동원 대상 인력 및 장비는 지정된 집결장소로 집결해 임무를 수행한다.

2. 민방공 경보가 울린다면?

- 방송을 통해 정부의 안내에 따른다.
- 밤에는 불을 모두 끄고, 불빛이 밖으로 새어 나가지 않도록 한다.
- 경계경보가 울리면 대피할 준비를 하고, 가스밸브를 차단하고, 전열기 코드를 뽑는다.

- 공습경보가 울리면 지하대피소(고층건물의 지하실 또는 아래층) 등으로 즉시 대피한다.
- 화생방경보가 발령되면 방독면 등 보호장비를 착용하거나, 손수건, 비닐, 우의 등으로 호흡기 및 피부를 보호한다.

3. 수상한 사람이나 물건을 발견했다면?

- 경찰(112, 113), 국가정보원(111), 군부대, 시·도·군·구청이나 읍·면·동사무소에 신고한다.
- 신고 대상 : 적군, 무장공비, 간첩, 행동이 수상한 사람, 불발탄, 지뢰, 불온문서, 공중에서 낙하하는 사람, 주요시설을 촬영 혹은 파괴하는 사람 등

4. 화재, 파괴, 환자 발생 등 피해 상황이 벌어졌다면?

- 각 가정과 직장에 있는 구조장비, 소화기, 구급약으로 인명구조 활동, 소화 활동, 응급 복구 등에 협조한다.
- 대량 인명피해 발생 시 헌혈에 참여한다.

5. 비상사태 대비 물자는?

- 가정용 상비약품, 비상용 생필품, 화생방전에 대비한 보호물자 등을 준비한다.
- 단수를 대비해 욕조나 큰 그릇에 물을 받아놓는다.
- 생활필수품 : 쌀, 보리, 콩, 밀가루, 라면, 소금, 유류(난방/취사용), 부탄 캔, 건전지, 양초
- 배급제 품목 : 쌀, 라면, 유류(난방/취사용), 부탄 캔, 소금
- 지역 대피소 위치, 식수원 등을 파악해 둔다.

Tip 민방공 경보의 종류는?

- 경계경보 : 적의 공격이 예상될 때 발령. 사이렌으로 1분 동안 평탄음을 울리고, 라디오, TV, 확성기 등으로 경보방송을 함.
- 공습경보 : 적의 공격이 긴박하거나 진행 중일 때 발령. 사이렌으로 3분 동안 파상음을 울리고 라디오, TV, 확성기 등으로 경보방송을 함.
- 화생방경보 : 적의 화생방 공격이 있거나 예상될 때 발령.
- 경보해제 : 적의 공격 징후 및 추가공격이 예상되지 않을 때 발령.

알려주세요

민방공경보 훈련이 아닌 '실제' 상황이 발령된 때는 언제?

- 전투기 귀순 및 민항기 불시착에 따른 경보발령 총 5회

일시	발령사유	지역과 시간	경보종류	착륙지
1983.2.25	북한 MIG-19 전투기 귀순 (조종사:이웅평)	서울,인천,경기 (10:55~11:45)	경계경보	성남비행장
1983.5.5	중국 민항기 불시착 (조종사:탁장인)	서울,인천,경기 (14:00~14:07)	경계경보	춘천비행장
1983.8.7	중국 MIG-21 전투기 귀순 (조종사:손천근)	서울,인천,경기 (15:19~15:36)	서울:경계경보 인천,경기:공습경보	성남비행장
1986.2.21	중국 MIG-19 전투기 귀순 (조종사:진보충)	서울,인천,경기,강원 (14:26~14:40)	경계경보	수원비행장
1996.5.23	북한 MIG-19 전투기 귀순 (조종사:이철수)	서울,인천,경기 (10:55~11:12)	경계경보	수원비행장

- 2000년대 이후 민방위 재난경보가 발령된 실제 사례

2002년 : 강원도 태백 등 7개 시군, 경북 청송 등 4개 시군, 충북 영동, 전북 무주, 전남 고흥 (태풍 루사)

2003년 : 강원도 춘천 등 5개 시군, 경기도 연천, 경북 김천, 청송, 경남 사천 (태풍 매미)

2004년 : 대구시, 강원도 속초 등 4개 시군, 경북 상주, 김천, 충북 단양, 영동, 충남 서천

2006년 : 강원도 양양 (양양 산불) / 경기도 파주, 경기도 여주, 강원도 정선, 원주, 영월 등, 충북 단양 (태풍 에위니아 및 집중호우)

(자료 출처 - 국가재난정보센터)

우리나라는 전 국민의 대부분이 인터넷과 휴대폰을 사용하고 그 사용률과 보급률이 전 세계 어떤 국가보다 높은 편에 속한다. 이로 인해 온라인상의 개인정보과 기업정보, 국가정보를 악용한 해킹과 개인정보유출, 보이스피싱 등 사이버테러 혹은 사이버범죄가 날로 기승을 부리고 있으며 그 수법도 하루가 다르게 다양해지고 있는 추세다. 해킹이나 정보유출 피해를 줄일 수 있는 기본적인 상식을 숙지하고 새로운 범죄유형에 대비해야 한다.

Part 8

사이버범죄 및 야외 행사장·공연 전시회·박람회에서 안전한 대처법

보이스피싱

피싱(Phishing)이란 프라이버시(Privacy)+낚시(Fishing)의 합성어로서, 휴대폰, 이메일, 인터넷 등을 통하여 유명 기관이나 국가기관, 금융기관, 유명 인물을 사칭하여 사기를 벌이는 범죄행위를 뜻한다. 특히 전화를 통해 사기행각을 벌이는 보이스피싱은 수법과 유형이 더욱 다양해지고 있으므로 금전적 피해에 주의해야 한다.

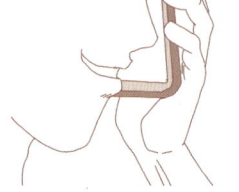

보이스피싱의 대표적 유형

- 납치사기 : 자녀나 가족을 납치했다고 협박하며 현금 입금 등을 요구한다.
- 환급사기 : 세금 등을 환급해 준다며 개인 금융정보나 현금지급기 조작을 유도한다.
- 카드사기 : 카드회사를 사칭하며 본인이나 가족의 개인정보를 요구한다.
- 기관사기 : 경찰이나 법원, 금융기관 등 국가기관을 사칭하여 범죄 확인을 위한 개인정보나 금융 정보 제공을 유도한다.

대처 및 예방 요령

- 개인정보는 개인이 회사에 제공하는 것이 아니라 회사 상담원이 먼저 확인할 수 있어야 하는 것이므로, 전화를 통한 개인정보 요구에 절대 응하지 않는다.
- 금융기관, 국가 공공기관, 경찰서 등에서는 개인의 금융정보를 전화, 이메일, 메신저, 전화자동응답시스템(ARS) 등으로 물어보는 일이 절대 없다. 따라서 이러한 기관을 사칭한 정보 요구에 절대 대답하지 않는다.
- 금융기관, 국가기관, 경찰서 등에서 보내는 문자메시지인 것처럼 위장하여 문자메시지에 링크된 인터넷 주소로 접속을 유도하므로, 절대 문자메시지의 인터넷 주소를 누르지 않는다.
- 발신자번호가 미심쩍은 전화는 받지 않고, 휴대폰의 스팸 필터링 기능 등을 활용한다.
- 납치를 사칭한 전화의 경우 당황하지 않고 피해자의 목소리를 직접 들려달라고 요구한다.
- 현금 입금 등을 유도한다면 구체적인 내용을 서면(우편)으로 보내줄 것을 요구해 본다.
- 금융기관을 사칭하거나 보이스피싱으로 인한 금전 사고 발생 시 즉시 경찰 및 해당 은행에 신고하고 지급 정지를 요청한다.
- 노인들이 보이스피싱에 속지 않도록 구체적인 수법과 대처방법을 말씀드린다.

알려주세요

보이스피싱 사기수법의 실제 사례 알아보기

"당신의 아들을 데리고 있다. 지금 당장 계좌로 돈을 입금하지 않으면 아들을 못 보게 될 것이다."
: 노인에게 성인 자녀의 납치를 빌미로 돈을 요구하여 특정 계좌로 이체하게 함.

"당신의 아이를 무사히 만나고 싶다면 지금 당장 계좌로 입금하시오."
: 유치원에서 초등학생 정도의 어린 자녀를 둔 부모와 자녀의 개인정보를 수집, 먼저 자녀의 휴대폰에 지속적으로 전화를 하여 통화가 되지 않도록 한 후 부모에게 전화하여 아이를 납치했다고 협박하여 특정 계좌로 돈을 이체하게 함.

"아버지(어머니), 제가 지금 회사 일로 급히 돈이 필요하니 600만 원만 이체해 주세요."
: 귀가 어둡고 정보에 무지한 고령의 노인에게 전화하여 자녀를 사칭하고 특정 계좌로 돈을 이체하게 함.

"검찰청입니다. 귀하의 은행 계좌번호와 비밀번호가 노출되었습니다. 지금 당장 다른 계좌로 이체하십시오."
: 검찰 등 정부기관을 사칭하여 기존 예금 계좌를 해지하게 한 후 특정 계좌로 돈을 이체하도록 유도함.

"제가 45만원을 입금해드려야 하는데 실수로 0을 더 눌러버려 450만원을 입금했습니다. 차액 405만원을 다음 계좌로 이체해 주세요."
: 물건 거래 시 물품 대금을 송금했다고 한 후 실수로 입금을 잘못했다며 차액 혹은 전액 반환을 요구하고 계좌이체를 유도함.

"여기는 경찰 사이버수사대입니다. 당신의 이메일 계정이 해킹되어 대포 통장이 만들어졌으니 지금 알려드리는 서울지방경찰청 홈페이지에 접속하여 바로 확인하십시오."
: 경찰을 사칭하여 해킹이 되었다고 한 후, 특정 홈페이지 접속을 유도하여 공인인증서의 비밀번호, 계좌의 비밀번호, 보안카드 입력을 유도한 후, 빼낸 개인정보를 이용해 통장에서 돈을 출금하고 사라짐.

해킹 및 개인정보 유출

해킹을 비롯한 사이버범죄는 컴퓨터에 피해를 입히고 개인 및 기업정보를 유출시킬 뿐만 아니라 정보 교란으로 기업 및 국가의 기반에 타격을 입힐 수 있을 정도로 중대한 범죄다. 평소 컴퓨터사용 습관에 유의하고 개인정보가 유출되지 않도록 대처해야 한다.

컴퓨터범죄 관련 용어

해킹 - 컴퓨터에 온라인으로 접근하여 고장을 일으키거나 정보를 훔치는 행위
바이러스 - 컴퓨터의 정상적인 작동을 방해하는 악성 프로그램
스파이웨어 - 이용자 동의 없이 설치되어 컴퓨터 사용에 불편을 끼치거나 정보를 훔쳐가는 악성 프로그램
스팸 - 이메일, 휴대폰 메시지 등으로 대량 전송되는 불법 정보
파밍 - 컴퓨터에 가짜 은행 사이트로 유도하는 악성코드를 설치해 금융정보를 빼낸 후 예금을 무단 인출하는 금융사기
피싱 - 이메일, 인터넷, 휴대폰 등으로 유명기관, 국가기관, 공공기관, 특정 인물을 사칭하여 사기를 벌이는 행위
스미싱 - 문자메시지(SMS)와 피싱의 합성어로서 스마트폰 문자메시지를 통한 소액결제 사기 행위
악성 봇 - 악성 로봇의 준말. 컴퓨터가 봇에 감염될 경우 해커가 감염된 컴퓨터를 로봇 조종하듯이 마음대로 조종할 수 있음.

자동 설치 프로그램 - 인터넷 이용, 이메일 수신, 메신저 사용 등을 통하여 사용자의 동의 없이 설치되는 프로그램. 바이러스, 스파이웨어, 악성 봇 등에 의해 자동으로 배포됨.
메모리 해킹 - 컴퓨터 메모리에 있는 계좌번호 등을 변조하거나 보안카드 비밀번호 등을 절취하여 돈을 빼돌리는 해킹 방식으로 정상적인 인터넷뱅킹 사이트에 접속하였어도 거래과정에서 금융정보를 실시간 위조 및 변조하여 공격함.
악성 봇 - 악성 로봇의 준말. 컴퓨터가 봇에 감염될 경우 해커가 감염된 컴퓨터를 로봇 조종하듯이 마음대로 조종할 수 있음.

개인정보 유출을 예방하려면?

- 회원가입 시 이름, 주민등록번호, 주소, 전화번호 등 개인정보를 제공할 때는 개인정보 취급방침과 약관을 확인한다.
- 명의도용확인서비스를 신청하여 타인이 나의 주민등록번호를 도용했을 때 곧바로 통지를 받고, 개인정보침해신고센터에 신고한다.
- 자녀의 인터넷 사용에 유의하고, 의도하지 않은 개인정보 제공이 있었는지 확인한다.

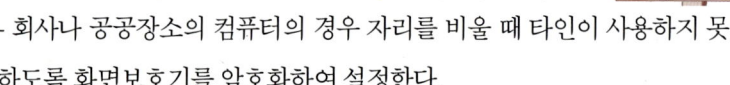

- 회사나 공공장소의 컴퓨터의 경우 자리를 비울 때 타인이 사용하지 못하도록 화면보호기를 암호화하여 설정한다.
- 각 인터넷 사이트의 비밀번호를 서로 다르게 하여 자주 변경하고 추측이 어렵도록 숫자와 특수문자를 섞어 만든다.
- 이름, 생일, 주민등록번호를 연상시키는 비밀번호를 설정하지 않는다.
- 휴대폰으로 '신용등급이 낮아도 소액대출이 가능합니다' 와 같은 문자

메시지를 받았을 경우 개인정보를 악용하는 사기 수법이므로, 절대 신분증, 인감증명서 등을 제공하지 않는다.

개인정보 노출 의심 신고
-개인정보 노출이 의심되는 경우 한국인터넷진흥원 '개인정보침해신고센터' (국번없이 ☎118, privacy.kisa.or.kr) 또는 '주민등록번호클린센터' (clean.kisa.or.kr)를 통해 신고 및 확인

개인정보노출자 사고예방시스템 적극 활용
-개인정보 노출시 은행 영업점이나 금감원 민원센터를 방문 '개인정보노출자 사고예방시스템' 에 등록하여 추가 피해를 예방
-동 시스템에 등록하면 금융회사에 전파되어 금융거래발생시 금융회사가 본인 확인에 유의하게 됨

개인정보 불법유통사실 발견시 적극신고
-신고내용을 평가하여 최고 1천만원의 포상금을 지급
☎1332→3번(불법사금융 및 개인정보)
금감원홈페이지(www.fss.or.kr)→참여마당→금융범죄/비리/기타신고→ '개인정보불법유통신고센터' 로 신고

개인정보유출피해 손해배상 분쟁조정 신청
-개인정보분쟁조정위원회(☎02-405-5150, kopico.or.kr)에 개인정보 유출피해에 대한 손해배상, 침해행위 중지 등에 대한 분쟁조정을 신청하거나 민사소송 제기가능 (전자금융거래 등에 따른 2차 피해 구제는 금감원(☎1332 www.fss.or.kr)에 신청)

해킹이나 바이러스 감염을 예방하려면?

- 컴퓨터 속도가 갑자기 느려지거나, 설정이 변경되어 있거나, 광고창이 뜨는 경우, 해킹이나 바이러스 감염을 의심하고 즉시 치료한다.
- 백신 및 보안프로그램, 방화벽 등을 깔고 수시로 업데이트한다.
- 출처가 불분명한 이메일이나 첨부파일은 열지 않고 바로 삭제한다.
- 이메일 사용 시 스팸 차단 기능을 설정한다.
- 성인, 음란, 불법도박 사이트에 접속하지 않는다.
- 광고 창을 함부로 클릭하지 않는다.

- 무선 랜으로 인터넷을 접속할 때는 암호를 설정한다.
- 인터넷 파일공유(P2P:Peer To Peer) 프로그램은 컴퓨터 바이러스 감염의 가장 대표적인 경로이므로 사용 시 유의한다.
- 무료 다운로드 사이트는 가급적이면 이용하지 않는다.

온라인 금융거래(인터넷뱅킹)를 할 때는?

- 보안 프로그램을 설치한다.
- 유명 금융회사 홈페이지를 흉내 낸 가짜 웹사이트가 아닌지 정확한 주소를 확인한다.
- 보안카드 비밀번호는 절대 타인에게 유출되지 않게 한다.
- 보안카드 비밀번호 전부를 절대 입력하지 않는다.
- 금융거래 비밀번호는 타 사이트 비밀번호와 다르게 설정한다.
- 온라인 금융거래 시 휴대폰 문자메시지로 알려주는 서비스를 신청한다.
- 공인인증서는 USB 메모리 등 이동식 저장매체에 저장한다.
- 공인인증서나 보안카드 사진을 컴퓨터 하드드라이브나 이메일에 저장하지 않는다.
- 보안카드보다 OTP(일회성 비밀번호)나 보안토큰을 사용한다.
- 여러 사람이 사용하는 공공 컴퓨터에서 공인인증서를 이용한 금융거래를 하지 않는다.
- 웹사이트 이용을 마칠 때는 웹브라우저 우측 상단의 창 닫기 버튼(x)을 사용하지 않고 로그아웃 버튼을 클릭하여 완전히 로그아

웃을 한다.

온라인쇼핑을 할 때는?

- 한국 정보통신산업협회, 한국 전자거래진흥원 인증마크를 획득한 온라인쇼핑몰인지 확인한다.
- 이메일 거래내역 영수증 등을 저장 혹은 출력해둔다.
- 현금보다 신용카드를 사용한다.
- 회사 정보를 꼼꼼히 확인하고 믿을 수 있는 회사인지 확인한다.
- 온라인 이벤트행사에 참여할 때 행사의 주체와 출처를 확인하고 불필요한 개인정보를 제공하지 않는다.
- 온라인 쇼핑 후 전화나 문자메시지로 '결제대금을 실수로 잘못 송금했다'고 하며 금전을 요청할 경우 절대 송금을 하지 말고, 즉시 판매자 계좌에 결제 대금이 제대로 이체되었는지 확인하고 본인 여부를 확인한다.

PC 및 스마트폰으로 메신저를 사용할 때는?

- 모르는 사람이 대화를 요청하거나 파일을 보낼 때 수락하거나 받지 않는다.
- 메신저 창이나 휴대폰 문자메시지를 통하여 모르는 웹사이트로의 링크를 유도할 때 절대 접속하지 않는다.
- 개인정보나 카드정보 등은 메신저를 통하여 전달하지 않는다.

컴퓨터 수리를 맡기거나 폐기할 때는?

- 컴퓨터 수리를 의뢰하거나 매각, 폐기할 경우 공인인증서, 개인정보 문서, 이메일 등 중요 정보를 삭제하되, 단순 삭제가 아닌 저장 자료를 완전히 삭제하는 소프트프로그램으로 삭제한다.
- 컴퓨터 본체를 폐기할 때는 하드디스크 등 내부 저장매체를 물리적으로 파괴한다.

사이버범죄 상담 및 신고

한국정보보호진흥원 www.krcert.or.kr ☎118

경찰청 사이버테러 대응센터 www.netan.go.kr ☎02-3939-112

개인정보침해신고센터 www.1336.or.kr ☎1336

금융감독원 전자민원창구 minwon.fss.or.kr ☎02-1332

한국소비자원 www.kca.go.kr ☎02-3460-3000

불법스팸대응센터(한국정보보호진흥원) www.spamcop.or.kr ☎1336

명의도용방지서비스 www.msafer.or.kr

보호나라 www.boho.or.kr : 해킹, 바이러스, 스팸, 개인정보 등 사이버 정보 보호에 관한 종합적인 정보 제공

스마트폰 애플리케이션 '경찰청 사이버캅' : 모르는 번호로 전화가 올 때 범죄 관련 번호인지 알려줌

야외 행사장 · 공연 · 전시회 · 박람회에서 안전한 대처법

1. 야유회 및 체육행사

최근 주 5일제 근무 등으로 여가활동 인구가 증가되면서 체육행사와 야유회 개최 빈도도 증가하고 있다. 야구와 축구 등 대표적인 스포츠 경기는 물론, 계절 · 장소 · 시간 · 유형 등 매우 다양한 주제와 방식으로 열리는 야유회 형태의 지역축제행사가 1천 여 개에 이른다. 이런 행사들은 규모가 다양하며 관람객이 많을수록 다양한 사고가 발생할 수 있는 만큼 시설물과 행사 전반에 대한 이해를 도모해야 한다.

주최 측이 준비해야 할 사안들

행사의 주체는 정부가 제정한 공연 및 행사장 안전 매뉴얼에 따라 다음과 같은 사항을 준수해야 한다. 이처럼 안전 매뉴얼을 따르는 것은 갑작스레 많은 인파가 몰려들 때 발생할 수 있는 다양한 사고를 방지하기 위해서다.

- 행사장은 울타리 안에 위치해야 한다. 행사장과 울타리 사이에 충분한

거리를 확보해야 입장권의 검표와 필요한 경우 입장객의 몸수색을 실시하기가 용이하다.

- 관중이 일시에 입구로 몰리지 않고 각자 배정된 좌석으로 찾아가도록 동선 체계를 마련한다. 또한 관중 출입동선에 따른 단계별 검색방안을 수립하고 안전관리요원과 업무협조 및 지원 체계를 구축한다.

- 열성팬이 운집한 체육경기 대항전의 경우 난동 발생 위험이 높은 만큼 그 요소를 예측하고 방지하기 위한 대책을 수립한다.

- 행사장 주변과 내부에 명확하고 쉬운 안내 표시판을 설치해 각자 찾아갈 곳을 정확히 안내 받을 수 있도록 유도한다.

- 행사장의 정전사고, 누전, 가스누출 사고 등에 대비한 비상전원 가동 등 긴급대응 절차를 숙지하고 정상가동 여부를 수시로 확인한다.

- 유사시 주변 인원대피 등을 원활히 진행할 수 있도록 초동조치 방법을 숙지하고 현장안전 통제실 등과 상황 및 협력·공조체제를 유지한다.

- 장애인 관람객이 확실하고 안전하게 경기장내의 관중석에 착석할 수 있도록 적절한 조치를 취한다.(이러한 조치들 중에는 이들에게 경기 그라운드가 잘 보이는 위치를 제공한다든가 휠체어용 램프를 비롯하여 특수화장실 및 기타 보조시설을 제공하는 것 등을 포함한다.)

관람객이 지켜야 할 사안들

즐기러 오는 것인 만큼 대부분의 관람객들은 행사장에서의 안전을 등한시하기 쉽다. 그러나 인파가 모이는 곳에는 반드시 사고 위험이 있는 만큼 적절한 대처를 미리 준비한다면 사고 위험을 미연에 방지할 수 있다.

① 입장할 때
- 반드시 입장권을 숙지한다. 관람객이 보관하고 있는 입장권 원부에는 경기장 내부에서 이동하는데 활용할 수 있는 안내 자료가 기입되어 있는 만큼 경기장 내부와 외부의 설치물과 자신의 동선을 확인하면 이동이 수월해진다.

- 자신의 위치를 파악하고, 그 위치에서 가장 가까운 비상 대피로와 비상출구를 반드시 확인한다.

- 가족이나 지인 단위로 입장할 시 서로의 소재를 항상 파악하고, 어린이의 경우는 항상 어른과 대동하도록 주의한다.

② 퇴장할 때

- 공연·행사장에서의 압사 사고는 입장 때보다 관중들이 짧은 시간에 한꺼번에 몰리는 퇴장시 더 많이 벌어진다는 사실을 인지하고 주의를 기울이자.
- 퇴장 시 모든 출입구가 제대로 개방되어 있는지 확인하고 각 출입구마다 안전요원들이 정확히 배치되어 있는지 확인한다.

- 해산 과정에서 과열 시민들의 차도점거 · 음주소란 · 기물파손 · 폭력 난동 등 돌출 행동이 발생할 수 있는 만큼 문제 현장에는 가까이 접근하지 않는다.

- 안전요원은 사람들이 갑자기 몰릴 때 발생할 수 있는 위험을 최소화하기 위하여 시뮬레이션을 진행해본 만큼 퇴장 시 단계별로 안전요원들의 지시와 경로를 따르자.

 Point 절대 금물! 위험을 초래하는 행동

공연 · 행사시 좌석에 착석한 뒤 경기를 관람하기 시작했다면 아무리 열광적인 순간이라도 자리에서 일어나지 말아야 한다. 대부분 체육 경기 시설의 좌석은 좌석이 앞쪽으로 가파른 경사를 이루고 있다. 따라서 상층부에 있는 인원이 넘어질 경우 도미노와 같이 연쇄적으로 넘어져 큰 사고로 이어지는 경우가 많다.

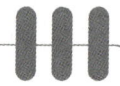

Tip 지하철도 위험할 수 있다

1999년 벨로루시 수도 민스크에서 열린 야외 공연에 대규모 사상자가 발생했는데, 그 이유는 공연 중 갑작스러운 폭우로 콘서트장에 있던 관람객들이 인근 지하철역으로 몰려들었기 때문이다. 대규모 인파가 한꺼번에 밀려들면서 군중을 안내하던 경찰관 2명 포함 54명이 압사했고, 150명이 부상을 입었다. 주변에 큰 행사가 열리고 있고 관람객들의 이동이 한꺼번에 있는 시간이라면 지하철 역사로 들어서는 것을 자제하자.

알려주세요

압사로 인한 사고

대규모 체육 경기나 콘서트장, 공연장에서 가장 흔히 벌어지는 사고는 사람들이 밀치면서 넘어져 군중에게 깔리는 압사 사고다. 압사는 다양한 상황에서 벌어지는데, 다음은 우리나라에서 벌어진 대표적인 압사 사고로서 군중의 갑작스러운 이동이 사고를 가져온다는 사실을 잘 보여준다.

* 1992년 서울 올림픽공원 체조경기장
: 1만5천 명의 관람객들이 야광램프를 흔들며 광란에 가까운 환호를 하다 인기곡 순서가 되자 앞으로 몰려 나와 맨 앞의 관람객 1명이 넘어지면서 압사하고, 19명이 부상을 입었다.

* 1996년 대구 두류공원 우방타워랜드 내 잔디광장
: 대구 MBC 주최 「별이 빛나는 밤에」 공연장에 2천2백 명이 모인 상황에서 좋은 자리를 차지하려는 관중들이 앞쪽 관중을 덮쳐 여고생 3명이 사망했다.

* 2005년 경북 상주 시민운동장
: 「MBC 가요콘서트」를 보기 위해 몰려든 관람객 5천 여 명이 일시에 출입문 쪽으로 몰리면서 넘어져 주민 11명이 압사하고 162명이 부상을 입었다.

* 2000년 보신각 새해맞이 타종행사
: 시민 6만 명이 참가한 가운데, 5세 남아가 인파에 깔려 사망하고 주변에 있던 9명이 부상을 입었다.

* 2006년 서울 롯데월드 놀이동산
: 롯데월드 재개장을 기념하는 무료입장 행사에서 지하철 잠실역과 연결된 롯데월드 지하통로, 매표소 앞 등에 11만여 명 인파가 일시에 운집하여 밀치면서 35명이 부상을 입었다.

폭력 사태로 인한 사고로 열성팬들이 운집한 스포츠 대항전에서 자주 벌어지는 사고로, 흥분한 관객들이 몸싸움을 하거나 무리한 진입을 시도하면서 벌어지는 경우가 많다.

* 93년 열린 LG : 해태 프로 야구 경기
: 서울 잠실야구장에서 열린 이 경기에서는 입장권을 구입하지 못한 관중 1천 여명이 닫힌 1-1문 셔터를 강제로 밀치고 일시에 무단히 입장하다가 수명이 넘어져 그 중 2명이 부상을 입었다.

*2001년 프로축구 수원 : 대전 경기
: 후반 종료 직전 수원이 결승골을 넣자 열성적으로 응원을 하던 양 팀 응원단이 흥분하여 경기장 밖으로 나와 집단적 폭력을 행사하며 충돌, 투석전까지 벌어져 수명이 부상을 입었다.

2. 공연 · 전시회 · 박람회

유명 연예인 팬 사인회, 인기 품목 전시, 기념품 배부 등 이벤트성 공연 · 행사를 포함한다. 관중이 많이 몰릴수록 사고 발생률이 높아지는 만큼 원활한 안전 매뉴얼이 필요하다. 행사의 성격에 따라 관중의 연령대와 성격이 달라지기도 한다. 비교적 조용히 이루어지는 행사일지라도 관중이 집중되어 동선 확보가 어려운 시간대에는 관람객 스스로가 주의할 필요가 있다.

주최 측이 지켜야 할 사안들

- 입장하는 이들의 동선이 서로 충돌되지 않고 순조롭게 진행될 수 있도록 계획하고, 주요 동선에 안내판 설치 여부를 사전에 확인한다.
- 행사의 성격과 주된 관람객의 연령, 성향 등을 파악하여 어느 정도의 수위의 행사가 될지 예측해 그에 따른 안전 매뉴얼을 준비한다.
- 야외에서 이루어지는 전시회나 박람회일 경우, 야외 개장에 따른 문제점 파악, 조명, 질서유지 등의 대책을 별로도 세워야 한다.
- 소방력 배치 현황 등 각종 공연·행사 추진과 관련되는 안전관리에 대한 전반적인 확인 시설물 유지관리 상태를 사전 점검해야 한다.
- 공연·행사장 주변 교통통제, 폭력·테러 등의 사고에 대비하여 공연·행사장 외부에 적정 인원의 경찰력 배치를 검토해야 한다.

관람객이 지켜야 할 사안들

비교적 소규모 행사라면 질서 유지를 부탁하는 안내 요원의 지시에만 따라도 어느 정도 안전을 담보할 수 있지만, 몇 가지 사항들을 미리 알아두면 혼잡한 행사장에서 벌어질 수 있는 위험을 보다 확실하게 피할 수 있다.

- 행사장에 갈 때는 조급하지 않게 넉넉히 시간을 두고 움직이는 것이 좋다. 조급할수록 사고 위험이 높아진다.

- 유료 행사들은 매표소의 혼잡을 방지하기 위하여 사전에 온라인이나 인터넷을 통해 표를 판매한다. 이를 매표하면 보다 원활한 입장이 가능하다.
- 행사 자체에서 출구 및 진행요원 위치, 비상시 대피요령과 같은 정보를 제공하는가 하면, 비디오 영상으로 안전관련 정보 및 공연 내 시설안내, 교통수단 등을 관람객에게 알려준다. 이런 자료들을 주의 깊게 확인하고 중요한 사실은 기억해둔다.
- 스탠드석이 있는 행사장이라면 가능한 한 무대 전면은 피하도록 한다. 관중들의 압력은 보통 무대전면 통제선 쪽이 가장 많이 받으며, 관중들이 파도치듯이 밀어닥칠 때 가장 많은 사고가 발생한다.
- 조명탑, 촬영대 등 공연·행사시설물에 올라가서는 안 된다.
- 어린이는 짓밟히거나 압사의 위험이 더 크므로 공연·행사 성격에 따라 어린이 동반 입장(특히 5세 이하의 경우)을 금하는 경우가 있다. 어린이 동반이 가능한지 미리 살피고, 설사 가능하더라도 아이의 안전에 주의를 기울여야 한다. 특히, 붐비는 곳에서는 아이 혼자 넘어져도 큰 사고로 이어질 수 있는 만큼 뒤시 잃도록 주의를 준다.

Point 절대 금물! 위험을 초래하는 행동

2014년 10월, 판교밸리 야외에서 걸그룹의 공연을 보기 위해 몰려든 인파 일부가 환풍구위에 올라갔다가 하중을 견디지 못한 철골 받침이 무너져 20m 아래로 추락하면

서 27명의 사상자가 발생했다.

이 환풍구는 도심 곳곳에서 있지만, 안전 기준조차 없는 경우가 많다. 공연을 조금이라도 잘 보기 위해 무리한 곳에 올라가는 것은 극히 위험천만하므로 안전 기준에 걸맞은 관람 수위를 지키도록 한다.

3. 심야 공연 · 행사

밤에 열리는 심야 공연과 행사는 낮 시간에 비해 어두운 환경에서 진행되는 만큼 주최하는 쪽은 물론 관람객들도 낮 시간의 공연보다 철저한 준비가 필요하다. 조명에 의지해 행사가 진행되므로 정전이나 조명 이상 시에 암흑 속에서 더 큰 혼란을 야기할 수 있다.

주최 측이 지켜야 할 사안들

- 심야 공연은 대기 시간을 최소화한다. 비교적 밝은 공연장 안쪽에 비해 대기 인원이 많은 바깥쪽은 어둠으로 인한 작고 큰 사고들이 발생할 수 있기 때문이다.

- 밤 공연의 경우, 작고 큰 기기의 문제가 발생했을 때 직원들이 현장 주변에서 간단한 응급 수리를 할 수 있는 장소를 별도로 마련한다.

- 오랜 작업으로 지칠 경우 집중력이 흩어지고 판단력이 흐려지는 만큼 근무자와 외주업자의 적절한 휴식을 도모한다.

- 실외 공연은 날씨에 영향을 받기 쉬우며, 기상상황에 따라 현장 상황이 급격히 나빠질 수 있으므로 적절한 우발사고에 대한 준비가 필요하다.

- 인공 조명을 적정한 수준으로 유지함으로써 미끄러지고 넘어지는 위험을 막을 수 있다.

- 어두워지는 시간에는 사람들이 개별적으로 앉아 있거나 누워 있을 수 있어 잠재적으로 매우 위험할 수 있으므로 차량 진입과 이동을 금지한다. 또한 차량 전용도로의 경계 펜스 사이에 도랑 등을 내어 차량으로부터의 안전을 지키고 펜스 지지 구조물에 반드시 형광 테이프나 흰색 페인트를 칠해 분명하게 강조한다.

- 심야 공연은 조명이 막대한 영향을 미치는 만큼 위급시에 대비해 비상전원 공급계획을 수립한다.
- 공연·행사장주변 교통통제, 폭력·테러 등의 사고에 대비 공연·행사장 내·외부에 일정 인원의 경찰력과 소방대원을 배치한다.

관람객이 지켜야 할 사안들

- 심야 실외 공연의 경우 안정적인 실내에 비해 온도 차가 클 수밖에 없다. 따라서 일교차에 따라 가벼운 옷과 따뜻한 옷을 함께 준비해 갑작스러운 기온 변화에 대비한다.

- 가방, 재킷, 코트 등을 보관하기 위한 휴대물품 보관소가 설치되어 있을 경우, 가능한 한 빨리 이곳을 찾아 물품을 맡기면 혼잡으로 인한 사고를 방지할 수 있다.

- 심야 행사 시 일시적으로 정전 등의 사고가 위험을 초래할 수 있다. 암흑 속에서 갑자기 혼란 상태에 빠져 사고가 발생하는 만큼 정전 시에는 당황하지 않고 자리를 지키며 안내 방송을 기다린다.

- 무대 주변에는 공연·행사의 특성상 구조물이나 스피커, 조명기기 등의 위험시설이 많다. 이런 시설물들이 추락위험이나 감전, 큰 소음 등으로 위협이 될 수 있는 만큼 가까이 가지 않는다.

- 공연장 내의 응급처치 현장 위치를 파악해두면, 혼절이나 공황 상태 등 갑작스러운 건강상의 이상에 대비할 수 있다.

알려주세요

폭죽으로 인한 안전사고

최근 심야에 불꽃놀이를 위한 폭죽을 사용하는 경우가 많아지고 있다. 더불어 폭죽으로 인한 안전사고 비율도 높아지는 추세다. 한국소비자원에 따르면 2011년부터 2014년 6월까지 장난감용 꽃불류(이하 폭죽) 관련 안전사고가 189건에 달했다. 이중 87.8%(166건)가 점화된 폭죽의 불꽃이나 파편이 신체에 튄 결과다. 또 다른 폭죽 안전사고의 특징은 다음과 같다.

- 해변가 등 야외(22.2%)에서 가장 많이 일어나며, 캠프장 · 공원 등 여가 · 놀이시설(16.9%)이 그 뒤를 잇는다.
- 10대 이하의 청소년과 어린이 사고가 전체의 절반(52.4%)이 넘는다.
- 어린이가 혼자 폭죽을 가지고 놀거나 점화하지 않도록 보호자의 주의가 필요하다.
- 폭죽을 마찰시키거나 가공해 여러 개를 함께 터뜨리지 않아야 한다.
- 화상을 입은 경우에는 찬물로 씻어 가라앉히고 깨끗한 천으로 다친 부위를 싸고 즉시 병원으로 간다.
- 폭죽을 입에 물고 장난을 치거나 다른 사람에게 던지지 않아야 한다.

4. 유원지 시설 (놀이 시설)

놀이시설은 휴일과 공휴일에 많은 인파가 몰려들며 사고가 벌어지는 경우가 종종 있다.

대표적인 경우가 2006년 롯데월드 무료 개장 사건이다. 애초 3만5천 명을 대상으로 했던 이 행사는 6만 여명이 몰려들면서 사고로 이어졌다. 나아가 놀이공원의 특성상 놀이기구를 타는 일에도 주의가 필요한 만큼 평소 놀이공원을 방문할 때는 아이들에게도 주의사항을 일러둘 필요가 있다.

주최 측이 지켜야 할 사안들

- 무료행사에 3천 명 이상 유원시설을 이용하는 경우에는 사전에 재해대처계획을 시장·군수 또는 구청장에게 제출하여 유관기관의 협조·검토를 거쳐 안전사고를 미연에 예방한다.

- 일정기간 무료로 유원시설을 일반인에게 이용하게 하는 경우 사전에 지방자치단체, 경찰서, 소방서 등과 사전 대책회의를 실시한다. 이때 점검해야 하는 체크리스트는 다음과 같다.

① 무료시설 이용 예상인원 예측
② 안전관리요원 인원 적정여부 평가
③ 안전관리요원 배치장소 및 행동요령 숙지
④ 안전관리요원에 대한 사전 안전교육 실시
⑤ 예상 문제점 확인 및 해결방안 협의
⑥ 유사시 기관별 역할분담 등

- 수용능력 범위 안에서 인터넷 등을 활용하여 사전에 입장권을 배부한다.

- 입장은 이용시간 개시 1~2시간 전에 분산 입장시켜야하며, 선착순 입장은 지양한다.

- 행사장 내 안전관리요원을 충분히 확보하여 안전사고를 예방하여야 하며, 행사장 안전은 시설업자가 모든 책임을 지고 추진하여야 한다.

> **Tip 비지정 좌석제일 때는 침착하게 입장한다**
>
> 많은 행사장 안전사고들은 몰려든 군중이 급하게 뛰어 들어가면서 발생한다. 그들은 왜 그렇게 물밀듯이 경쟁하듯이 들어갔을까? 일찍 들어가서 좋은 자리를 맡기 위해서다.
> 많은 행사들이 유료 지정 좌석제로 운영되고 있지만, 이벤트성 무료 입장 행사에 참가하고자 한다면 위와 같은 상황에 보다 주의를 기울여야 한다. 즉 무조건 좋은 자리를 찾겠다고 달려들었다가 사고를 당할 수 있는 만큼 욕심을 버리고 차분히 입장하는 것이 내 가족과 이웃의 안전을 고려한 최선이라고 할 수 있다.

관람객이 지켜야 할 사안들

- 입장 시에는 안내원의 안내에 따라 질서 있게 입장한다.

- 입장 및 행사 중 수시로 안내방송을 주의 깊게 듣고 필요한 부분을 기억해 둔다.

- 사람이 많이 몰리는 휴일과 주말 등에는 시간 여유를 두고 입장과 퇴장을 준비하도록 시간 안배에 신경 쓴다.

- 가능한 한 예매는 현장 매표소보다는 사전 온라인 예약을 해서 출입구의 혼잡을 피한다.

- 놀이기구와 워터파크 이용 등 시설을 이용할 때는 부모가 먼저 다양한 검색과 문의를 통해 시설의 안전성을 꼼꼼히 체크한다.

알려주세요

놀이공원 사고 절반은 이용객의 부주의

2010년부터 2012년까지 3년간 접수된 놀이공원 관련 안전사고는 총 106건이다. 안타까운 점은 2010년 15건, 2011년 52건, 2012년 39건으로 크고 작은 사고가 발생할 때마다 시민사회단체 등이 대책 수립을 주문했음에도 사고 건수는 줄지 않는다는 점이다.
특히 8세 미만 미취학 아동의 사고율이 55.7%에 달하며, 초등학생이 12.3%로 13세 미만 어린이 안전사고가 전체의 68%를 차지하고 있다. 그렇다면 이런 사고는 어디서 발생하는 것일까?
놀이공원 안전사고에 민감한 이들은 놀이기구도 믿을 수 없다는 것에 안타까워한다. 실제로 사고의 약 24%는 바이킹 등 고정형 시설에서 벌어진 사고 11.3%, 범퍼카 등 주행형과 놀이터가 각각 6.6%로 놀이기구를 타다가 당한 것으로 집계된 바 있다.

하지만 주목해야 할 또 하나의 사실은 사고의 절반가량(49.1%)은 놀이기구가 아닌 분수대, 계단 등 일반 시설물에서 발생하고 있다는 점이다. 통계로 보자면 놀이공원에서 발생하는 안전사고의 경우 기구 등 시설 자체의 문제보다 이용자들의 부주의로 인해 발생하는 경우가 많은 셈이다.

놀이기구 안전사고 예방을 위한 안전수칙 9계명

▲ 아동은 호기심이 강하고 움직임이 많으므로 놀이시설 외 분수대나 계단 등 큰 사고로 이어질 수 있는 곳에서 보호자의 세심한 주의가 필요하다.
▲ 어린이에게 이름표(아이, 부모 이름 및 연락처)를 달아 주고, 길을 잃어버릴 경우를 대비해 만날 장소를 미리 약속해둔다.
▲ 어린이가 놀이기구를 탈 때는 기구가 완전히 멈추기 전에는 일어서지 못하게 하고, 운행 중에는 손과 발을 안전하게 기구 안에 둘 수 있도록 탑승 전 일러둬야 한다.
▲ 놀이기구에 걸릴 수 있는 끈이 달린 옷차림이나 목걸이는 하지 않는다.
▲ 놀이기구에 탑승 가능한 키ㆍ연령 제한을 준수하고 안전요원의 통제에 따른다.
▲ 레버나 안전벨트가 제대로 장착됐는지 반드시 확인한다.
▲ 놀이기구가 정지하기 전 안전장치를 푸는 행위는 삼간다.
▲ 놀이기구 운행 중 떨어질 수 있는 물건은 가지고 타지 않는다.
▲ 임산부나 노약자는 신체적으로 안전 위험이 따르는 놀이기구는 삼간다.

부록

반드시 알아둬야 할
응급상황 필수상식

■ **상황별 응급처치요령**
호흡 · 맥박 정지 → 심폐소생술
질식 → 하임리히 응급처치
화상
일사병 · 열사병
저체온증
쇼크
출혈
골절
감전
익수
■ **공공장소에서 자동제세동기 이용하기**
■ **소화기 사용법**

상황별 응급처치요령

호흡 · 맥박 정지 → 심폐소생술

심장이 정지된 경우, 외부 압력으로 심장을 다시 움직이게 하는 응급처치. 물에 빠지거나 쇼크 등으로 의식을 잃은 환자, 심근경색 등 심장질환 환자에게 실시한다.

 Point

- 호흡은 하고 심장이 뛰지 않는다면 심장압박을, 호흡과 맥박이 모두 없다면 심장압박과 인공호흡을 한다.
- 호흡과 맥박이 정지되고 4~5분의 골든타임이 지나면 뇌손상이 시작된다. 119에 신고했더라도 구급차가 도착하기 전까지 심폐소생술을 실시하면 생존율을 높일 수 있다.
- 미국 등 선진국은 일반인 구조자의 심폐소생술을 통한 생존율이 우리나라보다 훨씬 높다.

 요령

가슴압박+기도확보+인공호흡 (가슴압박 : 인공호흡 = 30 : 2)

1. 환자의 의식과 심박을 확인하고 119에 신고한다.

- 주변에 사람이 있으면 : 119 신고를 부탁하고, 근처에 자동제세동기가 있으면 부탁한다.
- 주변에 사람이 없으면 : 직접 119에 신고한다.

2. 가슴압박 30회

- 손바닥 중앙을 가슴 중앙(양쪽 젖꼭지 사이)에 놓는다.(손가락이 늑골에 닿지 않게 한다.)
- 다른 손을 그 위에 포개어 깍지 낀다.
- 팔을 수직으로 쭉 펴고, 두 손의 손바닥으로 환자의 가슴을 5cm 깊이로 "하나, 둘 ~ 서른" 하고 세면서 30회 압박한다.
- 압박:이완 = 1:1 의 시간비율로 한다.
- 30회가 끝나면 가슴을 이완시킨다.
- 1분당 100~120회(1초당 2회 ~ 3초당 5회 정도)의 속도로 압박한다.
- 압박하는 동안 환자의 가슴에서 두 손을 떼지 않는다.

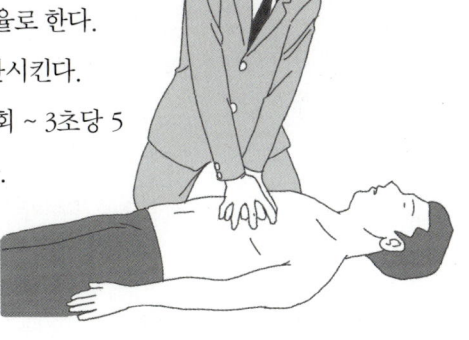

※ 8세 미만 어린이 : 압박의 깊이는 흉곽 높이의 1/2~1/3, 압박:이완=1:1

3. 기도확보 → 인공호흡 2회

- 머리를 뒤로 젖히고 턱을 위로 들어 올려 기도를 열어준다.
- 머리를 젖힌 손의 엄지와 검지로 환자의 코를 잡아서 막고
➡ 입을 크게 벌려 환자의 입을 완전히 막은 후
➡ 환자의 입 속으로 숨을 2회 불어넣는다.
- 환자의 가슴이 올라오면 기도로 호흡이 들어간 것이다. 환자의 가슴이 아닌 배가 올라오면 공기가 폐가 아닌 위로 들어간 것이다.

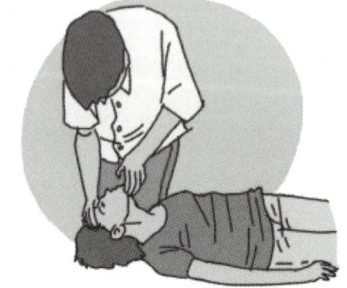

8세 미만 어린이

턱만 실짝 들기, 어른 입으로 어린이의 입과 코까지 덮기
: 머리를 뒤로 젖히면 오히려 기도가 막힐 수 있으므로 턱만 들어준다. 입으로 어린이의 입과 코까지 덮고 숨을 불어넣고, 불어넣은 후에는 입을 떼고 코를 놓아주어 공기가 나오도록 한다.

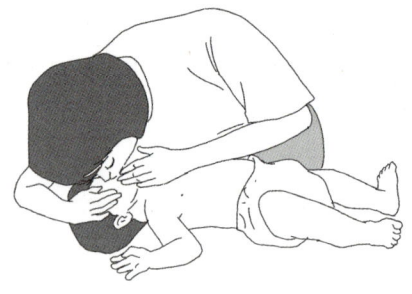

4. 목을 다쳤거나 경추 손상이 의심될 경우

- 최대한 목을 움직이지 않도록 턱만 살짝 들어준다.
- 바닥에 팔꿈치를 대고, 환자의 귓불 아래쪽 턱의 각진 부분을 양손을 잡고 기도를 유지한다.
- 입술이 닫혀 있으면 아래 입술을 엄지로 밀어서 연다.
- 머리를 잘 받쳐 옆으로 돌아가지 않도록 한다.

5. 가슴압박 : 인공호흡 = 30 : 2 (반복)

- 가슴압박 30회 + 인공호흡 2회를 구급대원이 도착할 때까지 반복한다.
- 가슴압박이 중단되는 시간은 10초 미만이어야 한다.
※ 구조자가 2인인 경우, 1명은 가슴압박, 1명은 인공호흡을 한다. 5주기마다 교대한다.

6. '맥박-호흡-의식' 의 순서로 계속 체크

- 맥박이 없으면 ➡ 심폐소생술 계속 실시
- 맥박은 있으나 호흡이 없으면 ➡ 1분당 12회 정도의 인공호흡 계속 실시

7. 환자의 호흡과 맥박이 돌아올 경우

- 옆으로 눕게 하여 기도가 막히지 않도록 해준다.

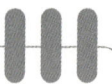

> **Tip** 심폐소생술 정보를 얻을 수 있는 곳
>
> 소방방재청(www.nema.go.kr)
> 대한심폐소생협회(www.kacpr.org)
> 대한적십자사(www.redcross.or.kr)
>
> - 가까운 소방서에 신청하면 심폐소생술 실전교육을 받을 수 있다.
> - 대한적십자사의 각 지사에서 매월 2회 응급처치 교육을 실시한다.
> - 국립방재교육연구원에 민간자원봉사자 교육과정이 있다.

질식 → 하임리히 응급처치

기도에 이물질이 걸려 숨을 쉴 수 없게 되는 기도폐쇄 및 질식 환자에게 실시한다.

 Point

- 환자의 질식 상태를 발견한 즉시 119에 신고하여 구조대원과 통화하면서 지시에 따른다.
- 질식 환자의 등을 세게 두드리거나, 입 속에 손가락을 넣어 억지로 이물질을 제거하려고 할 경우 오히려 이물질이 깊이 들어가 상태가 악화될 수 있다.

요령

뒤에서 허리 안기 ➡ 주먹을 배꼽~명치 사이에 ➡ 들어 올리듯 밀어 올리기

환자가 의식이 있다면?

1. 환자를 세우거나 앉힌 후 뒤에서 양팔로 환자의 허리를 감싸 안는다.
2. 한 손은 주먹을 쥐고 엄지손가락 부분이 배꼽 위~가슴뼈 아래(명치) 중앙에 닿게 한다.
3. 다른 한 손으로 주먹 쥔 손을 감싸듯이 잡는다.
4. 주먹으로 환자의 배를 들어 올리듯이 밀어 올리며 4~5회 빠르고 강하게 압박한다.
5. 환자가 이물질을 뱉을 때까지 반복한다.

환자가 의식이 없다면?

1. 환자를 바닥에 앉힌다.
2. 뒤에서 양팔로 환자의 허리를 껴안는다.
3. (위와 같은 방식으로) 환자의 배꼽 위~명치 사이에 한 손을 주먹 쥐어 놓고, 다른 한 손을 그 위에 포개어 4-5회 빠르게 강하게 위로 밀어 올린다.
4. 이물질이 나오지 않고 호흡이 정지된 경우 심폐소생술을 실시하되, 인공호흡 하기 전에 입 안을 들여다보고 이물질이 보이면 빼내되, 보이지 않으면 억지로 제거하지 않는다.

※ 과도하게 반복할 경우 장기가 손상될 수 있으므로 전문가 및 구조대원의 지시에 따른다.

> **Tip 자신의 목에 이물질이 걸렸는데 주변에 아무도 없다면?**
>
> - 119에 신고를 시도하며, 자신의 한 손으로 복부를 압박한다.
> - 의자 등받이처럼 움직이지 않는 물체에 등을 기대고, 단단한 부분이 횡격막 부위에 닿게 한다.
> - 빠른 동작으로 체중을 아래로 싣는 동시에 공기를 위쪽으로 강하게 끌어올려 이물질을 뱉어내는 시도를 한다.

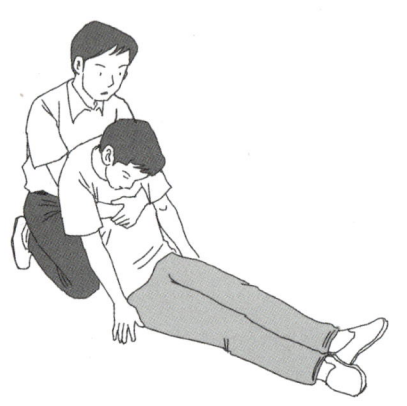

화상

최대한 신속하게 흐르는 찬 물에 상처 부위를 씻어 열을 식히고, 멸균 상태의 마른 천으로 덮고 병원으로 이동하여 치료를 받는다.

 Point

- 물집이 생긴 경우 절대 터트리지 않는다.
- 세균감염의 위험이 크므로 된장, 오일, 연고, 스프레이 등을 절대 바르지 않는다.
- 화상을 입은 부위에 얼음을 직접 대지 않는다.

➡ 요령

찬물에 씻기 ➡ 멸균 거즈로 덮기

일반적원 화상이라면?

1. 화상 입은 부위를 흐르는 찬물에 10분 이상 담근다.
2. 반지, 시계 등 피부가 부어오를 때 빼내기 어려운 것들을 미리 빼놓는다.
3. 화상 부위 위에 옷이 덮여 있는 경우에는 함부로 떼어내지 않는다.
: 옷을 억지로 떼어낼 경우 피부가 함께 벗겨질 수 있다. 옷을 제거할 수 있는 부분만 가위로 잘라내고 화상 부위는 그대로 둔다.
4. 화상 입은 부위를 마른 거즈나 천으로 덮고 병원으로 이동하여 치료 받는다.

※ 화상 부위를 덮는 거즈나 천은 멸균 처리된 위생용 거즈로 이물질이나 보풀이 없어야 한다.

화학약품에 의한 화상이라면?

1. 흐르는 물로 20분 이상 씻어낸다.
2. 멸균 처리된 거즈로 덮고 병원 치료를 받는다.

화학약품에 의해 눈에 화상을 입었다면?

1. 화상 입은 쪽의 눈을 아래로 하여 흐르는 깨끗한 물에 대고 10분 이상 씻어낸다.
2. 소독 된 안대나 보풀 없는 깨끗한 거즈로 눈을 가린 후 병원 치료를 받는다.

> **Tip** 화상의 정도에 따른 손상
>
> 1도 화상 : 피부 표피만 화상을 입음. 피부가 붉게 변한 후 껍질이 벗겨짐.
> 2도 화상 : 표피보다 깊은 곳까지 화상을 입음. 물집이 생김.
> 3도 화상 : 피부 층 전체가 손상. 쇼크 발생.

일사병 · 열사병

일사병은 강한 햇빛에 오래 노출된 경우에, 열사병은 더운 공간에 오래 갇혀 있거나 혹은 더운 곳에서의 격한 활동으로 인해 몸의 체온 자체가 올라간 경우 발생한다.

Point

- 몸의 체온 조절 능력이 상실된 열사병이 수분부족 상태인 일사병보다 더 위험하다.
- 몸의 열을 내릴 때 얼음물을 직접 대는 등 피부 표면만 차게 하는 것은 혈관 수축을 유발하고 오히려 열의 발산을 막는다. 따라서 젖은 수건과 부채질로 물이 증발되면서 열이 식혀지도록 하는 것이 효과적이다.

➡ 요령

시원한 장소 + 수분 공급 + 체열 식히기

구 분	원 인	증 상	조 치
일사병	햇볕에 장시간 노출로 수분 손실	두통, 현기증, 오심, 피로감	시원한 장소에서 수분 섭취
열사병	덥고 밀폐된 공간에서 격한 신체활동으로 체온 조절 기능에 장애가 생기고 체온 상승	피부가 뜨거움(체온 섭씨 40도 이상), 창백함, 땀을 흘리지 않음, 두통, 현기증, 실신	시원한 장소에서 젖은 수건으로 몸을 닦아주거나 물을 뿌리고 부채질을 하여 체열을 내림
열 경련	땀을 많이 흘려 체내 염분 손실	극심한 갈증, 근육 경련	시원한 장소에서 염분이 섞인 물 섭취
열 탈진	더위에 수분과 염분 손실	피로감, 현기증, 오심, 구토, 근육 경련, 실신, 체온 상승	시원한 장소에서 염분이 섞인 물 섭취

Tip 다리 올리기

현기증이 심한 경우, 누워 있는 환자의 다리를 머리보다 높이 올려 받쳐주면 일시적으로 완화된다.

저체온증

찬물에 장시간 빠졌거나 찬 공기에 장시간 노출되어 체온이 섭씨 35도 이하로 떨어진 상태

 Point

- 맥박이 떨어지고 호흡수가 감소되며 졸음이 심해지다 의식을 잃는다.
- 체온에 따른 단계

1단계(섭씨 33-35도) : 떨림, 발음 장애, 졸음, 무기력증, 호흡곤란

2단계(섭씨 29-32도) : 떨림이 사라지고 맥박이 느려지며 불규칙해짐, 의식 혼미, 장기 기능 저하

3단계(섭씨 22-28도) : 뇌 혈류 감소로 신체를 자율적으로 움직이기 어려워짐, 호흡수 감소, 폐부종 발생

4단계(섭씨 21도 이하) : 맥박과 호흡이 현저히 감소하다 혼수상태 및 사망에 이름

요령

체온이 서서히 올라가도록 한다.

환자의 의식이 있다면?

 건물 안, 천막, 동굴 등 외부보다 따뜻한 장소로 이동시킨다.
- 옷이 젖어 있다면 마른 옷으로 즉시 갈아입히고 담요 등을 덮어 체온이 더 이상 떨어지지 않도록 한다.
- 불을 피우거나 난로를 켜 주변 온도에 의해 체온이 서서히 올라갈 수 있는 환경을 만든다.
- 뜨거운 물건을 직접 피부에 대는 등 갑작스러운 자극은 오히려 위험하다.
- 전신을 주무르고 마사지하여 혈액순환을 돕는다.
- 환자가 잠들지 않도록 한다.
- 너무 뜨겁지 않은 따뜻한 물, 꿀물, 유동식(미음, 수프) 등을 마시게 한다.

환자의 의식이 없다면?

- 위와 같은 방식으로 체온이 서서히 올라가도록 한다.
- 체온이 32도가 넘을 때까지 심폐소생술을 계속 실시하고 병원으로 후송한다.

쇼크

심한 부상 등으로 신체적, 심리적인 충격을 받은 것. 심박 이상, 기도 수축, 출혈 과다, 알레르기 반응, 패혈증 등이 원인이다. 피부나 입술이 창백해지고 동공이 확장되며, 극도의 불안감, 현기증을 느끼고 식은땀이나 진땀을 흘린다. 호흡이 얕아지거나 과해지고 갈증을 느끼거나 구토, 설사를 하기도 한다.

 **Point**

- 순환계 쇼크 : 심한 부상으로 인한 과다출혈, 심장마비, 구토 등이 원인.
- 심리적 쇼크 : 폭력 등 충격적이고 비극적인 사건, 예상하지 못한 자연재난 등으로 인한 극단적 불안감이 원인.

요령

맥박, 호흡, 질식 여부 체크 ➡ 병원 후송

- 목, 허리, 가슴 부분을 조이는 옷, 넥타이, 허리띠, 속옷이 있다면 느슨하게 풀어준다.
- 목을 다쳐 경추 손상 가능성이 있다면 목이 움직여지지 않도록 고정시킨다.
- 출혈이 심하면 출혈 부위를 심장보다 높게 하고 다리를 높이 들어 올

려 혈류가 상반신에 집중되도록 한다.
- 출혈 부위가 머리라면 머리를 약간 들어 올려 괴어준다.
- 호흡과 맥박 여부를 체크하여 이상증상이 발견되면 심폐소생술을 실시한다.
- 체온이 내려가지 않도록 담요 등으로 덮어준다.
- 목이 마르다고 호소해도 물을 주지 말고, 주더라도 입술에 축이는 정도로만 준다.

 환자가 구토할 때는 이렇게!

- 무릎 꿇고 상체를 숙이며 엎드린 자세로 토하게 한다.
- 구토를 도와줄 때는? → 손가락을 집어넣어 혀 안쪽 깊은 곳을 눌러 자극한다.
- 토한 후에 물이나 식염수로 입 안을 헹구어 2차 감염을 막는다.
- 누워있는 상태에서 구토를 한다면? → 기도가 막히지 않도록 몸을 옆으로 굴려준다.
- 환자가 의식을 잃었다면? → 입 속을 닦아내고 눕힌 후 얼굴을 옆으로 돌려놓아 질식을 예방한다.
- 구토를 하면서 의식불명, 호흡곤란, 현기증, 경련, 메스꺼움, 복통과 설사, 식은땀, 발열 등의 증세를 동반한다면 위험한 상태이므로 즉시 병원으로 후송한다.
- 피를 토하는 토혈(소화기관 출혈, 검붉은 피), 각혈(호흡기관 출혈, 기침과 가래 동반)을 하는 경우 신속히 병원으로 이송하고, 쇼크 증상이 있으면 응급처치 한다.

출혈

성인 남성 기준(체중 70kg 정도)으로 체내에서 손실된 출혈량이 2L가 넘을 경우 사망에 이를 수 있다. 어린이의 경우 출혈량이 30ml 이상이면 쇼크에 빠지거나 사망에 이를 수 있다.

혈관의 종류에 따른 출혈 유형

- 모세혈관 출혈 : 일상생활에서 흔히 일어나는 출혈. 날카로운 물체에 긁히거나 베임. 간단한 처치로 지혈.
- 정맥 출혈 : 칼이나 날카로운 물체에 의해 깊이 찔리거나 베임. 검붉은 색 혈액. 응급처치로 지혈.
- 동맥 출혈 : 선명한 선홍색 혈액. 심박에 따라 규칙적인 분출이 지속. 인체에 치명적인 영향을 끼쳐 몇 분 내에 사망에 이를 수 있음.

깨끗한 천으로 압박

출혈 원인별 처치요령

찰과상(긁힘)	절상, 창상(베임)	열상(찢김)	자상(찔림)
체액이 나옴	봉합이 필요함	상처가 불규칙, 지혈 어려움	부위가 작지만 깊음
소독	지혈 소독 봉합(병원)	소독 압박 심장보다 높게 유지 봉합(병원)	(얕은 자상) 물체 제거 지혈 소독 (깊은 자상) 물체 그대로 두기 고정 병원 이송

① 상처 부위가 옷 안쪽에 있다면 옷을 벗기거나 잘라 상처 부위가 드러나도록 한다.
② 멸균된 거즈, 깨끗한 수건 등으로 상처 부위를 덮은 후 손으로 지그시 눌러 압박한다.
③ 상처 부위를 심장보다 높은 위치에 있게 하여 혈류가 몰리지 않도록 한다.
④ 출혈로 인해 거즈가 흠뻑 젖었다고 하여 바로 제거하지 않고, 그 위에 새로운 거즈나 천을 추가로 대고 계속 압박한다.

- 10분 이내에 출혈이 멈춘다면 ➡ 상처를 덮은 거즈나 드레싱 위로 압박 붕대를 묶어 고정시키되, 너무 꽉 묶지 않는다.

- 10분 이내에 출혈이 멈추지 않을 경우 → 압박 부위를 넓히고 강도를 높인 상태에서 최대한 빨리 병원으로 후송한다.

>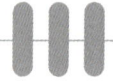
> **Tip** **병원으로 이송 전 조치사항**
> - 멸균 거즈나 깨끗한 천이 없을 경우 맨손으로 상처 부위의 바로 위를 눌러 압박한다.
> - 상처에 박히거나 관통한 이물질이 크고 깊은 경우 빼내지 않는다.
> : 박히거나 관통한 이물질을 억지로 빼낼 경우 출혈과 손상이 더 심해지므로 고정 후 병원으로 이송한다.
> - 의식이 없고, 귀나 코에서 출혈이 있다면? → 뇌손상 혹은 내출혈로 매우 위험한 상태이므로 곧바로 병원으로 이송한다.
> - 출혈 부위를 너무 세게 묶거나 지혈 시간이 1시간 이상일 경우, 조직이 괴사(피부가 보라색)되므로 주의한다.

>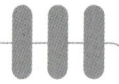
> **뇌출혈의 전조증상인 두통에 유의하자**
>
> 외상이 아닌 두개 내부의 출혈로 인해 생기는 질병은 뇌출혈 혹은 출혈성 뇌졸중에 해당된다. 흔히 고혈압성 뇌출혈, 뇌동맥류, 뇌종양으로 인한 출혈 등 원인에 따라 다양하게 나뉜다. 이중 고혈압성 뇌출혈은 고혈압, 뇌경색, 당뇨 등이 원인으로서 두통, 의식장애, 마비, 언어장애 등의 증상이 나타난다. 뇌지주막하 출혈로 인한 뇌동맥류 출혈은 뇌의 혈관 벽이 약해지면서 생기는 것으로 머리를 강하게 가격하는 듯한 극심한 두통과 의식저하 증상이 나타나고 구역과 구토 증상도 나타난다.
> 뇌혈관 질환으로 인한 뇌출혈의 원인으로는 고혈압, 당뇨, 고지혈증, 가족력, 혈관기형, 심혈관질환 등을 들 수 있는데 특히 음주와 흡연을 삼가야 하며, 평소 두통 등 전조증상이 있을 때는 반드시 정밀검사를 받아야 한다.

골절

골절의 가장 주된 특징은 통증, 부기, 해당 부위의 색깔과 모양 변형이다. 병원으로 이동하기 전에 부목과 삼각건 등으로 부상 부위를 고정시키는 것이 관건이다.

골절의 종류

- 폐쇄성 골절 : 뼈의 주변 피부가 찢어지지 않은 경우
- 개방성 골절 : 뼈가 피부를 뚫어 피부가 찢어진 경우
- 탈구 : 관절이 어긋나면서 뼈가 제자리에서 벗어난 것
- 염좌 : 관절을 유지시키는 인대가 늘어나거나 찢어져 손상된 것

부목으로 고정 ➡ 병원 후송

부목은 이렇게

- 베개, 담요, 타월, 배낭, 나무토막, 판자, 자, 등산복, 잡지, 신문, 우산, 필기도구 등 주변의 다양한 사물을 활용해 부목으로 활용할 수 있다.
- 부목 크기는 부상 부위보다 조금 넓으면 된다.

- 부목으로 고정시킬 때는 부상당한 부위의 위아래 관절까지 함께 고정시키며, 끈이나 천으로 묶어 움직이지 않도록 한다.

삼각건 팔걸이는 이렇게

- 삼각형의 천을 마련하여, 꼭짓점1을 팔꿈치 쪽으로, 꼭짓점2를 다치지 않은 쪽의 어깨에서 목으로, 꼭짓점3을 다친 팔의 아래에서 위로 감아올려 위에서 묶는다.
- 가슴 높이에 고정시키되 손목이 팔꿈치보다 약간 높아야 한다.

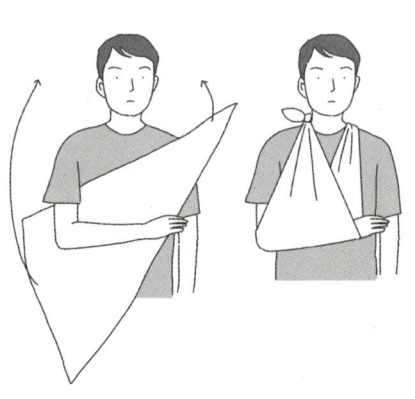

경추 및 척추 부상자를 옮길 때는?

- 경추나 척추에 부상을 입은 경우(예:목이 꺾이거나 비틀림, 등을 세게 부딪힘), 부상자를 최대한 움직이지 않게 한다.
- 부상자의 목(혹은 허리)이 움직이지 않도록 보호하면서 여러 명이 환자를 감싸 안고 들어올린다.
- 들어 올릴 때는 박자에 맞춰 동시에 들어 올리고 천천히 발걸음을 맞춘다.
- 들것이 없거나 위급 상황이라면 최대한 바닥이 평평하고 딱딱한 곳으

로 옮긴다.
- 부상자의 목 아래에 수건이나 방석을 받쳐 고정시킨다.

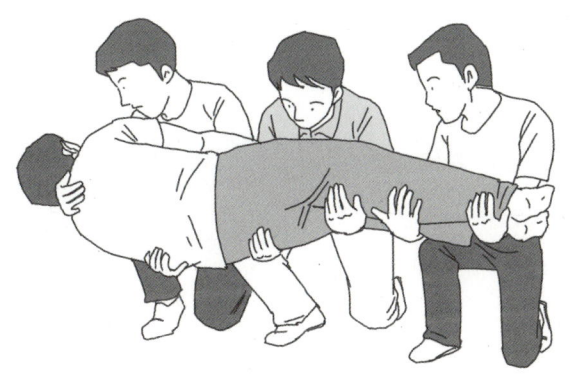

부위별 처치 요령

■ 쇄골

- 팔을 어깨 위로 들지 못하고, 어깨 높이가 다르다.
➡ 삼각건 팔걸이로 고정시키고, 팔을 몸통에 바짝 붙이고, 상체를 최대한 곧게 편다.

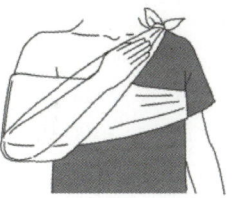

■ 팔꿈치

- 부기와 통증이 심하고 팔을 구부리거나 펼 수 없다.
➡ 팔이 구부러진 상태라면 삼각건으로 고정, 팔이 펴진 상태라면 손목에서 겨드랑이까지 부목으로 고정시킨다.

■ 팔뚝, 손

➡ 팔꿈치에서 손가락까지 닿는 부목으로 고정시키고 팔걸이로 받친다.

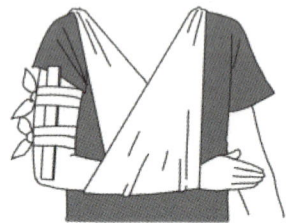 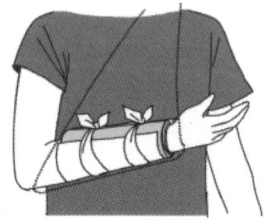

■ 골반

➡ 다리 사이에 보호대를 끼우고, 두 다리를 함께 묶고, 골반, 무릎, 발목, 발을 묶어 고정시킨다.

■ 대퇴골, 슬개골

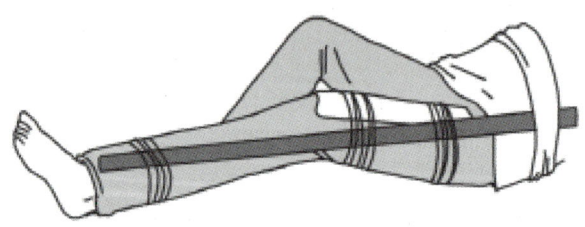

- 발이 바깥쪽으로 비틀려져 세우지 못하면 대퇴골 골절, 슬

개골 부위에 뼈가 갈라진 부분이 만져지면 슬개골 골절일 수 있다.

➡ **방법 1.** 발목부터 겨드랑이까지 받칠 수 있는 긴 부목을 다리 바깥쪽에, 다리 길이의 짧은 부목을 다리 안쪽에 대고 여러 개의 천으로 묶어 고정시킨다.

방법 2. 다리 사이에 담요 등 보호대를 끼우고 다치지 않은 다리를 부목 삼아 천으로 묶어 고정시킨다.

■ 발목

➡ 담요, 베개 등으로 보호하고 끈으로 묶어 고정시킨다.

■ 발등

➡ 신발과 양말을 벗긴 후 두툼한 천을 괴어 보호하고 끈으로 묶어 고정시킨다.

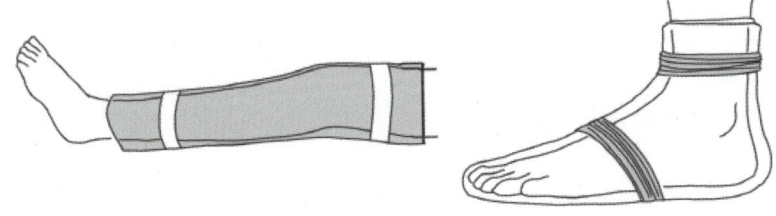

염좌 처치요령 ➡ RICE 처치 후 병원치료

Rest (안정) : 다친 부위를 편안하게 안정시키기
Ice (냉찜질) : 얼음이라 찬 수건으로 냉찜질하기
Compression (압박) : 붕대 등으로 압박하여 감기
Elevation (거상) : 베개나 쿠션 등에 받쳐 올려놓기

> **Tip 병원으로 이송 전 조치사항**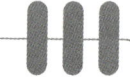
>
> - 냉찜질을 하면 혈관을 수축시켜 통증 완화에 도움 된다.
> - 척추, 경추 손상이 의심되면 똑바로 눕히고 해당 부위가 최대한 움직이지 않게 한다.
> - 어긋난 뼈를 함부로 맞추거나 밀어 넣지 않는다.
> - 두개골 골절이라면? → 두피에 심한 상처가 보이고, 의식이 없고, 귀나 코에서 맑은 액체가 흘러나올 경우 두개골 골절 가능성이 크므로 최대한 빨리 병원으로 후송한다.

동상

피부가 영하의 기온에 계속 노출될 때 피부 조직이 얼고 혈액순환이 중단되면서 발생한다. 노출 시간이 길어지면 조직이 괴사되며 괴사가 심해지면 절단수술을 필요할 수 있다.

 Point

동상의 정도에 따른 증상

1도 : 피부가 빨갛게 되면서 부종이 시작된다. 쑤시는 듯한 통증이 있다.
2도 : 물집이 생기기 시작한다. 해당 부위의 피부 감각이 저하되고 통증이 심화된다.
3도 : 물집과 부종이 심화된다. 피하층이 손상되기 시작하여 피부가 청회색으로 변한다.
4도 : 피부조직의 괴사가 시작된다. 피하층, 근육, 인대 손상이 진행되면서 피부가 붉거나 푸른색에서 검은색으로 변한다. 관절 통증을 호소한다.

요령

따뜻한 물에 서서히 녹이기

1. 따뜻한 장소로 옮긴다.
2. 젖은 옷은 마른 옷으로 갈아입히고 몸을 담요로 덮어 체온을 유지한다.
3. 감각이 없어진 피부 말단의 동상 부위를 섭씨 37도의 따뜻한 물에 30분 가량 서서히 녹이고, 귀나 뺨은 따뜻한 물을 적신 수건으로 감싼다.
4. 손가락, 발가락 사이에 멸균된 마른 거즈나 천을 끼워 서로 붙지 않게 한다.
5. 통증이 심할 경우 진통제를, 상처로 인해 감염 가능성이 있을 경우 항

생제를 복용시킨다.
6. 병원으로 이동시 들것으로 운반하고, 특히 발가락, 발, 다리에 동상이 걸린 환자의 경우 절대 걷지 않게 한다.

> **동상에 대한 조치사항**
>
> - 갑자기 뜨거운 난로 앞에서 쬐거나, 섭씨 43도 이상의 뜨거운 물에 담글 경우 화상을 입게 되므로 절대 금한다.
> - 동상 부위를 세게 문지를 경우 언 상태의 피부 조직이 파괴되므로 금한다.
> - 물집이 생겼을 경우 절대 터뜨리지 않는다.
> - 손가락, 발가락, 코, 귀, 뺨 등 신체 끝부분 및 노출된 부분은 동상 위험이 높으므로 여벌의 양말과 장갑, 얼굴 전체를 가리는 방한모 등으로 최대한 노출을 방지한다.
> - 양말이나 장갑 등이 젖었다면 즉시 벗고 마른 것으로 교체한다.
> - 알코올을 섭취하면 혈관이 확장되어 증상을 악화시키므로 절대 금한다.

감전

심장마비와 호흡정지가 발생하며, 사고 발생 5분 이내에 실시하는 인공호흡과 심장마사지 등 응급조치 여부에 따라 생존율이 좌우된다.

 **Point**

감전 당한 당사자를 바로 만질 경우 구조자도 함께 감전될 수 있으므로 절대 먼저 만지지 않는다.

 요령

전원 차단 ➡ 심폐소생술

1. 감전의 원인이 된 전원을 먼저 찾아 차단시킨다.
2. 고무장갑을 끼는 등 전기가 통하지 않는 물체를 사용하여 환자를 전원에서 떨어뜨린다.
3. 호흡과 심박이 미약하거나 없을 경우 심폐소생술을 실시한다.
4. 119에 신고하거나 병원으로 신속히 데려간다.

익수

물놀이에서 가장 빈번하게 발생하는 흔한 사고이므로 심폐소생술 요령을 반드시 알아둔다.

물에 빠진 환자의 대표적인 증상

무의식, 무호흡, 맥박이 약하거나 없음, 피부가 창백하고 체온이 낮음, 입술 청색증, 기타 쇼크와 저체온증으로 인한 증상.

심폐소생술 실시

1. 심폐소생술의 기본 원리에 따라 '기도개방, 호흡, 맥박'을 체크한다.
2. 환자의 호흡이 멎어있고 맥박이 안 잡히거나 약하다면 즉시 심폐소생술을 실시한다.
3. 물에 빠진 환자는 폐 속에 물이 들어간 상태이므로 인공호흡 할 때 숨을 좀 더 강하게 불어넣는다.
4. 환자가 기침을 하거나 물을 토해낼 때까지 실시한다.
5. 환자의 머리를 낮게 두어 폐에서 물이 잘 빠져나올 수 있도록 한다.

공공장소에서 자동제세동기 사용하기

2009년부터 응급의료법률에 따라 터미널, 지하철 승강장, 공항, 체육관, 경기장 등의 공공장소 및 다중이용시설에 빨간 하트 문양의 AED(자동제세동기) 설치 장소가 마련되어 있다. 심장박동이 정지된 응급환자의 세동을 제거(심장마비 전 미세하게 진동하는 심장에 전기충격을 주어 심박을 정상으로 되돌리는 것)하는 기계로서 의료지식을 모르는 일반인도 누구나 쉽게 사용할 수 있다.

 요령

유리박스를 열어 시작 버튼을 누르고 안내 멘트에 따른다.

1. 환자의 의식이 없을 경우, 목젖 옆 손가락 두 개 떨어진 부위를 검지로 10초 가량 눌러 심장박동을 체크한다. 심박이 없으면 즉시 119에 신고하고 AED 박스를 연다.

2. AED를 꺼내 환자의 머리 옆에 두고 시작 버튼을 누른다.

3. 안내 멘트에 따라 진행한다.

"패드를 환자 가슴에 붙이세요."
: 패드 겉면에 그려진 부착 위치를 참조하여 붙인다.

"패드 커넥터를 점멸등 옆에 꽂으세요."
: 패드 커넥터를 전구가 반짝거리는 구멍에 꽂는다.

"분석 중입니다."(접촉금지)
: 기계가 약 10~20초 동안 환자의 심전도를 분석하는 동안 접촉하지 않고 대기한다.

"제세동을 해야 합니다. 환자에게서 떨어지세요. 충격 버튼을 눌러주세요."
: 안내에 따라 충격 버튼을 누르면 전기 충격이 시작된다.

4. 이후 기계가 2분마다 환자의 심전도를 분석하며, 버튼을 누르라는 안내 멘트가 다시 나오면 안내를 그대로 따른다.

5. "제세동이 필요하지 않다."는 안내 멘트가 나오면 환자가 심장마비 상태에서 회복된 것이며 구급대원의 조치에 따르고 병원으로 후송한다.

Tip 제세동기에 대한 주의사항

- 심전도 분석을 하는 동안에는 환자에게서 떨어진다.
- AED가 심전도 분석을 위해 환자에게서 떨어지라고 할 때를 제외하고 '흉부압박 30회 : 인공호흡 2회'의 심폐소생술을 반복하면 더욱 효과적이다.
- 패드를 반드시 피부에 직접 붙이고, 붙일 때 틈이 생기지 않도록 붙인다.
- 환자의 피부나 구조자의 손에 물이 묻어 있으면 감전 위험이 있으므로 물기를 제거한다.
- 장신구, 부속품, 여성의 브래지어 등이 끼지 않도록 제거한다.
- 1세 미만 유아에게는 사용하지 않는다.

제세동기 사용 순서와 방법

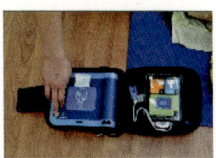

1. 전원을 켠다.

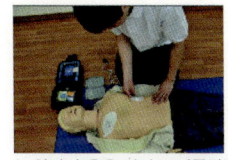

2. 환자의 옷을 벗기고 이물질 제거 후 그림대로 패드부착.

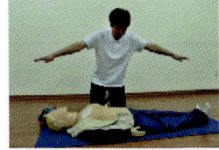

3. 심정지 분석 중 환자의 접촉을 피하고 환자가 움직이지 않도록 한다.

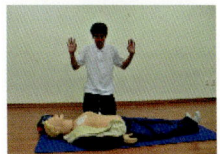

4. 심정지 분석 중 환자의 접촉을 피하고 환자가 움직이지 않도록 한다.

5. 제세동이 필요한 경우 "제세동이 필요합니다" 라는 음성메세지 또는 확인

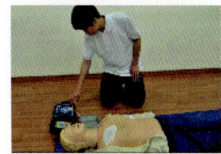

6. 제세동 버튼을 누름

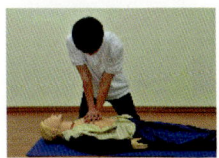

7. 제세동 후 즉시 심폐소생술 시작

출처: 한국잠수협회 응급처치 및 구급안전 저서 중

소화기 사용법

일반 소화기 (분말 소화기)

1. 불 난 곳으로 소화기를 가지고 간다.
2. 소화기 몸체를 잡은 상태에서 손잡이 부분에 있는 안전핀을 뽑는다. (손잡이를 잡은 상태에서 안전핀을 빼면 잘 빠지지 않음)
3. 불이 난 쪽으로 호스를 향하게 한다. 야외에 있을 경우 바람을 등지고 선다.
4. 손잡이를 단단히 움켜쥐고 빗자루로 쓸 듯이 뿌린다.
5. 지하공간이나 밀폐된 공간에서 사용 시 질식 우려가 있으므로, 방사된 가스는 마시지 말고 즉시 환기시킨다.

옥내 소화전

1. 소화전함의 문을 열고 관창(노즐 : 물 뿌리는 부분)과 호스를 꺼낸다.
2. 호스의 접힌 부분을 꼬이지 않게 펼친다. 이때 2인 이상이 협조하는 것이 좋다.

3. 소화전함에 있는 개폐 밸브를 왼쪽 방향으로 돌려 개방한다.
4. 관창(노즐)을 잡고 불이 나는 쪽을 향해 뿌린다.

투척용 소화기

1. 보호용 커버를 벗긴다.
2. 약제통을 꺼낸다.
3. 불이 나는 곳을 향해 투척한다.

화재의 종류에 따른 소화기 종류

일반화재(A급 화재) : 목재, 섬유, 종이 등 연소 후 재를 남기는 가연물 화재

유류화재(B급 화재) : 인화성 액체 등 연소 후 재를 남기지 않는 가연물 화재

전기화재(C급 화재) : 전기 혹은 전열기구로 인한 화재

※ 일반적인 가정용 소화기의 경우 거의 대부분의 화재에 사용할 수 있어 A, B, C가 함께 표시되어 있음.

소화기 보관, 이것만은 알아두자

- 소화기는 평소 눈에 잘 띄고 사용하기 편리한 곳에 둔다.
(예: 현관, 거실, 출입문 옆, 복도, 카운터 옆 등)
- 고온, 직사광선, 습기에 노출되지 않게 관리한다.
- 소화기 유통기한은 8년이다. 비치된 지 오래된 소화기라면 제조일자, 제조업체를 재확인하고, 제조일자에서 8년이 지난 소화기는 근처 소방서에 가지고 가 폐기(반납)하고 새 것으로 구비한다.
- 최근 생산되는 대부분의 소화기는 축압식 소화기(소화기 몸체에 압력계가 부착되어 있고, 저장용기 안에 분말 약제와 가압가스가 함께 축압되어 있다가 안전핀을 제거하고 손잡이를 누르면 약제가 밖으로 방출되는 방식)이다.
- 구형 가압식 소화기(손잡이를 누르면 내부의 가스 용기가 터지고 그 압력으로 분말이 나오는 방식)는 2000년대 이후로는 더 이상 생산되지 않으며, 구형의 오래된 소화기의 경우 불을 끄려다 폭발사고로 이어져 더 큰 인명피해를 유발할 수 있다.
- 일반적으로 많이 사용하는 소화기의 경우 한 달에 한 번 정도 점검한다.
점검 방법 : 소화기를 흔들고 뒤집어 내부 약제가 굳지 않았는지(내부에

서 흐르는 소리가 나는지) 확인, 안전핀이 정상적으로 꽂혀 있는지 확인, 손잡이 아래쪽에 있는 둥근 모양의 지시 압력계가 정상 범위(녹색)인지 확인.

〈출처 : 코리아세이프티, www.koreasafety.com〉

참고자료 및 도서

서울종합방재센터 (119.Seoul.go.kr)
국가재난싱보센디 (www.safekorea.go.kr)
소방방재청 (www.nema.go.kr)
문화체육관광부 (www.mcst.go.kr)
『위기대응 국민행동요령』, 경찰청 / 2013
『국민안전정책』, 중앙공무원교육원 / 2013
『안전문화운동 활성화방안 연구』, 오금호 / 국립방재교육연구원
『우먼센스』, 2014년 6-8월호 / 서울문화사
『위기탈출 생존교과서』, 조슈아 피븐 · 데이비드 보르게닉트 / 보누스
『최악의 상황에서 살아남는 법』, 조슈아 피븐 · 데이비드 보르게닉트 / 문학세계사
『위기의 지구에서 살아남는 응급치료법』, 박은기 · 유가연 / 수선재
『위기탈출 인적재난』, 지영환 · 이경윤 / 형설라이프
『국가종합위기관리』, 정지범 / 법문사
『재난관리론』, 김태환 / 백산출판사
『자연재해의 이해』, 이재수 / 구미서관
『한반도 대재난, 대책은 있는가』, 이정직 / 살림

생명의 위험 속에서 나를 지키는
생존 매뉴얼 365

초판 1쇄 인쇄 2015년 05월 02일
1쇄 발행 2015년 05월 11일

지은이 김학영·지영환
발행인 이용길
발행처 모아북스 MOABOOKS

관리 정윤
디자인 이룸

출판등록번호 제 10-1857호
등록일자 1999. 11. 15
등록된 곳 경기도 고양시 일산동구 호수로(백석동) 358-25 동문타워 2차 519호
대표 전화 0505-627-9784
팩스 031-902-5236
홈페이지 www.moabooks.com
이메일 moabooks@hanmail.net
ISBN 979-11-86165-86-8 13690

· 좋은 책은 좋은 독자가 만듭니다.
· 본 도서의 구성, 표현안을 오디오 및 영상물로 제작, 배포할 수 없습니다.
· 독자 여러분의 의견에 항상 귀를 기울이고 있습니다.
· 저자와의 협의 하에 인지를 붙이지 않습니다.
· 잘못 만들어진 책은 구입하신 서점이나 본사로 연락하시면 교환해 드립니다.

모아북스 는 독자 여러분의 다양한 원고를 기다리고 있습니다.
(보내실 곳 : moabooks@hanmail.net)